KB262684

세계의 주요기록관
지식정보원

기록 · 기록관리 지식정보원 시리즈 ④

세계의 주요기록관 지식정보원

한미경 · 노영희 공저

한국학술정보(주)

머리글

기록의 역사는 인류의 역사와 함께한다. 기관이나 개인의 업무 수행이나 활동 진행과 더불어 생산 또는 형성된 기록을 접수, 수집하여 체계적으로 관리함으로써 과거를 오늘에 있게 하고 미래로의 전진을 가능케 한다. 종이에 기록되고 인쇄의 발명과 더불어 시공을 초월하여 유통되었고, 이제는 종이와 전자매체뿐만 아니라 웹상에 기록되어 전 세계에서 실시간으로 이용하기에 이르렀다.

2006년 공중파 방송의 한 프로그램을 통하여 진주대첩 영웅으로 널리 알려진 김시민 장군과 2007년 8월 처음으로 공개된 이순신 장군의 '선무 공신교서'들은 당시 역사의 산 증거이자 오늘의 우리를 있게 하는 중요기록이기도 하며, 관련 연구에도 매우 큰 보탬이 될 것이다. 한편 기존의 역사적 사건이나 이에 대한 주장, 학설과 관련한 새로운 기록이 발견되면서 인류의 문화나 문명과 관련된 중요내용이 반전 또는 역전되기도 한다. 이처럼 기록은 작지만 그 가치와 영향력이 가히 무한하다 할 수 있다.

기록은 기록되면서부터 어떠한 방식으로든 관리되었다고 할 수 있다. 다만 근대적인 기록의 관리는 1789년 프랑스혁명의 발발로 시작되었고, 현대적인 기록관리는 1920년 미국의 '국립기록관(National Archives) 설치법안' 통과와 제1차 세계대전 이후 공공기록물관리에 주력하면서 시작되었다. 유구한 기록의 역사를 지닌 우리나라의 현대적인 기록관리는 1999년 '공공기관의 기록물 관리에 관한 법률' (2006년 '공공기록물 관리에 관한 법률'로 전부 개정)이 제정되면서 본격화되었다. 현재 각종 기록관리 관련 법률이 개정 및 제정되고, 지방기록물관리기관의 설립이 본격화되었으며 민간기록물의 집중적인 수집과 관리가 계획, 진행되고 있다. 따라서 전문적인 각종 기록관에서의 실무와 교육기관에서의 기록전문가 교육을 위하여 기록관리 관련 각종 지식정보원에 대한 조사와 연구의 필요성이 대두되고 있다.

이러한 필요성에 따라 기획된 '기록 · 기록관리 지식정보원 시리즈'는 기록관련 세계의 기구 · 단체 및 기록관, 다양한 기록류 그리고 각종 관련 정보와 정보원을 대상으로 조사한 것이다. 구체적인 발간목적과 조사방법 및 내용 등은 다음과 같다.

첫째, 기록과 기록관리학에 관심이 있는 일반인과 학생들 그리고 실무종사자에게 유용한 기록 및 기록관리 관련 기구, 기관, 단체 그리고 기록관에 대한 정보와 관련 기록물과 지식정보원 제공을 목적으로 하였다.

둘째, 해당 내용은 관련 기구와 단체 및 기록관의 안내서와 보고서, 홈페이지, 홍보자료, 연감(yearbook), 통계자료 등을 통하여 조사하였다. 일부 필요한 경우 전화나 전자우편으로 의뢰하거나 상담함으로써 보충 조사하였다.

셋째, 기록 및 기록관리 관련 기구, 기관, 단체 그리고 기록관을 대상으로 조사하였다. 구체적인 관련 정보는 성격, 목적, 연혁, 특성, 기능, 주요사업과 최근사업, 한국과의 관계 등을 대상으로 하였다.

넷째, 기록 및 기록관리 관련 기구, 기관, 단체 그리고 기록관에서 생산 또는 제공하는 정보원에 대하여 조사하였다. 구체적인 관련 정보원은 출판물(publications) 및 문서류(documentations), 연속간행물, 보고 및 보도자료, 데이터베이스 등을 대상으로 하였다.

본 시리즈의 정보자료 수집과 편집 등에 노고를 아끼지 않은 영국 맨체스터대학(Univ. of. Manchester, UK) 박사과정의 임소진 연구원에게 지면을 빌려 감사드린다.

2010. 9. 1

한미경 · 노영희

일러두기

1. 기록관의 선정

본서는 세계의 주요기록관을 대상으로 214개관을 조사하였으며, 제삼언어 기반 국가의 주요기록관을 제외한 총 10개국의 주정부기록관, 지방기록관 그리고 일부 외교기록관과 특수기록관 등 48개기록관을 선정하여 기록관과 정보원에 대하여 상세하게 조사하였다.

2. 기록관의 종류

세계의 기록관으로 중앙기록물관리기관인 국가기록관(National Archives)이 있고, 이외의 주요기록관으로 지방기록물관리기관인 지역기록관(Regional Archives), 주정부기록관(State Archives), 자치단체기록관(Communal Archives), 외교기록관(Diplomatic Archives), 군기록관(Military Archives), 특수기록관(Special Archives) 등이 있다. 따라서 본서는 기본적으로 세계 각국의 중앙기록물관리기관을 제외한 각국의 각종 주정부 및 지방기록의 기록관과 교육청기록관, 외교기록관 그리고 일부 특수기록관을 대상으로 하였다. 한편, 나라에 따라서는 지방적 차원의 행정기구와 서비스 및 시스템 등이 지방기록관의 기능을 수행하기도 하여 이 또한 포함하였다.

3. 기록관의 구분

일차적으로 세계대륙을 대상으로 (1) 북미, (2) 아시아 및 태평양, (3) 유럽 등으로 구분하였다. 이차적으로 각 세계 지역 구분하에서 국가별로 구분하여 각국의 주요기록관을 수록 또는 소개하였다.

4. 수록순서

수록순서의 기준은 기본적으로 각 주요기록관의 영문 약어명의 알파벳순으로 하였으며, 영문명이 없을 때는 해당 언어명의 한글 발음 가나다순으로 하였다. 한편, 각 주요기록관 소개 부분에서 명칭의 수록순서는 영문 약어명, 영문명, 해당 언어명(해당 기록관의 경우), 한글명의 순으로 수록하였다.

5. 수록내용

본서는 세계 주요기록관에 대한 소개 및 생산·소장 및 관리·제공되는 기록물 및 정보원에 대한 내용을 수록하고 있다. 각국의 상황에 따라 해당되지 않는 항목의 내용은 생략하였으며, 일부 국가의 주요기록관만의 특징적인 내용은 항목을 추가하여 소개하였다. 구체적으로 다음과 같다.

첫째, 주요기록관 관련 내용은 (1) 소재사항(주소, 전화, 팩스, 전자우편, 홈페이지 등), (2) 성격, (3) 설립연혁, (4) 설립목적, (5) 운영지침, (6) 조직, (7) 주요업무, (8) 주요활동, (9) 관련 법률, (10) 주요사업, (11) 최근사업, (12) 프로그램, (13) 프로젝트, (14) 주요 서비스, (15) 관련 기관, (16) 관련 링크 정보 등을 수록하였다. 그 외에 해당 주요기록관의 경우 마크 또한 기록관 소개 초입 부분에 수록하여 참고에 제공하였다.

둘째, 주요 생산, 소장 및 제공 기록물 및 정보원 관련 내용은 (1) 정보원 열람 및 배포 정책, (2) 소장기록물, (3) 기록그룹(fonds), (4) 기록물(정보원) 검색, (5) 정보원 종류, (6) 정보원관련 서비스, (7) 출판물, (8) 문서류, (9) 데이터베이스, (10) CD‐ROMS, (11) 보고자료, (12) 보도자료, (13) 산하 도서관과 기록관 등을 소개하였다. 일부 제공 정보원의 언어가 영어가 아닌 특정 언어의 경우 해당 제공언어를 관련 부분에 특기하였다.

6. 약어표 및 색인

본서는 독자의 이해를 돕기 위하여 약어표와 색인을 수록하였다. 약어표의 경우 본서 수록대상의 주요기록관에 대한 약어표 외에 본 시리즈 ①의 국제기구 약어표와 ②의 주요기구의 약어표 그리고 ③의 국가기록관 약어표를 권두 부분에 실었다. 색인의 경우 국문색인과 영문색인으로 구분하여 권말 부분에 수록하였다.

목 차

Ⅴ. 주요기록관 및 정보원 소개_79

Ⅰ. 기록과 기록관

1. 기 록

1.1 기록의 정의

기록(record)은 인간만이 가지는 고유한 특성으로서, 개인이나 기관 또는 정부 어느 곳에서든 생산된다. 이 중에는 생산되자마자 즉시 소멸되는 것이 있고, 일시적 또는 영구적 보존가치가 있어 보존되는 자료도 있다. 이 중 보존가치가 있는 자료를 '아카이브스(archives)'라고 한다. 그리고 기록(record) 중에서 일정한 형식이나 주제로 모아 일정한 분량으로 인쇄하여 출판한 것을 '출판물(publications)' 또는 '도서(books)'라고 하며, 이러한 출판물의 일차자료가 되면서 유일성을 띤 원본을 '문서(documents)'라고 하며, 광의로는 '기록(records)'이라고 한다(최정태 2006, 22 - 29).

한편 『문헌정보학용어사전』에는 '기록(record)은 사용매체나 특성에 상관없이 영구히 보존되어야 할 문헌을 말하며, 목록이나 기입의 기준이 되는 문헌에 관한 데이터'라고 정의되어 있어, 기록은 매체에 관계없이 인간이 표현한 데이터의 총칭이라 할 수 있다. 『기록관리학사전』에서는 '매체나 특성에 상관없이 기록된 정보(recorded information)'라고 하여 문서와 도서를 포함한 모든 기록물(records)을 지칭하고 있다.

기록 또는 기록물은 영어로 'record(s)'로 표현하며, 전문용어로 '법률적 임무수행과 업무처리과정에서 개인과 단체가 생산 또는 수집하여 관리·유지하고 있는 기록(document, item, official record)'이라고 설명하고 있다(Bellardo & Bellardo 1992). 그러나 이는 문서의 의미와 비슷하고 아카이브스와는 거리가 있다. 아카이브스(archives)는 그리스어의 'archeion'에서 파생된 말인데, '궁전(宮殿)', '정부(政府)의 집'을 뜻하고, '그 속에 보관된 기록물' 자체를 겸해서 쓰기도 한다. 아카이브스는 '업무수행에서 생산·수집된 레코드가 기록의 일생주기(the life cycle of record)에 따라 이용된 후 보존가치가 존속되는 기록'을 말하고 있어 레코드와 아카이브스는 보존가치(保存價値)라는 측면에서 차이가 있음을 알 수 있다.

아카이브스를 한국과 일본에서는 고문서(古文書) 또는 사료(史料) 등과 혼동하여 사용하는 경향이 있다. 그러나 일반적으로 고문서는 일정시대 이전에 생산된, 즉 시간적 개념이 작용한 것임에 반해, 아카이브스는 최근의 자료를 포함하여 평가기준에 의해 보존가치가 있는 기록을 의미한다(김용원 2000).

중국에서는 아카이브스를 '당안(檔案 dǎngàn)'이라 한다. 이는 '檔'과 '案'의 결합어로서 '檔'은 문서를 뜻하고 '案'은 관청의 서류나 훈령 또는 판결, 결정문을 뜻한다. 원래 '檔案'은 청나라 시대 육부(六部)에서 문서를 보관하던 서고, 즉 당방(檔房)에서 유래된 말인데, 지금은 '관공서의 기록이나 공문서' 및 '영구히 보존하는 관공서의 문서군(文書群)'을 뜻한다. 한편 이를 보존하는 기관을 '당안관(檔案館)'이라고 한다.

일본에서 '기록(record)'의 의미는 현대문서와 유사하다. 즉 기록관리(記錄管理, record management)는 비즈니스 오피스의 문서와 결부시키고, 그 도입시점도 20세기 초로서 미국으로부터 버티컬파일링(vertical filling) 시스템 도입을 근원으로 잡는다(高山正也 2000). 1989년 창립된 '기록관리학회 창립취의서'에서도 '기록관리는 기록을 작성 또는 수집하여 가공·축적, 조직화하고 검색방법을 정비하여 활용하도록 하고, 폐기 또는 영구보존의 최종적 처치를 하는 기록의 일생주기를 대상으로 통합적인 관리를 목적으로 한다.'고 명시하고 있다. 국제관계에서도 아카이브스 단체인 ICA(International Council on Archives), EASTICA(East Asian Regional Branch of the ICA)가 아니라 레코드 단체인 국제기관 IRMC(International Records Management Council), ARMA(Association of Records Managers and Administrators) 그리고 각국의 'Records Management' 단체와 교류를 시도하고 있다. 한편, 일본은 정부기구로 1971년 국립공문서관(National Archives)을 설치·운영, 1987년 공문서관법을 제정하였다. 법률상 공문서는 아카이브스로 간주하였으며, 동시에 아카이브스를 보관하는 기관을 '문서관' 또는 '사료관'이라 부르고, 여기에 소장하는 자료를 '기록사료'라고 부른다. 이와 같이 일본에서 레코드는 현대문서를 포함한 통괄적 기록을 말함이고, 아카이브스는 공문서 내지 사료로 한정한다.

이와 같이 기록은 공적 기구에서 생산된 기록(public record)뿐만 아니라 개인으로부터 생산된 것(private record)이라도 모두 의미가 있다. 그러나 이러한 다양한 기록 중에는 역사적 보존가치가 있는 자료도 있고, 용도가 끝나고 일회성으로 사라지는 자료도 있다. 이 광의의 기록물 중에서 생산시기, 생산출처에 관계없이 다만, 보존가치가 있는 기록을 '아카이브스(archives)'라고 하며, 동시에 이러한 기록을 보존하는 기관 또는 시설도 '아카이브스'라고 명명하고 있다.

1.2 기록의 특성

기록은 개인이나 기관의 일상적인 활동이나 업무에서 생산되고 축적된다는 점을 기본 특징으로 살펴본 기록의 특성과 관리상의 원칙은 다음과 같다(김태수 2002, 8 - 9).

첫째, 기록은 생산기관의 활동과 관련되어 있다. 특정 기관의 기록은 그 기관의 직접적인 활동결과로서 생산되고 축적되며, 기관의 정책과 기능, 대외관계를 반영한 것이다. 이는 기록관리의 가장 중요한 원칙인 '출처(provenance)' 원칙으로서, 특정 기관의 기록은 다른 기관의 기록과는 독립적으로 관리되어야 한다.

둘째, 기록은 유기적인 성질을 지니고 있다. 개인이나 정부, 단체의 대외관계가 활발해짐에 따라 기록의 양도 자연스럽게 증가된다. 개개의 기록은 기존의 기록과 관련을 가지거나 그 결과일 수도 있고, 기존의 기록은 후속 기록에 의해 그 내용이 보완된다. 그런데 기존의 기록과 제작이나 배열체계를 달리하게 되면 기록 상호간의 연결이 단절되거나 연관성이 약해질 수 있다. 따라서 '원질서(original order)' 원칙에 따라 과거에 수행된 내용이 왜, 어떻게 일어났는지를 정확하게 반영하기 위해 관련 기록을 연계하여 유지하는 것이 필요하다.

셋째, 기록은 공적인 성격을 지닌다. 기록은 개인이나 기관 활동의 산물로서 법률상의 효력을 지닌다. 이런 점에서 기록은 부정한 수단이 개입되거나 비인가자가

접근할 수 없도록 생산자나 합법적인 인수자의 관리 아래 두어야 한다. 이렇게 함으로써 기록은 거래의 정당한 근거로써 효력을 지니게 된다.

넷째, 기록은 고유한 성격을 지니고 있다. 문화나 교육 목적상 대량으로 생산되는 도서와 달리, 기록은 본질적으로 특정 기관이나 특정 업무와 관련되어 작성된 파일을 단위로 한다. 도서가 손상을 입게 되면 다른 복본을 입수하여 대치하면 되지만, 기록이 손상을 입게 되면 원상회복이 어렵거나 기존의 다른 기록과 동일한 체계를 유지하기 어렵다. 따라서 기록의 성격과 가치를 온전하게 유지하고, 작성이나 이용 근거를 확보하며, 기록이 지닌 고유성을 유지하는 것이 필요하다.

1.3 기록의 종류

모든 기록물은 일반적으로 모든 사람에게 충분한 가치가 있을 때 영구적 성격을 띠게 된다. 그러나 그 지속성은 영구적으로 확정된 것이 아니므로 자료가 지닌 가치와 정보가 계속 필요한지 수시로 평가하여야 한다. 기록물은 생산시기와 내재적 가치에 따라 참조 빈도에 차이가 나게 되는데, 생산시기에 따라 현용기록(current record), 준현용기록(semi-current record), 비현용기록(non-current record)의 3단계로 나눈다. 현용기록은 최신자료로서 참조의 빈도가 높은 기록을 의미하고, 비현용기록은 오래되어 거의 참조되지 않으나 영구보존가치가 있는 기록을 의미한다. 준현용기록은 그 중간단계에 있는 기록으로 일정기간 내에 참조의 가능성이 내재되어 있는 기록을 의미한다. 또한 기록물이 활용되는 빈도수에 따라 활용기록(active record), 준활용기록(semi-active record), 비활용기록(non-active record) 3종류로 구분하기도 하지만, 그 의미는 생산시기에 따른 구분 개념과 유사하다.

그리고 문서를 생산하는 기관의 성격에 따라 공문서(公文書)와 사문서(私文書)로 구분하기도 한다. 사무관리규정(대통령령 제13390호 1991년 제정) 제2조 적용범위와 제3조 정의에 명시된 '공문서'는 '대통령직속기관 및 국무총리직속기관을 포함한 중앙행정기관 및 그 소속기관, 지방자치단체의 기관과 군 기관의 내부 또는 상호간이나 대외적으로 공무상 작성 또는 시행되는 문서(도면, 사진, 디스크, 테이프, 필름, 슬라이드, 전자문서 등의 특수매체기록 포함) 및 행정기관이 접수한 모든 문서'를 말한다.

한편 1996년 5월 3일 개정된 사무관리규정에 근거한 제7조 공문서의 종류를 보면, 다음과 같이 법규문서, 지시문서, 공고문서, 비치문서, 원문서 및 일반문서로 나눈다. 즉 첫째, 법규문서는 헌법, 법률, 대통령령, 총리령, 부령, 조례 및 규칙 등에 관한 문서를 말한다. 둘째, 지시문서는 훈령, 지시, 예규 및 일일명령 등 행정기관이 그 하급기관 또는 소속공무원에게 일정한 사항을 지시하는 문서를 말한다. 셋째, 공고문서는 고시ㆍ공고 등 행정기관이 일정한 사항을 일반에게 알리기 위한 문서를 말한다. 넷째, 비치문서는 비치대장ㆍ비치카드 등 행정기관이 일정한 사항을 기록하여 행정기관 내부에 비치하면서 업무에 활용하는 문서를 말한다. 다섯째, 민원문서는 민원인이 행정기관에 대하여 허가, 인가, 기타 처분 등 특정한 행위를 요구하는 문서 및 그에 대한 처리문서를 말한다. 그리고 마지막으로 일반문서는 제1호 내지 제5호에 속하지 아니하는 모든 문서를 말한다. 따라서 그 밖의 문서는 모두 사문서라고 간주할 수 있다.

1.4 기록의 일생주기

'기록의 일생주기(the life cycle of records)'[1]는 기록의 탄생으로 볼 수 있는 생산에서부터 영구보존 또는 폐기되는 기록의 흐름을 말한다. 이러한 기록의 일생주기는 세 단계로 나누어진다(최정태 2006, 83 – 84). 첫째 단계는 기록의 생산, 평가, 수집의 단계, 둘째 단계는 기록의 조직, 관리, 이용의 단계, 셋째 단계는 기록

---

1) 혹은 이를 영어식으로 '라이프사이클' 또는 일본어 직역인 '생애주기'라고 한다. 다만 생애는 생물체에 주로 사용되므로 본서에서는 「기록관리학 사전」에 의하여 '기록의 일생주기'라 한다.

의 보존, 처분, 폐기의 단계라 할 수 있다. 요컨대 기록의 일생주기는 생산 → 관리 → 보존(또는 폐기) 단계로 순환되는 과정이라고 할 수 있다.

한편 전자기록의 일생주기에 대하여 세계적인 비정부기구인 ICA(International Council on Archives) 전자기록위원회(Committee on Electronic Records)에서는 전자기록을 생산하는 전산시스템의 설계 및 기획, 개발, 설치하는 설계단계(conception stage), 설계단계에서 수립된 전자레코드키핑 체제를 토대로 실제 전자기록을 생산하는 생산단계(creation stage) 그리고 전자기록의 생산 이후 전자기록과 관련된 제반 기술적 조치 수행, 관리, 보존시키는 관리단계(maintenance stage)의 세 단계로 설정하였다(한국국가기록연구원 2004, 53 – 53). 요컨대 전자기록의 일생주기는 설계 → 생산 → 관리의 단계로 순환되며, 일반적인 기록의 일생주기와는 조금 다르다. 이는 전자기록의 특성을 반영하고 컴퓨터공학 분야의 '소프트웨어 일생주기' 이론을 기반으로 수립한 것이기 때문이다.

1.5 기록의 가치

기록은 특정 개인이나 단체 또는 국가기관의 일상적인 활동결과로 생산된 자료로서 내재된 정보의 공익성과 역사성으로 인하여 1차 자료로서의 가치는 다른 어떤 자료보다 크다고 할 수 있다. 특히 공공기록은 국민 개개인은 물론 모든 활동주체에 직·간접으로 영향을 미치는 정보원이 되고 있다(김태수 2002). 이와 같은 기록의 역할을 보다 구체적으로 논술하면 다음과 같다.

첫째, 정보의 전달 및 저장의 수단. 기록은 의사전달의 수단으로서 육성보다 영속적이고, 경험축적의 수단으로서 인간의 기억보다 영구적인 특징을 지닌다.

둘째, 공공기관 등에서의 업무의 수행 및 증명의 수단. 현대의 행정은 법적 효력을 가진 문서, 즉 기록의 생산과 활용에 의하여 수행되며, 업무수행의 수단으로서의 기록은 수행할 업무의 근거가 된다. 그리고 기록은 보존됨으로써 업무수행을 증명하는 자료가 된다.

셋째, 역사와 문화 전승의 수단. 기록은 역사 서술의 자료이며 문화 전승의 수단이다. 기록을 통하여 역사와 문화가 전승되며, 국가의 정당성과 민족문화의 주체성을 확립할 수 있다.

일찍이 기록보존학자이자 기록전문가였던 쉘렌버그(T. S. Schellenberg 1956)는 기록의 가치를 주시하였고, 이를 일차적 가치와 이차적 가치로 구분하였다. '일차적 가치(primary value)'는 주로 당사자나 동등 이해관계를 가지는 사람에게 해당되는 가치로서 내재적 가치이기도 하다. 이는 조직의 법률실무 혹은 재무에 한정되므로 법률적·행정적·재정적 가치를 포함한다. '이차적 가치(secondary value)'는 당사자 간 가치는 이미 소멸되었으나 제삼자를 위한 공익적 이용에 제공되는 가치로서 보존적 가치이기도 하다. 이는 사실의 확인을 증빙하기 때문에 증거적(evidential) 가치를 지니며, 그것이 여러 가지 다른 정보로 활용될 수 있기 때문에 정보적 가치도 지니고 있다(최정태 2006, 40 – 42).

1.6 기록의 기능

상술한 기록의 역할과 가치는 기록전문가에 의해 수집·평가·보존·관리되기 위한 포괄적인 기록의 기능이라 할 수 있다. 이에 대하여 양태진(1993)은 연구적·행정적·법률적·역사적 가치를 포괄적으로 검토하였고, 김성수(2004)는 여기에 문화적 기능을 더해 기록의 중요 기능으로서 고찰하였다. 기록의 가장 포괄적인 가치이자 기본적인 기능인 정보적 기능과 함께 종합적으로 살펴보면 다음과 같다.

첫째, 정보적 기능. 개인이나 기관이 활동과 업무수행에 대해 생산한 기록은 다양한 사실적·현상적 정보를 제공하는 기능을 지닌다.

둘째, 행정적 기능. 정부를 비롯한 공공기관에서 일반 국민이나 기관 등의 인사, 경영, 제정 등 행정업무를 처리하는 과정에서 생산 또는 접수된 기록물은 행정적 기록으로서의 기능을 지닌다.

셋째, 법률적 기능. 개인 또는 기관의 법적 권리, 가족, 재산, 세무 관계에 관한 기록은 법률적 기능을 담당한다. 특히 법률적 견해나 해석을 포함한 기록물, 법적 행위와 관련된 기록물, 재산소유나 법적 의무 등에 증거가 되는 기록물은 영구보존의 가치와 기능을 지닌다.

넷째, 역사적 기능. 영구보존 가치가 있는 모든 기록물들은 기록물관리기관에서 수집·보존·관리됨으로써 각 주제분야의 역사 정립 기초가 되는 기능을 지닌다.

다섯째, 문화적 기능. 상술한 네 가지 기능에 의거하여 수집·관리된 기록의 활용 및 보존으로 해당 국가의 국민이나 지방 및 국가의 고유한 문화가 성립되는 기능을 지닌다.

여섯째, 연구적 기능. 기록물은 각 주제별로 학습·연구하는 연구자와 학자에 의하여 끊임없이 활용될 수 있는 연구 가치를 지니고 있다.

2. 기록관

2.1 기록관의 정의

전술한 아카이브스의 어원을 그리스어에서 살펴보았듯이, 기록관(archival institutions)의 유래 또한 기원 4, 5세기 전 아테네 사람들이 아테네 광장 법원 옆에 'Metroon(신의 어머니)'이라는 사원에 중요한 자료들을 보존(Schellenberg 1956)한 고대 그리스문화에서 비롯되었다. 이와 같은 어원적 의미의 아카이브스는 실제 나라나 기관에 따라 여러 가지 의미로 정의되고 다양한 명칭으로 표현되고 있다.

우리나라 '공공기록물 관리에 관한 법률(이하 기록물관리법)' 제2조 정의 부분에 의하면 기록관은 '기록물관리기관'이라 칭하고 있으며, '일정한 시설 및 장비와 이를 운영하기 위한 전문인력을 갖추고 기록물관리업무를 수행하는 기관'을 말한다. 일본의 '공문서관리법' 제4조 '공문서관'에 의하면 '공문서관은 역사자료로서 중요한 공문서 등을 보존하고 열람토록 하며 이와 관련된 연구를 함을 목적으로 하는 시설'이라고 규정하고 있다.

영국에서는 1838년 8월 18일 국립기록보존소(Public Record Office)가 생긴 이래 런던에 50개가 넘는 기록관이 생겨났다. 영문 명칭으로만 본다면 공공기록만을 수집·관리해야 하지만 이곳은 영국의 전통적 보존기록물과 함께 문화적·역사적 유산물(cultural and historical heritage)까지 모두 통합·관리한다(Roper 1999). 미국은 1934년 처음으로 국립기록관(National Archives)이 세워지면서 기록관제도가 정착되었고, 현재의 국립기록청(National Archives and Records Administration)에 이르기까지 미국의 역사적 기록과 함께 현행 기록물도 비중 있게 관리·보존되고 있다.

요컨대 기록관, 즉 아카이브스는 기록 자체이자 동시에 역사적 기록물을 포함한 기록물을 수집·관리·보존하는 시설 내지 기관을 지칭한다.

2.2 기록관의 기능

Hunter, G. S.(1997, 3 - 5)는 기록관의 임무를 대체적으로 지속적인 기록의 가치 선별, 가치 있는 기록의 보존 그리고 이용에의 제공이라 하였다. 이를 다시 세부적인 임무와 기능으로 다음과 같이 열한 단계로 설명하고 있다.

첫째, 평가. 기록관에 자료가 도착하면 우선적으로 하여야 할 일은 그 가치의 평가이다. 둘째, 수집. 기록의 평가 외에도 기록관은 각종 수집 방법을 동원하여 필요한 기록을 수집해야 한다. 셋째, 등록. 당해 기록관에 필요한 기록물을 확정한 후 등록한다. 넷째, 편철 및 분류. 각 기록관의 편철 분류 방식에 의거하여 체계적으로 정리한다. 다섯째, 보존. 정리된 기록은 적절한 방법으로 보존한다. 여섯째, 안전.

기록의 안전 관리에 주의한다. 일곱째, 기술(記述). 기록관의 소장기록물을 효율적인 사용 및 활용에 제공키 위하여 기록물의 내용을 기술한다. 여덟째, 검색 및 참고. 각종 참고자료와 매체를 통해 검색과 참고에 제공한다. 아홉째, 홍보. 기록물의 이용 전개를 위하여 기록물 전시회와 같은 방법을 통하여 외부에 기록관의 소장기록물을 홍보한다. 열째, 재평가. 소장기록물은 일정시간 후 각종 요인에 의하여 원래 가치를 잃게 된다. 따라서 재평가 단계를 통하여 기록관 계속 소장 여부를 판단한다. 열한째, 조사. 이용자의 요구와 기록 이용상황 이해를 위하여 각종 조사를 실시한다.

요컨대 기록관은 기록에 대하여 식별 → 보존 → 이용 → 식별 단계로 순환하면서, 구체적으로 상술한 열한 단계의 기능을 수행하며, 이는 곧 기록관에서 행하는 기록관리의 실제이기도 하다.

2.3 기록관의 종류

전술하였듯이 기록에는 현용기록, 준현용기록 및 비현용기록이 있는데, 이들을 같은 장소에 보관하는 것은 이용 및 관리 면에서 효율적이지 못할 것이다. 미국에서는 대체로 기록물을 관리ㆍ보관하는 곳을 오피스(office), 레코드센터(record center), 아카이브스(archives)로 나눈다. 오피스는 현용기록을 중심으로 한 자료를 직접 생산하거나 수집하는 행정의 제1차 기관을 말하고, 레코드센터는 현용기록으로서의 목적을 일단 달성하고 일시 보관 중에 있는 준현용기록을 전담하는 기관이다. 아카이브스는 준현용기록과 비현용기록 중에서 일정한 기준에 의해 평가한 결과에 따라 '보존가치가 있는 자료'를 보관하는 시설을 말한다.

기록의 일생주기에 따라 살펴보면, 오피스는 기록의 첫째 단계에 해당하는 생산 기관을 의미하고, 레코드센터는 기록의 둘째 단계에 해당하는 중간 보관기관을 의미하며, 아카이브스는 기록의 셋째 단계에 해당하는 최종 보존기관을 의미한다. 이러한 기관에서 자료를 전문적으로 다루는 사람으로 오피스에는 일반사무원(clerk) 또는 행정관(officer), 레코드센터에는 기록관리관(records manager), 아카이브스에는 아키비스트(archivist)가 직분에 적합하다고 할 수 있다.

우리나라의 '공공기록물 관리에 관한 법률' 제3조 정의 제4항의 '기록물관리기관' 부분을 보면, 기록물관리업무를 수행하는 기관으로 영구기록물관리기관, 기록관 및 특수기록관으로 구분하고 있다. 그중 영구기록물관리기관이라 함은 '기록물의 영구 보존에 필요한 시설 및 장비와 이를 운영하기 위한 전문인력을 갖추고 기록물을 영구적으로 관리하는 기관을 말하며, 중앙기록물관리기관, 헌법기관기록물관리기관, 지방기록물관리기관 및 대통령기록관으로 구분'하고 있다(제9~12조 참조).

중국의 경우 기록관인 당안관의 유형은 설치단계에 따라 3단계로 구성되어 있다 (한미경 2003, 8-9). 제1단계는 종합, 전문 또는 부문 당안관이며, 제2단계는 각 성(省) 및 자치구의 직할시 당안관으로서 성급당안관에 해당된다. 그 외 제3단계는 각 성과 자치구 하위행정단위인 각 현(縣) 및 시(市)의 당안관으로서 현급당안관에 해당된다. 한편 보관·관리되는 대상 기록물의 성격 또는 규모에 따라 국가급 당안관, 지방당안관, 전문(專業)당안관으로 분류하기도 한다. 그중 국가급 당안관은 중앙당안관 및 제일역사당안관과 제이역사당안관이 포함된다.

Ⅱ. 주요기록관의 이해

　본서에서 다루고 있는 주요기록관은 지역과 주정부 및 지방자치단체 등의 기록관과 일부 외교기록관과 특수기록관 등이나, 실제 수록대상을 살펴보면 중앙기록관 관리기관인 국가기록관 이하의 행정구역상 지방기록물관리기관, 즉 지방(지역)기록관인 경우가 대부분이다. 따라서 본 장의 주요내용은 지방(지역)기록관 위주로 주요기록관의 용어와 의미, 목적, 임무와 기능 등에 대하여 살펴보고자 한다.

1. 주요기록관의 용어

　유네스코의 기록 포털(UNESCO Archival Portal)에 의하면 기록관(Archives)을 국제기록관(International Archives), 국가기록관(National Archives), 주정부기록관(State Archives, State and Regional Archives), 자치단체기록관(Communal Archives), 성(省)기록관(Ministries Archives), 군(軍)기록관(Military Archives), 외교기록관(또는 외교자료관, Diplomatic Archives) 등으로 분류하고 있다. 지오시티즈(Geo Cities), 스미스닷에듀(Smith.edu) 그리고 '미국 내 지역·주정부·지방 기록기구 디렉터리(Directory of Regional, State, and Local Archival Organizations in the USA)'에 의하면 미국의 주요기록관 현 기구는 지역(Regional), 주정부(State) 및 지방(Local)으로 구분된다. 이는 각국의 중앙기록물관리기관인 국가기록관 이하 행정구역 단위 기록관 구분에도 적용되고 있다. 한편, 캐나다도서관·기록관(Library and Archives Canada)의 '계보학협회 및 지방기록관 리스트(List of Genealogical Societies and Provincial/Territorial Archives)'에 의하면 주정부의 기록관을 '지방(Provincial)' 또는 '자치령(Territorial)'으로 구분하고 있다.

　즉 주정부기록관과 지방정부기록관, 자치단체기록관, 성(省)기록관, 현급(縣級)기록관 등은 각국의 상황에 따라 다른 명칭으로 불리나 대부분 중앙기록물관리기관인 국가기록관 이하의 주정부, 자치단체 또는 지방정부 등의 지방기록물관리기관, 즉 지방기록관이라 할 수 있다.

지방기록관에 대한 영문 표기를 살펴보면 미국의 경우 주정부의 기록관으로 기존에는 'State Document Center'라 표기하다가 최근에는 'State Archives'를 주로 사용하고 있다. 이하 지방의 경우 'Provincial Archives' 또는 'Territorial Archives'란 용어가 사용된다. 캐나다의 경우 주정부의 기록관을 'State and Regional Archives' 또는 'Provincial Archives'라 하기도 한다.

우리나라와 중국 및 일본과 같은 일부 국가에서는 'Municipal Archival', 'Metropolitan Archives' 등과 같은 명칭을 사용한다. 특히 중국의 경우 당안관을 기본적으로 지역과 전문 및 시기 등 특정 설치목적에 따라 중앙급당안관(中央級檔案館), 지방당안관(地方檔案館) 및 전문당안관(專門檔案館)으로 구분한다. 그중 지방당안관은 지방의 행정구역 단위에 따라 성급당안관(省級檔案館), 현급당안관(縣級檔案館), 자치구정부당안관(自治區政府檔案館) 등으로 구분하고 있다.

일본의 경우 중앙의 국립공문서관(國立公文書館) 외에 각 지방에 현급 공문서관(縣級公文書館)을 두고 있다. 다만 일부 예에서 보이듯이 일본 각 지방의 문서관은 '문서관(文書館)'과 '역사자료관(歷史資料館)' 두 종류로 운영되고 있다(김종철 2005, 235). 전자 공문서관 명칭으로 운영되고 있는 곳은 오키니와현공문서관(沖繩縣公文書館), 아키타현공문서관(秋田縣公文書館) 등 22개 현이 그렇다. 후자 역사기록관 명칭으로 운영되는 곳은 나가노현립역사관(長野縣立歷史館), 이바라키현립역사관(茨城縣立歷史館) 등 8개 현이 그러하다.

이처럼 중국 및 일본 각국 용어의 경우 전술한 기록관의 종류에서 살펴보았듯이 각국의 특성에 따라 일본의 경우는 주로 '공문서관(公文書館)', 중국의 경우는 주로 '당안관(檔案館)'이라는 명칭이 해당 지방의 명칭과 행정단위 뒤에 붙는다.

우리나라의 경우 지방기록관은 기존에는 '자료관'이라는 명칭을 사용하기도 하였으나 '공공기록물 관리에 관한 법률'이 2006년 개정되고 2007년 실행되면서 '지방기록물관리기관'이라는 법적 용어를 사용하기 시작하였다. 이는 구체적으로 시·도기록물관리기관을 의미하며, 시 · 도교육청기록물관리기관과 시 · 군 · 구기록물관리기관 등을 포함한다.

종합적으로 지방기록관은 영어로 표기되는 경우 '지역기록관(Regional Archives)', '주정부기록관(State Archives)', '자치단체기록관(Communal Archives)', '성(省)기록관(Ministries Archives)', '지방기록관(Provincial Archives)', '지방기록관(Municipal Archival)' 등으로 표현되고 있으며, 우리나라는 주로 '시 · 도기록물관리기관'이라 표현하고 있음을 알 수 있다.

2. 주요기록관의 의미

「기록관리학사전」에 의하면 주정부기록센터(State Document Center)는 '미국 각 주(州)에 주정부의 공문서를 수집 · 보존 · 조직하는 업무를 담당하는 기록관이나 간행물센터'로서 주에 따라서는 주정부기록관(State Archives)을 두고 있다. 다시 말해 주정부기록센터와 주정부기록관은 주를 단위로 해당 정부의 공공기록물에 대한 전반적인 관리를 담당하는 센터 또는 기록관임을 알 수 있다. 한편, 지역기록관(Regional Archives)은 '중앙기록관과 지방기록관의 중간 수준의 관할권을 가지는 기관으로서 한 개의 지역기록관은 여러 개의 지방기록관을 관할한다.'라고 정의하고 있다. 따라서 지역기록관은 지방기록관의 상위개념이라 할 수 있다.

중국의 성급당안(省級檔案館)은 행정구역 구분에 따라 성(省), 시(市), 자치구(自治區)의 정부에 의하여 설치된 당안관으로서 일반적으로 해당 정부 문화부문(文化部門)의 지도를 받으며 각 성 · 시 · 자치구의 정치 및 문화 소재지에 설립된다. 한편 현급 당안관(縣級檔案館)은 현(縣) 정부에 의하여 설치된 당안관이다.

일본의 경우 지방기록관에 대하여 공문서관과 역사관의 명칭을 사용하고 있으며, 그 의미에도 다소 차이가 보인다. 즉 전자의 경우 주로 지방자치단체의 역사편찬과

정에서 수집된 자료의 정리 및 보존을 위해 설치된 경우이며, 후자의 경우 현 정부의 공공기록물을 관리 및 보존하기보다는 역사적인 고문서·박물류·고고유물·매장문화재 등을 중점으로 보존 및 활용을 담당하고 있다.

우리나라의 경우 구체적으로 기록물관리법 제2장에 의하면 기록물관리기관은 중앙기록물관리기관, 헌법기관기록물관리기관(제10조), 지방기록물관리기관(제11조), 기록관(13조), 특수기록관(제14조)으로 구분되고 있으며, 그중 영구기록물관리기관으로 중앙기록물관리기관과 지방기록물관리기관을 들 수 있다. 2007년 2월 29일에 개정된 내용에 의하면 중앙기록물관리기관은 기록물관리를 총괄·조정하고 기록물을 영구보존 및 관리하는 기구이며, 지방기록물관리기관은 '시·도기록물관리기관'으로 특별시장·광역시장·도지사 또는 특별자치도지사(이하 시·도지사)가 소관기록물의 영구보존 및 관리를 위하여 설치 및 운영하는 영구기록물관리기관이다. 그중 지방기록물관리기관은 구체적으로 기록물관리법률 제11조 제1～3항에 의하면 다음과 같이 구분한다.

첫째, 시·도기록물관리기관. 이는 특별시장·광역시장·도지사 또는 특별자치도지사가 소관기록물의 영구보존 및 관리를 위하여 설치·운영하는 영구기록물관리기관이다.

둘째, 시·도교육청기록물관리기관. 특별시·광역시·도교육감 또는 특별자치도교육감이 소관기록물의 영구보존 및 관리를 위하여 설치·운영하는 영구기록물관리기관이다. 참고로 이 경우 시·도교육감이 시·도교육청기록물관리기관을 설치·운영하지 아니하는 때에는 대통령령이 정하는 바에 따라 소관기록물을 시·도기록물관리기관에 이관하여야 한다.

셋째, 시·군·구기록물관리기관. 시장·군수·구청장이 소관기록물의 영구보존 및 관리를 위하여 설치·운영하는 영구기록물관리기관이다.

다시 말해 우리나라 지방기록관 종류로는 시·도기록물관리기관, 시·도교육청기록물관리기관 및 시·군·구기록물관리기관이 있다.

　종합적으로 본서에서 다루는 국가기록관을 제외한 주요기록관으로서의 지방기록관은 각 행정단위상의 지방에 설립되어 해당 지방의 역사적 기록물과 공공기록물 등과 관련한 기록물을 대상으로 관련 기록관리 업무를 수행하는 기록물관리기관을 의미한다.

3. 주요기록관의 목적

　기록물관리법 제11조에 의하면 지방기록관은 소관기록물의 영구보존 및 관리를 위하여 설치 · 운영되는 기록물관리기관이다. 이를 통하여 주요기록관의 기본적인 설립목적에는 해당 지방(지역)의 관련 기록물에 대하여 영구보존과 관리라는 두 가지 주요목적이 있음을 알 수 있다. 이와 관련하여 박찬승(2004)은 크게 두 가지로 지방기록관의 목적을 살폈으며, 이를 구체적으로 정리하면 지방의 주요기록관은 다음과 같은 목적을 지님을 알 수 있다.

　첫째, 해당 지방의 지역자료를 수집 · 정리 · 보존 및 조사 · 연구한다.

　둘째, 해당 지방의 문화향상과 문화유산을 보전한다.

　셋째, 소장기록물과 자료를 일반시민의 활용에 제공한다.

　넷째, 해당 지방의 역사와 문화의 발전에 대한 이해를 심화시킨다.

　다섯째, 시민의 애향심 육성에 이바지한다.

　또한 박찬승은 지방기록관으로서 시 · 군 · 구의 기록관은 해당 지역 주민이 기록관의 자료를 활용하여 그 지역의 역사와 문화가 형성된 과정을 이해함으로써 지역문화 창조의 주역이 될 수 있게 하며, 지역의 역사 · 민속 등의 자료 · 행정문서 · 기타 지역문헌을 수집 · 정리 · 보관하여 지역문화유산 보존을 도모해야 함을 주장하였다. 이 외에도 지역문화 향상을 도모하기 위한 강연 · 강좌 · 견학 · 전시 등 사업, 지방지와 지방자료 등과 같은 편찬물의 간행, 조사 · 연구 · 사업 등을 수행해야 함을 언급하였다.

따라서 지방기록관은 관련 기록물의 영구보존과 관리라는 목적을 기본으로 하되 더 나아가 지역의 문화유산 보존을 도모하고 적극적으로 관련 사업 등을 전개하여 다양한 방면으로 활용토록 함을 최대 목적으로 한다고 할 수 있다.

4. 주요기록관의 임무와 기능

미국의 경우 주정부기록관은 'GRAMA(Government Records Access and Management Act)'에 의거하여 다음과 같은 임무를 수행해야 한다(김상호 2000).

첫째, 기록물의 저장, 집중식 마이크로필름 프로그램 등 주정부의 기록보존 및 기록물 관리프로그램을 운영한다.

둘째, 기록물 및 문서의 수집, 생산(형성), 이용, 유지, 보존 및 폐기에 관한 공정하고 효율적인 관리와 물리적 보호를 위한 기준과 절차 및 기술을 마련한다.

셋째, 기록물의 효과적인 관리와 물리적인 보호를 위하여 기준과 절차 및 기술을 마련한다.

넷째, 기록물을 생산·유지·저장·이용하는 데 필요한 공간과 관련 장비, 자동화 등을 포함한 이용을 위한 현용기록물(Current Records)의 관리에 관한 실태조사를 실시하며, 개선할 점을 권고한다.

다섯째, 영구적인 가치를 지닌 기록물의 보존과 행정적·역사적·법률적·재정적 가치를 충분히 지니지 못한 주정부기록물의 신속하고 규칙적인 처분(폐기)을 위한 계획 준비 기준을 수립한다.

여섯째, 주정부에서 집중식 마이크로필름 제작 시설을 운영한다.

일곱째, 기록물위원회(Archival Committee)와 관련한 인적 자원 및 서비스를 제공 및 지원한다.

여덟째, 기록물관리전문가 및 기타 관심이 있는 공무원을 지원하기 위한 교육 및 훈련프로그램을 개발한다.

아홉째, 기록관에 이관된 공공기록물에 대한 접근(access)을 제공한다.

열째, 정부기관이 기록보존에 관한 규정을 이행하도록 지원을 제공한다.

열한째, 모든 정부기관이 기록물에 대한 접근(access, use)을 요청하는 개인에게 사용할 양식(form)을 마련한다.

열두째, 보고서 및 훈령관리프로그램을 수립한다.

열셋째, 양식(form) 관리프로그램을 수립한다.

이처럼 미국의 주요 지방기록관으로서 주정부기록관은 주정부기록의 수집과 보존 그리고 관리와 이용 외에 절차와 기준, 전문위원회와 전문가, 서비스와 교육 등 임무를 수행하고 있다.

한편, 우리나라의 경우 기록물관리법 제11조 제5항에 의하면 시ㆍ도기록물관리기관은 시ㆍ도교육청기록물관리기관, 시ㆍ군ㆍ구기록물관리기관 및 제4항의 규정에 따라 공동으로 설치ㆍ운영하는 영구기록물관리기관인 지방기록물관리기관으로 다음과 같은 업무를 수행하도록 되어 있다.

첫째, 관할공공기관의 기록물관리에 관한 기본계획의 수립ㆍ시행

둘째, 관할공공기관의 기록물관리 및 기록물관리 관련 통계의 작성ㆍ관리

셋째, 관할공공기관의 기록물관리에 관한 지도ㆍ감독 및 지원

넷째, 관할지방자치단체의 기록물관리에 관한 지도(시ㆍ도기록물관리기관에 한한다)

다섯째, 중앙기록물관리기관과의 협조에 의한 기록물의 상호 활용 및 보존의 분담

여섯째, 관할공공기관의 기록물관리 종사자에 대한 교육ㆍ훈련

일곱째, 관할공공기관 관련 향토자료 등의 수집

여덟째, 그 밖에 기록물관리에 관한 사항

이상을 종합해 보면 지방기록관은 해당 지역 공공기관의 기록 및 기록관리 관련 계획, 통계, 지도 및 감독, 활용과 보존, 교육과 훈련 등에 대한 임무와 기능을 수행하는 공공기관이자 전문기관이다.

Ⅲ. 주요기록관의 운영

본 장에서는 주요기록관의 설치, 운영주체, 관련법률, 주정부기록전문가와 기구 그리고 기록물에 대하여 알아보고자 한다. 그중에서 특히 관련법률 및 전문가와 기구의 경우 미국의 주정부기록관 위주로 살펴보고자 한다.

1. 주요기록관의 설치

미국의 경우 주(州, State)에 주정부기록관(즉 주립기록관), 군(郡, County)에 군립기록관, 시(City)에 시립기록관을 각각 설치하고 있다. 주정부기록관에서는 주 정부의 기록물을 보존하며, 군립기록관에는 군 정부와 의회 및 민간의 기록물을 보존한다. 시립기록관도 시정부와 의회 및 개인들의 기록물을 보존한다. 이들은 대부분 그 지역의 향토사학회(Historical Society)의 활동과 연결되어 있으며, 어떤 경우에는 그 지역의 향토사학회가 직접 기록관을 설립하여 운영하는 경우도 있다.

영국은 잉글랜드의 경우 52개의 '주(州, County)'가 있고 그 아래에 '시(City)', '자치도시(Borough)' 등이 있다. 국가기록관(National Archives) 외에 영국의 중앙정부에 'Public Record Office'가 있고, 지방정부인 카운티에 'County Council'이 있으며, 산하에 'Record Office'를 두고 있다. 잉글랜드 지역 내 100여 개 지방기록관이, 스코틀랜드 지역 내 26개 지방기록관이 설치·운영되고 있다.

프랑스에는 중앙정부에 국가기록관(National Archives)이 있으며, 주요 지방기록관으로 각도와 해외령에 103개소의 도립기록관이 있고, 시립기록관도 전국에 약 120개소가 있다. 특기할 것은 각 도립기록관은 도 단위에서 생산한 기록물을 영구기록물관리기관인 국가기록관에 이관하지 않고 자체 보존하며, 시립기록관도 시 단위에서 생산한 기록물을 국가기록관 혹은 도립기록관에 이관치 않고 자체 보존하게 되어 있다는 점이다(박찬승 2000, 112).

중국의 경우는 30여 개의 각 성(省), 시(市), 자치구(自治區)에 모두 당안관을 설치하여 각 해당 행정구역 사회 전반의 역사적 기록물과 공공기록물을 망라하여 수집·관리하고 있다. 이러한 기록관들은 각 해당 지방(지역)의 기록관리 관련 정보센터이자 하나의 문화적 핵심기지로서 역할을 수행하고 있다.

한편, 일본의 경우 47개의 도(都), 도(道), 부(府), 현(縣) 중 현(縣)에 지방공문서관을 두고 있다. 다만 일본의 지방기록관은 공공기록물과 역사적 가치가 있는 공문서와 고문서를 중심으로 수집·관리·활용을 해 나가는 문서관(文書館)과 문서관·박물관·도서관의 통합적 기능을 갖고 있으면서도 일본의 역사·미술·공예·예능 등에 관한 도서자료·행정문서·고문서 등의 문서자료를 총망라해서 수집 및 관리하는 역사자료관으로 대별되기도 한다(김종철 2005, 219).

우리나라의 경우 2006년 기록물관리법 개정 당시 주력 안점의 하나로 지방기록물관리기관을 각 시·도에 설치토록 법적 규정을 설치한 상태이다. 지방기록물관리기관에는 시·도교육청기록물관리기관과 시·도·구기록물관리기관도 포함하고 있다.

2. 주요기록관의 운영주체

미국의 경우 주정부기록관 초기의 운영 주체는 1) 주립도서관 중심의 설립, 2) 주 역사학회 중심의 설립, 3) 주 행정기구 및 기록국(Hall of Records) 중심의 설립으로 구성되었다. 현재는 독립적인 기구로 존재하는 경우를 포함하여 대체적으로 다음과 같은 네 가지 형태의 운영 주체를 보이고 있다(김상호 2000, 127-130).

첫째, 독립기구의 형태

둘째, 주립도서관 소속 및 통합의 형태

셋째, 주 역사학회 소속의 형태

넷째, 행정기구 소속의 형태

이상과 같이 미국의 주정부기록관의 경우 독립적인 주정부의 하나의 기구인 기록관으로 편제되어 운영되기도 하고, 기존의 주립도서관(State Library)에 소속되어 산하기구로서 또는 통합의 형태로 편제되기도 한다. 한편, 도서관 외에 주요 기관으로 주의 기존 역사학회에 소속되어 운영되기도 한다. 이처럼 미국의 경우 주로 기존의 도서관이나 역사학회에 소속되어 운영되고 있다. 이와 같은 현상의 주요 이유는 도서관의 경우 정보자원관리와 조직 그리고 정보서비스라는 선구적인 강점을 지니고 있으며, 역사학회의 경우 해당 지방의 역사적 기록물과 계보학 자료 등의 운영 주체이기 때문으로 생각된다. 그러나 많은 경우 주정부의 행정기구에 소속 편제되어 있으며, 이 경우 대부분 'Secretary of State'에 편제되는 경우가 가장 많다. 그 외에 'Department of Accounting and General Services', 'Department of Cultural Resources' 등의 행정기구에 소속되어 운영되고 있다.

한편, 일본 지방문서관의 경우 도도부현(都道府縣)의 소속기구를 살펴보면 1) 교육위원회, 2) 지사부국, 3) 교육국문화재 보호과, 4) 교육재단 등이 있다(김종철 2005, 234). 이들은 곧 지방문서관의 운영 주체가 되며, 그 외 기획관리부 관리국 소속하의 문서과(文書科) 내에서 운영하는 경우도 있기는 하다. 종합적으로 문서관과 역사관으로 지방기록관을 두고 있는 일본은 교육과 관련한 기구에서 기록물 관련 기구를 운영하는 경우 주로 역사자료관의 형태로 운영되고 있으며, 지사부국에서 운영하는 경우 주로 문서관의 형태로 운영되고 있다.

우리나라는 특별시장·광역시장·도지사 또는 특별자치도지사가 소관기록물의 영구보존 및 관리를 위하여 시·도기록물관리기관을 설치 및 운영하도록 기록물관리법에 규정하고 있다.

3. 주정부기록관의 관련법률

미국의 경우 각 주에 주정부기록관(State Archives) 또는 관련 업무수행 기구 또는 기관을 설치하여 주정부기록관 업무를 수행하고 있다. 이러한 주정부기록관의 경우 주정부와 이하 지방정부의 각종 공공기록물과 관련 역사기록물의 수집·관리를 위하여 관련 법률을 제정 및 시행하고 있다.

그중 텍사스주정부기록관(TSA: Texas State Archives)의 관련 법률 제정과 활동을 사례로 알아보고자 한다. 텍사스주정부기록관의 경우 1835년 새로운 공화정부를 위한 도서관이 제안된 후, 우선 1839년 주대표도서관으로 설립되었다. 이후 20세기 초반인 1909년 '텍사스도서관·역사위원회(Texas Library and Historical Commission)'가 설립되고, 주정부기록관에 대한 감독을 하면서 텍사스 역사와 관련된 자료의 입수 및 도서관의 대중이용을 장려하는 등의 활동을 전개하여 왔다. 텍사스 역사상 처음으로 주정부도서관 및 기록관이 하나의 기관으로 활동하기 시작했다. 텍사스주정부기록관의 관련 법률로는 1971년 '지역역사자원보관법(Regional Historical Resource Depository Act)'이 제정되고, 본 법률에 의거하여 시와 카운티 및 다른 지방기록물을 보존하기 위한 지역도서관 네트워크가 설립되었다. 이후 1989년 '지방정부기록법(Local Government Records Act)'이 통과된 후 주정부도서관에서 텍사스의 약 8,800개 지방정부 및 카운티사무소의 기록관리프로그램을 지원하기 위한 표준안을 개발하였다.

이처럼 미국의 주정부기록관은 관련 법률을 제정하여 효과적인 기록물 수집 및 관리 그리고 기록관 운영에 필요한 법적 기반을 마련하고 있다. 미국의 각 주정부기록관의 관련 법률은 다음과 같다.

(1) 애리조나주
  • Public Records Standards and Laws
    홈페이지 http://www.dlapr.lib.az.us/records/laws.cfm

(2) 콜로라도주

- Colorado Laws Concerning Public Records
  홈페이지 http://www.colorado.gov/dpa/doit/archives/arcopen.html

(3) 코네티컷주

- GL M 97 – 1 PA 97 – 89 'An Act Concerning the Recording, Copying and Maintenance of Certain Public Records'
  홈페이지 http://www.cslib.org/image.htm

- Required Minimum Microfilming Standards for Public Records; Disposition of Original Records: Policy Statement, General Letter 96 – 2
  홈페이지 http://www.cslib.org/micro.htm

(3) 델라웨어주

- Delaware Freedom of Information Act
  홈페이지 http://www.delcode.state.de.us/title29/c100

- Delaware Public Records Law
  홈페이지 http://archives.delaware.gov/govsvcs/records_policies/de%20public%20records%20law. shtm

(4) 조지아

- Summary of Georgia Record Keeping Laws
  홈페이지 http://www.sos.state.ga.us/archives/who_are_we/rims/best_practices_resources/summary_georgia_record_keeping_laws.htm

- Georgia Records Act

  홈페이지 http://www.sos.state.ga.us/archives/who_are_we/rims/best_practices
  _resources/georgia_records_act.htm

- Open Records Act

  홈페이지 http://www.sos.state.ga.us/archives/who_are_we/rims/best_practices
  _resources/open_records_act.htm

- Georgia Microforms Act

  홈페이지 http://www.sos.state.ga.us/archives/who_are_we/rims/best_practices
  _resources/microforms_act.htm

(5) 일리노이주

- The State Records Act(5 ILCS 160)

  홈페이지 http://www.ilga.gov/legislation/ilcs/ilcs3.asp?ActID＝86&ChapAct
  ＝5ILCS160/&Chapte rID＝2&ChapterName＝GENERAL＋PROVISION
  S&ActName＝State＋Records＋Act

- The Local Records Act(50 ILCS ACT 205)

  홈페이지 http://www.ilga.gov/legislation/ilcs/ilcs3.asp?ActID＝699&ChapAct
  ＝50ILCS 205/&Cha pterID＝11&ChapterName＝LOCAL＋GOVERNM
  ENT&ActName＝Local＋Records＋Act

- Illinois School Student Records Act(105 ILCS 10)

  홈페이지 http://www.ilga.gov/legislation/ilcs/ilcs3.asp?ActID＝1006&ChapAct
  ＝105ILCS 10/&ChapterID＝17&ChapterName＝SCHOOLS&ActName＝
  Illinois＋School＋Student＋Records＋Act

- Filmed Records Reproduction Act(5 ILCS 170)

  홈페이지 http://www.ilga.gov/legislation/ilcs/ilcs3.asp?ActID=88&ChapAct=5ILCS 170/&ChapterID=2&ChapterName=GENERAL+PROVISIONS&ActName=Filmed+Records+Reproduction+Act

- Filmed Records Certification Act(50 ILCS 210)

  홈페이지 http://www.ilga.gov/legislation/ilcs/ilcs3.asp?ActID=700&ChapAct=50ILCS210/&Chap   terID=11&ChapterName=LOCAL+GOVERNMENT&ActName=Filmed+Records+Certification+Act

- Filmed Records Destruction Act(50 ILCS 215)

  홈페이지 http://www.ilga.gov/legislation/ilcs/ilcs3.asp?ActID=701&ChapAct=50ILCS215/&ChapterID=11&ChapterName=LOCAL+GOVERNMENT&ActName=Filmed+Records+Destruction+Act

- Freedom of Information Act(5 ILCS ACT 140)

  홈페이지 http://www.ilga.gov/legislation/ilcs/ilcs3.asp?ActID=85&ChapAct=5ILCS140/&ChapterID=2&ChapterName=GENERAL+PROVISIONS&ActName=Freedom+of+Information+Act

(6) 인디애나주

- Indiana's Public Records: The Legal Framework of Records and Information Management in State Government

  홈페이지 http://www.in.gov/icpr/records_management/pubs/legal.html

(7) 메인주

- Rules for Disposition of Local Government Records

홈페이지 ftp://ftp.state.me.us/pub/sos/cec/rcn/apa/29/255/255c010.doc

(8) 매사추세츠주

- Public Records Law
  홈페이지 http://www.sec.state.ma.us/pre/prepdf/pubreclaw.pdf

- A Guide to the Massachusetts Public Records Law
  홈페이지 http://www.sec.state.ma.us/pre/prepdf/guide.pdf

(9) 네바다주

- Nevada Administrative Code - Records of State Agencies
  홈페이지 http://dmla.clan.lib.nv.us/docs/nsla/records/nac.htm

(10) 뉴저지주

- New Jersey Public Records Related Legislation
  홈페이지 http://www.njarchives.org/links/legislation.html

- New Jersey Open Public Records Act
  홈페이지 http://www.state.nj.us/opra

- New Jersey Administrative Code Title 15 Department of State Chapter 3 Records Management Complete text of N.J.A.C.
  홈페이지 http://www.njarchives.org/links/pdf/njac - 15 - 3.pdf

- S1ummary history of N.J.A.C. 15:3
  홈페이지 http://www.njarchives.org/links/njac - 15 - 3.html

- N.J.A.C. 15:3 Subchapter 1: General Provisions
  홈페이지 http://www.njarchives.org/links/njac － 15 － 3 － 1.html

- N.J.A.C. 15:3 Subchapter 2: Records Retention
  홈페이지 http://www.njarchives.org/links/njac － 15 － 3 － 2.html

- N.J.A.C. 15:3 Subchapter 3: Standards for Microfilming of Public Records
  홈페이지 http://www.njarchives.org/links/njac － 15 － 3 － 3.html

- N.J.A.C. 15:3 Subchapter 4: Image Processing of Public Records
  홈페이지 http://www.njarchives.org/links/njac － 15 － 3 － 4.html

- N.J.A.C. 15:3 Subchapter 5: Certification of Imaging Processing Systems
  홈페이지 http://www.njarchives.org/links/njac － 15 － 3 － 5.html

- N.J.A.C. 15:3 Subchapter 6: Records Storage
  홈페이지 http://www.njarchives.org/links/njac － 15 － 3 － 6.html

(11) 뉴멕시코주

- Governing statutes
  홈페이지 http://www.nmcpr.state.nm.us/info/statutes.htm

(12) 뉴욕주

- Laws and Regulations Relating to Local Government Records
  홈페이지 http://www.archives.nysed.gov/a/nysaservices/ns_mgr_laws_acal
  57A.shtml

(13) 노스캐롤라이나주

- Guidelines for Public Records

  홈페이지 http://www.ah.dcr.state.nc.us/records/guidelines.htm

(14) 오하이오주

- Ohio Public Records Laws and Legislation

  홈페이지 http://www.ohiohistory.org/resource/lgr/lawsandlegislation.html

- Sections of the Ohio Revised Code Respecting the Creation, Maintenance, Preservation, Transfer, and Disposal of Records

  홈페이지 http://www.ohiohistory.org/resource/statearc/orc.html

(15) 오리건주

- Oregon Administrative Rules

  홈페이지 http://arcweb.sos.state.or.us/banners/rules.htm

(16) 로드아일랜드주

- Records Laws: State records

  홈페이지 http://www.sec.state.ri.us/Archives/pra/laws

- Records Laws: Local government records

  홈페이지 http://www.sec.state.ri.us/Archives/lgrp/laws

- Study of Access to Public Records in Cities and Towns of Rhode Island

  홈페이지 http://www.brown.edu/Departments/Taubman_Center/foi_html/Default.htm

(17) 사우스캐롤라이나주
- South Carolina Public Records Act
  홈페이지 http://www.state.sc.us/scdah/pra.htm

(18) 텍사스주
- State Records Management Laws
  홈페이지 http://www.tsl.state.tx.us/slrm/recordspubs/stbull04.html

(19) 유타주
- GRAMA(Government Records Access and Management Act)
  홈페이지 http://www.archives.state.ut.us/main/index.php?module＝Pagesetter&func
  ＝viewpub&tid＝1&pid＝196

(20) 버지니아주
- Virginia Public Records Act
  홈페이지 http://www.lva.lib.va.us/whatwedo/vprareview.htm

4. 주정부기록전문가와 기구

　본 장에서는 기록전문가로서 주정부기록관의 전문가와 관련기구를 살펴보되 특
히 북미의 주정부기록전문가와 기구에 대하여 알아보겠다.

4.1 주정부기록전문가

SAA(Society of American Archivists)의 용어집 *A Glossary for Archivists, Manuscript Curators and Records Managers*에 의하면 기록전문가는 크게 아키비스트(archivists), 매뉴스크립트 큐레이터(manuscript curators), 레코드 관리자(records managers) 세 가지 개념으로 구분된다. 아키비스트는 '아카이브스'에 종사하는 전문 직업인이다. 매뉴스크립트 큐레이터는 보존문서의 수집, 정리, 보존, 정보조사제공, 전시홍보, 출판을 포함한 모든 활동에 관하여 전문적인 교육과 훈련 및 경험을 갖춘 전문가를 뜻한다. 그리고 레코드 관리자는 기록의 일생주기에 따라 생산·수집되는 기록물을 관리하는 기관 내의 책임자를 뜻하는 기록행정관이다. 한편, 일반적인 기록전문가로서 아키비스트가 있다면, 주정부기록관의 경우 관련 전문가로서 주정부기록전문가(State Archivist) 직위가 있다.

미국의 콜로라도 입법부의 경우 1943년 주정부기록관의 지위를 신설하여 공공기록의 유지 및 폐기를 담당하도록 하였으며, 1949년 주정부기록전문가와 공공기록에 관한 부분을 '역사협회(Historical Society)'의 한 부서로 영입하였다. 1959년에는 다시 독립적인 체계로 전환되었다. 캐나다의 주정부기록전문가의 직위와 탄생은 브리티시컬럼비아기록관(British Columbia Archives)의 경우에서도 보인다. 즉 브리티시컬럼비아기록관은 1984년 최초로 공공기록물 및 민간기록물을 모두 포함한 역사기록을 입법도서관(Legislative Library)에 의해 수집토록 하고, 1908년 독립기관으로서의 지방기록관(Provincial Archives)을 설립하였다. 그 후 브리티시컬럼비아기록관은 1974년 지방기록전문가와 지방도서관(Provincial Library) 사서의 겸임직위를 해제하고 지방기록전문가를 하나의 영구한 독립적 직위로 선언하였다.

이후 주정부기록전문가(State Archivist)는 주정부기록전문가협의회(CoSA: Council of State Archivists)와 정부기록물및레코드행정가국가협회(NAGARA: National Association of Government Archives and Records Administrators)와 같은 전문

기구의 설립과 더불어 주정부기록전문가로서의 지위를 확보해 가고 있다.

4.2 주정부기록전문가 기구

1) 주정부기록전문가협의회

주정부기록전문가협의회(CoSA: Council of State Archivists)는 각 주정부 및 정부기관의 주요 기록부서의 장(directors)들이 모여 이루어진 전문기구이다. 이 협의회는 주정부국가의 역사기록물의 가치 · 보존 및 이용을 설립목적으로 하고 있다. '국가역사출판및기록위원회(NHPRC: National Historical Publications and Records Commission)'의 규정에 입각하여 이들은 각각의 '주정부역사기록자문위원회(SHRAB: State Historical Records Advisory Boards)'를 맡고 있는 '주정부역사기록코디네이터(SHRC: State Historical Records Coordinators)'로 활동하게 된다.

특히 주정부기록전문가협의회는 1975년 국가역사출판및기록위원회의 규정안 '36 CFR 1206'에 의거하여 주정부역사기록자문위원회 설립에 필요한 각 주정부, 지방정부, 콜럼비아 지방에 의해 설립되었다. 이는 (1) 역사기록의 중요성 표현, (2) 역사기록 확인 · 보존 · 기록화하는 음성기록의 촉진, (3) 공공역사기록 및 민간역사기록 프로그램을 위한 리더십 제공, (4) 기록의 우선순위를 알 수 있는 실제적인 상품 개발, (5) 국가역사출판 및 기록위원회와의 협력 및 주정부기록전문가협의회의 사명을 공유하는 다른 기관들과의 협력과 같은 사명을 바탕으로 활동한다.

주정부기록전문가협의회는 또한 (1) 긴급계획 및 이니셔티브 준비(Emergency Planning and Preparedness Initiative), (2) 집에 가장 가까운 지방정부 레코드를 위한 기록관 프로그램(Closest to Home: Archival Programs for Local Government Records), (3) 주정부기록 기술(The State of State Records)과 같은 다양한 프로젝트들을 진행하고 있다.

2) 정부기록물및레코드행정가국가협회

미국의 정부기록물및레코드행정가국가협회(NAGARA: National Association of Government Archives and Records Administrators)는 연방(federal), 주(state) 및 지역(local) 정부의 레코드와 정보의 관리 증진을 위해 봉사하는 협회이다. 이는 국가적 차원의 전문적인 기구로서 정부정보(government information)의 효과적인 이용과 관리 그리고 전문가의 노력과 업적의 공적인 인정을 위하여 봉사한다.

본 기구의 사명은 정부와 시민들에게 이익이 되도록 정부기록물과 레코드 관련 프로그램을 관리하는 것이다. 이러한 사명 수행을 위하여 구체적으로 (1) 정부기록물 및 레코드전문가가 공통의 문제 해결을 위하여 정보를 공유하고 협력할 수 있도록 포럼 주최, (2) 정부기록물 및 레코드 관리를 위한 전문적인 표준을 개발하고 주창, (3) 정부기록물 및 레코드 관련 문제의 가치에 대한 인식을 제고, (4) 정부기록물 및 레코드 관련 중요 문제를 기술(주장)하는 등 업무를 수행하고 있다.

5. 주요기록관의 기록물

기록물관리법 제3조 정의 제2항에 의하면 기록물이라 함은 '공공기관이 업무와 관련하여 생산 또는 접수한 문서·도서·대장·카드·도면·시청각물·전자문서 등 모든 형태의 기록정보 자료와 행정박물'을 말한다. 따라서 기본적으로 주요기록관에 소장되는 기록물은 공공기관의 업무와 관련하여 생산 또는 접수되는 모든 형태의 기록정보를 기본으로 한다고 할 수 있다. 이러한 기록정보는 크게 '정부기록물'과 '비정부기록물'로 구분할 수 있다. 그중 정부기록물에는 행정기록물, 입법기록물, 사법기록물 등이 포함된다. 특히 김상호(2000)는 미국의 주립기록관(즉 주정부기록관)의 정부기록물로서 보존의 가치가 있는 기록물을 여섯 가지로 분류하고 있는데, 다음과 같다.

첫째, 주정부의 조직과 정책, 실무 발전관련 문서들

둘째, 주정부에 대한 시민의 청구 및 청원과 처리 증거관련 문서들

셋째, 주정부가 시민에 대해 지운 책무와 요구 및 그 처리 관련 문서들

넷째, 주의 법률 및 입법사 증거관련 문서들

다섯째, 연구자들이 이용하고자 하는 상업, 문화, 교육, 법률, 공공정책, 건강 등 정보를 담고 있는 문서들

이상을 통하여 주정부의 조직·정책·실무 관련 기록물, 시민 관련 기록물, 주 법률 관련 기록물 등이 중요기록물임을 알 수 있다. 이 외에도 미국의 경우 주지사의 기록물 또한 포함된다. 미국 주정부기록관에 소장되는 주요 기록물로서 주지사기록물이 대상이 되는 것과 같은 사례로 우리나라의 경우 좀 더 구체적으로 시·도기록물관리기관에는 특별시장·광역시장·도지사 또는 특별자치도지사의 기록물이, 시·도교육청기록물관리기관에는 특별시·광역시·도교육감 또는 특별자치도교육감의 기록물이 그리고 시·군·구기록물관리기관에는 시장·군수·구청장의 기록물이 포함된다.

다음으로 비정부기록물로는 대표적으로 민간기록물 등을 들 수 있다. 민간기록물과 관련하여 우리나라의 경우 기록물관리법 제43조와 제46조 주요 기록정보 자료 등의 수집과 동법 시행령 제80조 민간기록물 관리체계 구축 등의 법률에 의거하여 개인 또는 단체가 생산·취득한 기록정보 자료 등으로서 국가적으로 영구보존 가치가 높다고 인정되는 민간기록물을 주로 수집대상으로 하고 있다. 주로 시기적 제한은 없으나 근·현대 생산 기록물 중심으로 종이문서와 대장뿐만 아니라 전적류, 시청각물, 간행물, 도면, 지도, 카드, 구술자료, 기록사본, 디지털자료 등을 그 대상으로 하고 있다. 수집방법으로는 (1) 기증, (2) 위탁보존, (3) 매입, (4) 사본수집이 있다. 그중 위탁보존이라 함은 소유권은 소유자에게 있는 상태로 기록물을 위탁받아 보존하는 경우이며, 사본수집은 기증이나 위탁보존이 어려운 경우 중요기록물은 기록물 사본을 제작하거나 디지털화하여 보존한다. 특히 중요한 기록물은 원본 여

부 및 역사적 가치 등을 감정한 후 매입하기도 한다. 한편, 미국의 경우 민간기록물의 하나로 특히 해당 주나 지방의 계보(Genealogy) 및 주력 테마 및 주제와 관련된 기록물을 중점적으로 수집 및 보유하기도 한다.

Ⅳ. 세계의 주요기록관

세계 각국의 중앙기록물관리기관인 국가기록관(National Archives) 이하의 지역기록관(Regional Archives), 주정부기록관(State Archives), 자치단체기록관(Communal Archives) 등 각 지방기록관과 특수기록관을 주요 대상으로 200여 개 관이 조사되었다. 본 장에서는 일차적으로 세계지역을 1. 북미, 2. 아시아 및 태평양, 3. 유럽 등으로 구분하고 이차적으로 각 국가별로 구분하여 각국의 주요기록관의 기록관명과 홈페이지 중심으로 간략하게 소개하고자 한다.

1. 북미의 주요기록관

1.1 미국의 주요기록관

- 연방기록센터(Federal Records Centers)
  홈페이지 http://www.archives.gov/frc/

- ADAH(Alabama Department of Archives and History)
  홈페이지 http://www.archives.state.al.us/

- Alaska State Archives
  홈페이지 http://www.archives.state.ak.us/

- Arizona Department of Libraries, Archives and Public Records
  홈페이지 http://www.lib.az.us/archives/

- Arkansas History Commission and State Archives
  홈페이지 http://www.ark – ives.com/

- California State Archives
  홈페이지 http://www.sos.ca.gov/archives/archives.htm

- Colorado State Archives
  홈페이지 http://www.archives.state.co.us/

- Connecticut State Archives
  홈페이지 http://www.cslib.org/archives/

- District of Columbia Office of Public Records
  홈페이지 http://os.dc.gov/os/cwp/view.asp?a＝1207&Q＝522721&osNav＝|31376|

- Delaware Public Archives
  홈페이지 http://www.archives.lib.de.us/

- State Archives of Floride
  홈페이지 http://dlis.dos.state.fl.us/index_researchers.cfm

- Georgia Archives
  홈페이지 http://sos.georgia.gov/archives/default.htm

- Hawai'i State Archives
  홈페이지 http://hawaii.gov/dags/archives/

- Idaho State Historical Library and Archives
  홈페이지 http://www.idahohistory.net/library_archives.html

- Illinois State Archives
  홈페이지 http://www.sos.state.il.us/departments/archives/archives.html

- Indiana State Archives
  홈페이지 http://www.in.gov/icpr/2316.htm

- State Historical Society of Iowa
  홈페이지 http://www.iowahistory.org/

- Kansas State Historical Society home page
  홈페이지 http://www.kshs.org/

- Kentucky Department for Libraries and Archives
  홈페이지 http://www.kdla.ky.gov/home.htm

- Louisiana State Archives
  홈페이지 http://www.sos.louisiana.gov/tabid/53/Default.aspx

- Maine State Archives
  홈페이지 http://www.state.me.us/sos/arc/

- Maryland State Archives
  홈페이지 http://www.msa.md.gov/

- Massachusetts Archives
  홈페이지 http://www.sec.state.ma.us/arc/arcidx.htm

- State Records Center
  홈페이지 http://www.sec.state.ma.us/rec/reccon.htm

- Michigan State Archives
  홈페이지 http://www.sos.state.mi.us/history/archive/

- Minnesota State Archives
  홈페이지 http://www.mnhs.org/preserve/records/index.htm

- MDAH(Mississippi Department of Archives and History)
  홈페이지 http://www.mdah.state.ms.us/

- Missouri State Archives
  홈페이지 http://mosl.sos.state.mo.us/rec – man/arch.html

- Montana Historical Society and Archives
  홈페이지 http://www.his.state.mt.us/

- Nebraska State Historical Society, Library/Archives Division
  홈페이지 http://www.nebraskahistory.org/lib – arch/index.htm

- Nevada State Archives
  홈페이지 http://dmla.clan.lib.nv.us/docs/nsla/archives/

- New Hampshire Division of Records Management and Archives
  홈페이지 http://www.state.nh.us/state/index.html

- New Jersey Public Records and Archives
  홈페이지 http://www.state.nj.us/state/darm/

- New Mexico Commission of Public Records State Records Center and
  Archives
  홈페이지 http://www.nmcpr.state.nm.us

- New York State Archives
  홈페이지 http://www.archives.nysed.gov/aindex.shtml

- North Carolina Division of Archives and History, Office of Archives and History
  홈페이지 http://www.history.ncdcr.gov/

- Ohio State Archives
  홈페이지 http://www.ohiohistory.org/resource/statearc/

- Oklahoma State Archives and Record Mnagement
  홈페이지 http://www.odl.state.ok.us/oar/

- Oregon State Archives
  홈페이지 http://arcweb.sos.state.or.us/

- The Pennsylvania State Archives
  홈페이지 http://www.portal.state.pa.us/portal/server.pt?open = 512&objID = 2887&&level = 1&menuLevel = Level_1&parentCommID = 0&mode = 2

- South Carolina State Archives
  홈페이지 http://www.sec.state.ri.us/Archives/

- South Dakota State Archives
  홈페이지 http://www.onelibrary.com/Library/sdstarch.htm

- Tennessee State Library and Archives
  홈페이지 http://www.tennessee.gov/tsla/

- Texas State Library
  홈페이지 http://www.tsl.state.tx.us/arc/

- Utah State Archives

  홈페이지 http://www.archives.state.ut.us/

- Vermont State Archives

  홈페이지 http://vermont － archives.org/

- Virginia State Archives and Libraries

  홈페이지 www.statearchives.us/virginia.htm

- Washington State Archives

  홈페이지 http://www.secstate.wa.gov/archives/Default.aspx

- West Virginia State Archives

  홈페이지 http://www.wvculture.org/history/wvsamenu.html

- State Historical Society of Wisconsin Library/Archives

  홈페이지 http://wisconsinhistory.org/libraryarchives/

- Wyoming State Archives

  홈페이지 http://wyoarchives.state.wy.us/index.htm

1.2 캐나다의 주요기록관

- Alberta Provincial Archives

  홈페이지 http://www.gov.ab.ca/mcd/mhs/paa/paa.htm

- Archives of Ontario

  홈페이지 http://www.archives.gov.on.ca

- British Columbia Archives
  홈페이지 http://www.bcarchives.gov.bc.ca/index.htm

- Glenbow Archives
  홈페이지 http://www.glenbow.org/archives.htm

- Provincial Archives of Manitoba
  홈페이지 http://www.gov.mb.ca/chc/archives/index.html

- New Brunswick Provincial Archives
  홈페이지 http://archives.gnb.ca

- Newfoundland and Labrador Provincial Archives
  홈페이지 http://www.gov.nf.ca/panl/

- Northwest Territories Archives
  홈페이지 http://pwnhc.learnnet.nt.ca/programs/archive.htm#

- Nova Scotia Archives and Records Management
  홈페이지 http://www.gov.ns.ca/nsarm/

- Prince Edward Island – Public Archives and Records Office
  홈페이지 http://www.edu.pe.ca/paro/

- Provincial Archives of Manitoba
  홈페이지 http://www.gov.mb.ca/archives

- Québec Archives Nationales
  홈페이지 http://www.anq.gouv.qc.ca/

- Saskatchewan Archives Board

  홈페이지 http://www.gov.sk.ca/deptsorgs/overviews/?1

- Yukon Archives

  홈페이지 http://www.btc.gov.yk.ca./archives/index.html

2. 아시아 및 태평양의 주요기록관

2.1 일본의 주요기록관

- 北海道立文書館

  소재사항 060 - 8588 札幌市中央區北三條西 6 丁目 011 - 231 - 4111

  홈페이지 http://www.pref.hokkaido.jp/soumu/sm - monjy/welcome.html

- 宮城縣公文書館

  소재사항 983 - 0851 仙台市宮城野區榴ヶ岡5 022 - 791 - 9333

  홈페이지 http://www.pref.miyagi.jp/koubun/

- 秋田縣公文書館

  소재사항 010 - 0952 秋田市山王新町14 - 31 018 - 866 - 8301

  홈페이지 http://arcs.apl.pref.akita.jp/

- 茨城縣立歷史館

  소재사항 310 - 0034 水戶市綠町2 - 1 - 15 0292 - 25 - 4425

  홈페이지 http://www.rekishikan.museum.ibk.ed.jp/

- 栃木縣立文書館

  소재사항 320 - 8501 宇都宮市塙田1 - 1 - 20 028 - 623 - 3451

  홈페이지 http://www.pref.tochigi.jp/soumu/link/monjokan/

- 群馬縣立文書館

  소재사항 371 - 0801 前橋市文京町3 - 27 - 26 027 - 221 - 234

  홈페이지 http://www.archives.pref.gunma.jp/

- 埼玉縣立文書館

  소재사항 330 - 0063 さいたま市浦和區高砂4 - 3 - 18 048 - 865 - 0112

  홈페이지 http://www.pref.saitama.jp/A20/BA18/index1.html

- 千葉縣文書館

  소재사항 260 - 0013 千葉市中央區中央4 - 15 - 7 043 - 227 - 7551

  홈페이지 http://www.pref.chiba.jp/bunsyokan/index.html

- 東京都公文書館

  소재사항 105 - 0022 港區海岸1 - 13 - 17 03 - 5470 - 1334

  홈페이지 http://www.soumu.metro.tokyo.jp/01soumu/archives/index.htm

- 神奈川縣立公文書館

  소재사항 241 - 0815 横浜市旭區中尾1 - 6 - 1 045 - 364 - 4456

  홈페이지 http://www.pref.kanagawa.jp/osirase/02/0219/index.htm

- 新潟縣立文書館

  소재사항 950 - 8602 新潟市女池南3 - 1 - 2 025 - 284 - 6011

  홈페이지 http://www.lalanet.gr.jp/npa/index.html

- 富山縣公文書館
  소재사항 930－0115 富山市茶屋町33－2 0764－34－4050
  홈페이지 http://www.pref.toyama.jp/branches/1147/

- 石川縣立図書館
  소재사항 920－0964 金澤市本多町3－2－15 076－223－9580
  홈페이지 http://www.library.pref.ishikawa.jp/index.html

- 福井縣文書館
  소재사항 918－8113 福井縣福井市下馬町51－11 0776－33－8890
  홈페이지 http://www.archives.pref.fukui.jp/

- 長野縣立歷史館
  소재사항 387－0007 千曲市大字屋代字淸水260－6

- 岐阜縣歷史資料館
  소재사항 500－8014 岐阜市夕陽ヶ丘4 058－263－6678

- 靜岡縣總務部企畵監(文書担当)
  소재사항 420－8601 靜岡縣靜岡市葵區追手町9－6 054－221－2068

- 愛知縣公文書館
  소재사항 460－0001 名古屋市中區三の丸2－3－2 052－961－2111
  홈페이지 http://www.pref.aichi.jp/kobunshokan/

- 三重縣史編さん室
  소재사항 514－0004 津市榮町1－954 059－224－2057

- 滋賀縣立琵琶湖博物館歷史資料担当
  소재사항 525 − 0001 草津市下物町1091 077 − 527 − 1405

- 京都府立總合資料館
  소재사항 606 − 0823 京都市左京區下鴨半木町1 − 4 075 − 723 − 4834
  홈페이지 http://www.pref.kyoto.jp/shiryokan/index.html

- 向日市文化資料館
  소재사항 617 − 0002 向日市寺戸町南垣內40 − 1 075 − 931 − 1182

- 大阪府公文書館
  소재사항 558 − 0054 大阪市住吉區帝塚山東2 − 1 − 44 06 − 6675 − 5551
  홈페이지 http://www.pref.osaka.jp/archives/index.html

- 大阪市公文書館
  소재사항 550 − 0014 大阪市西區北堀江4 − 3 − 14 06 − 6534 − 1662

- 兵庫縣文書課
  소재사항 650 − 8567 神戸市中央區下山手通5 − 10 − 1 078 − 362 − 4133
  홈페이지 http://web.pref.hyogo.jp/pa13/pa13_000000005.html

- 奈良縣立図書情報館
  소재사항 630 − 8135 奈良市大安寺西 1 丁目 0742 − 34 − 5514
  홈페이지 http://www.library.pref.nara.jp/index.html

- 和歌山縣立文書館
  소재사항 641 − 0051 和歌山市西高松1 − 7 − 38 073 − 436 − 9540
  홈페이지 http://www.wakayama − lib.go.jp/monjyo/

- 鳥取縣立公文書館

  소재사항 680－0017 鳥取市尙德町101 0857－26－8160

  홈페이지 http://www.pref.tottori.lg.jp/dd.aspx?menuid＝9499

- 岡山縣立記錄資料館

  소재사항 700－0807 岡山市南方2－13－1 086－222－7838

  홈페이지 http://archives.pref.okayama.jp/

- 廣島縣立文書館

  소재사항 730－0052 廣島市中區千田町3－7－47 082－245－8444

  홈페이지 http://www.pref.hiroshima.lg.jp/

- 廣島市公文書館

  소재사항 730－0051 廣島市中區大手町4－1－1 大手町平和ビル 082－
  243－2583

  홈페이지 http://www.city.hiroshima.jp/kikaku/koubun/index.htm

- 山口縣文書館

  소재사항 753－0083 山口市後河原松柄150－1 083－924－2116

  홈페이지 http://ymonjo.ysn21.jp/

- 德島縣立文書館

  소재사항 770－8070 德島市八万町向寺山 文化の森總合公園內 088－668－3700

  홈페이지 http://www.archiv.tokushima－ec.ed.jp/

- 香川縣立文書館

  소재사항 761－0301 高松市林町2217－19 087－868－7171

  홈페이지 http://www.pref.kagawa.jp/bunshokan/

- 愛媛縣歷史文化博物館

  소재사항 797 – 8511 西予市宇和町卯之町4 – 11 – 2 0894 – 62 – 6222

  홈페이지 http://joho.ehime – iinet.or.jp/rekihaku/

- 大分縣公文書館

  소재사항 870 – 0814 大分市大字駄原587 – 1 097 – 546 – 8840

  홈페이지 http://www.pref.oita.jp/11103/

- 大分縣立先哲史料館

  소재사항 870 – 0814 大分市大字駄原587 – 1 097 – 546 – 9380

  홈페이지 http://sentetusiryokan – b.oita – ed.jp/

- 沖繩縣公文書館

  소재사항 901 – 1105 島尻郡南風原町新川148 – 3 098 – 888 – 3875

  홈페이지 http://www.archives.pref.okinawa.jp/

2.2 중국의 주요기록관

- 北京市檔案館

  홈페이지 http://www.da.bj.cn/index.ycs

- 天津市檔案館

  홈페이지 http://www.tjdag.gov.cn/english/index.asp

- 河北省檔案館

  홈페이지 http://www.hebdaj.gov.cn/

- 山西省檔案館
  홈페이지 http://www.sxda.com/shengguanjj.htm

- 上海市檔案館
  홈페이지 http://www.archives.sh.cn/shouye_502/

- 遼宁省檔案館
  홈페이지 http://www.lndangan.gov.cn/

- 吉林省檔案館
  홈페이지 http://www.jilinda.gov.cn/

- 黑龍江省檔案館
  홈페이지 http://www.hljdaj.gov.cn/

- 江蘇省檔案館
  홈페이지 http://www.dajs.gov.cn/

- 广西壯族自治區檔案館
  홈페이지 http://gxda.gxi.gov.cn/

- 浙江省檔案館
  홈페이지 http://www.zjda.gov.cn/

- 安徽省檔案館
  홈페이지 http://www.ahda.gov.cn/

- 福建省檔案館
  홈페이지 http://www.fj－archives.org.cn/

- 江西省檔案館

  홈페이지 http://www.jxdaj.gov.cn/

- 山東省檔案館

  홈페이지 http://www.jxdaj.gov.cn/

- 河南省檔案館

  홈페이지 http://www.hada.gov.cn/

- 湖北省檔案館

  홈페이지 http://www.hbda.gov.cn/module/web/default.htm

- 湖南省檔案館

  홈페이지 http://www.hn – archives.gov.cn/

- 廣東省檔案館

  홈페이지 http://www.da.gd.gov.cn/WebWWW/ErrorInfoPage.aspx?aspxerror

  path＝/webwww/index.aspx

- 海南省檔案館

  홈페이지 http://archives.hainan.gov.cn/web/index.jsp

- 重慶市檔案館

  홈페이지 http://www.jda.cq.gov.cn/templet/default/

- 四川省檔案館

  홈페이지 http://www.scsdaj.gov.cn/

- 貴州省檔案館

  홈페이지 http://www.as.gzdaxx.gov.cn/

- 雲南省檔案館
  홈페이지 http://www.ynda.yn.gov.cn/

- 西藏自治區檔案館
  홈페이지 http://www.tibetinfor.com/tibetzt/dang_an/

- 陝西省檔案館
  홈페이지 http://www.archives.2288.org/

- 甘肅省檔案館
  홈페이지 http://www.cngsda.net/

- 靑海省檔案館

- 寧夏回族自治區檔案館
  홈페이지 http://www.nxda.gov.cn/

- 新疆維吾爾自治區檔案館
  홈페이지 http://www.xjaa.gov.cn/

- 大連市檔案館
  홈페이지 http://da.dl.gov.cn/default/default.asp

- 寧波市檔案館
  홈페이지 http://www.dangan.ningbo.gov.cn/

- 厦門市檔案館
  홈페이지 http://www.da.xm.gov.cn/

- 靑島市檔案館
  홈페이지 http://www.qdda.gov.cn/

- 深圳市檔案館

  홈페이지 http://www.szdaj.gov.cn/

- 沈陽市檔案館

  홈페이지 http://www.sydaw.gov.cn/

- 長春市檔案館

  홈페이지 http://www.ccda.gov.cn/ccda/default.htm

- 哈爾濱市檔案館

  홈페이지 http://www.hrb − dangan.gov.cn/

- 南京市檔案館

  홈페이지 http://www.archivesnj.gov.cn/

- 杭州市檔案館

  홈페이지 http://www.da.hz.gov.cn/

- 濟南市檔案館

  홈페이지 http://www.jndaxxw.gov.cn/dangan/

- 武漢市檔案館

  홈페이지 http://www.whdaj.gov.cn/

- 廣州市檔案館

  홈페이지 http://www.gzdaj.gov.cn/

- 成都市檔案館

  홈페이지 http://www.cdarchive.chengdu.gov.cn/

- 西安市檔案館
  홈페이지 http://www.xadaj.gov.cn/

- 香港政府檔案處
  홈페이지 http://www.grs.gov.hk/ws/index.htm

- 澳門歷史檔案館
  홈페이지 http://www.icm.gov.mo/ah/C_ah.asp

- 內蒙古信用信息网
  홈페이지 http://www.imcain.com/index.asp

2.3 한국의 주요기록관

- 경기도기록관
  소재사항 경기 수원시 장안구 파장동

- 경상북도기록관
  전화번호 ＋53 950 2216

- 경기도교육청기록관
  홈페이지 http://arc.ken.go.kr/

- 경상남도교육청기록관
  홈페이지 http://recordscenter.gne.go.kr/

- 경상남도교육청자료관
  홈페이지 http://rcd.gne.go.kr/

- 광주광역시교육청기록관
  홈페이지 http://arch.gen.go.kr/

- 국회기록보존소
  홈페이지 http://has.na.go.kr/index.jsp

- 대구광역시교육청기록관
  홈페이지 http://arch.dge.go.kr/

- 대전광역시교육청기록관
  홈페이지 http://rec.dje.go.kr/

- 부산광역시교육청기록관
  홈페이지 http://open.pen.go.kr/

- 서울교육사료관
  홈페이지 http://www.edumuseum.seoul.kr/

- 서울시종합자료관
  홈페이지 http://src.seoul.go.kr/

- 서울특별시교육청기록관
  홈페이지 http://girok.sen.go.kr/index.jsp

- 울산광역시기록관
  홈페이지 http://archive.ulsan.go.kr/

- 외교사료관(Diplomatic Archives)
  홈페이지 http://www.diplomaticarchive.go.kr/

- 제주특별자치도 탐라기록관리소
  홈페이지 http://arc.jeju.go.kr/

- 전라북도교육청기록관
  홈페이지 http://211.250.238.202/

- 충청남도교육청기록관
  홈페이지 http://archive.cne.go.kr/

- 행정안전부자료실
  홈페이지 http://lib.mogaha.go.kr/

2.4 호주의 주요기록관

- Archives Office of Tasmania
  홈페이지 http://www.archives.tas.gov.au/

- Australian Capital Territory Records Office
  홈페이지 http://www.territoryrecords.act.gov.au/

- State Records Authority of New South Wales
  홈페이지 http://www.records.nsw.gov.au

- Northern Territory Archives Service
  홈페이지 http://www.nt.gov.au/nreta/ntas/

- Public Record Office of Victoria
  홈페이지 http://www.prov.vic.gov.au/

- Queensland State Archives
  홈페이지 http://www.archives.qld.gov.au/
- State Records of South Australia
  홈페이지 http://www.archives.sa.gov.au/

- State Records Office of Western Australia
  홈페이지 http://www.sro.wa.gov.au/

3. 유럽의 주요기록관

3.1. 러시아의 주요기록관

- State Archive of Belgorod Oblast(GABO: Gosudarstvennyi arkhiv Belgorodskoi oblasti)
  홈페이지 http://www.belgorod − archive.ru/?q = content/struktura − gabo

- State Archive of Briansk Oblast(GABO: Gosudarstvennyi arkhiv Brianskoi oblasti)
  홈페이지 http://www.archive.debryansk.ru/gabo.html

- State Archive of Iaroslavl Oblast(GAIaO: Gosudarstvennyi arkhiv Iaroslavskoi oblasti)
  홈페이지 http://www.adm.yar.ru/uprarch/gosudarch/index.htm

- State Archive of Kaluga Oblast(GAKO: Gosudarstvennyi arkhiv Kaluzhskoi oblasti)

홈페이지 http://www.admoblkaluga.ru/New_SERVER/VLAST/ISPOLN/Arxiv/
Podved_uchr/GAKO/

- State Archive of Kostroma Oblast(GAKO: Gosudarstvennyi arkhiv Kostromskoi oblasti)
  홈페이지 http://www.kmtn.ru/~arhiv/

- State Archive of Kursk Oblast(GAKO: Gosudarstvennyi arkhiv Kurskoi oblasti)
  홈페이지 http://kursk.rusarchives.ru/gako/prev_gako.shtml

- State Archive of Lipetsk Oblast(GALO: Gosudarstvennyi arkhiv Lipetskoi oblasti)
  홈페이지 http://galo.admlr.lipetsk.ru/

- Central State Archive of Moscow Oblast(TsGAMO: Tsentral'nyi gosudarstvennyi arkhiv Moskovskoi oblasti)
  홈페이지 http://www.rusarchives.ru/state/cgamo/

- State Archive of Orel Oblast(GAOO: Gosudarstvennyi arkhiv Orlovskoi oblasti)
  홈페이지 http://www.rusarchives.ru/state/gaoo/index.shtml

- State Archive of Tula Oblast(GATO: Gosudarstvennyi arkhiv Tul'skoi oblasti)
  홈페이지 http://www.rusarchives.ru/state/gatyo/index.shtml

- State Archive of Tver Oblast(GATO: Gosudarstvennyi arkhiv Tverskoi oblasti)

홈페이지 http://www.rusarchives.ru/state/gatvo/index.shtml

- State Archive of Vladimir Oblast(GAVO: Gosudarstvennyi arkhiv Vladimirskoi oblasti)

  홈페이지 http://ao.avo.ru/Pages/page5.html

3.2 스웨덴의 주요기록관

- The Military Archives of Sweden

  홈페이지 http://www.statensarkiv.se/default.aspx?id = 6412&refid = 1132

- Regional State of Archives(Landsarkivet) of Göteborg

  홈페이지 http://www.statensarkiv.se/default.aspx?id = 2231&refid = 1192

- Regional State of Archives of Härnösand

  홈페이지 http://www.statensarkiv.se/default.aspx?id = 2232&refid = 1193

- Regional State of Archives of Lund

  홈페이지 http://www.statensarkiv.se/default.aspx?id = 2233&refid = 1194

- Regional State of Archives of Uppsala

  홈페이지 http://www.statensarkiv.se/default.aspx?id = 2508&refid = 1195

- Regional State of Archives of Vadstena

  홈페이지 http://www.statensarkiv.se/default.aspx?id = 2501&refid = 1196

- Regional State of Archives of Visby

  홈페이지 http://www.statensarkiv.se/default.aspx?id = 2236&refid = 1197

- Regional State of Archives of Östersund

  홈페이지 http://www.statensarkiv.se/default.aspx?id＝2237&refid＝1198

3.3 에스토니아의 주요기록관

- Estonian Historical Archives

  홈페이지 http://www.eha.ee/english/english.htm

- Estonian State Archives

  홈페이지 http://www.riigi.arhiiv.ee/?lang＝eng

- Estonian Film Archives

  홈페이지 http://www.filmi.arhiiv.ee/index.php?lang＝eng

- Harju RA

  홈페이지 http://www.ra.ee/harju

- Jõgeva RA

  홈페이지 http://www.ra.ee/jogeva

- Lääne－Viru RA

  홈페이지 http://www.ra.ee/lviru

- Pärnu RA

  홈페이지 http://www.ra.ee/parnu

- Saare RA

  홈페이지 http://www.ra.ee/saare

- Valga RA

  홈페이지 http://www.ra.ee/valga

- Viljandi RA

  홈페이지 http://www.ra.ee/viljandi

3.4 영국의 주요기록관

- Hampshire Record office

  홈페이지 http://www.hants.gov.uk/archives

- Historical Archives of the European Union

  홈페이지 http://www.eui.eu/Research/HistoricalArchivesOfEU/Index.aspx

- The National Archives of Scotland

  홈페이지 http://www.nas.gov.uk/

- Norfolk Record office

  홈페이지 http://www.archtves.norfolk.gov.uk/nroindex.htm

- Public Record Office of Northern Ireland

  홈페이지 http://www.proni.gov.uk/

3.5. 크로아티아의 주요기록관

- Regional State Archives

  홈페이지 http://www.archiv.hr/en/hr/drugi－archivi/fs－ovi/archivi－hrvatska.htm

3.6 프랑스의 주요기록관

- Diplomatic Archives of France

  홈페이지 http://www.diplomatie.gouv.fr/en

- Ministry of Defense Archives

  홈페이지 http://www.servicehistorique.sga.defense.gouv.fr/

- Foreign Affairs Ministry Archives

  홈페이지 http://www.diplomatie.gouv.fr/archives.gb/

Ⅴ. 주요기록관 및 정보원 소개

1. 북 미

1.1 미 국

ASA
Alaska State Archives
알래스카주정부기록관

① 기록관

1) 소재사항

주　　소	PO Box 110525 141 Willoughby Avenue Juneau, AK 99811 - 0525
전　　화	＋1 907 465 2270
팩　　스	＋1 907 465 2645
전자우편	archives@eed.state.ak.us
홈페이지	http://www.archives.state.ak.us/

2) 성격

알래스카주정부기록관(ASA: Alaska State Archives)은 알래스카 관련 역사적 기록과 정부기록을 보존하는 저장고이다. 이는 보존·관리하고 있는 무수한 기록들을 통해 알래스카의 역사에 대한 지식과 정보를 제공해 주고 있는 주정부기록관이다.

3) 설립연혁

알래스카주정부기록관은 1970년에 설립되었으며, 1972년부터 대중의 이용을
위하여 개방되었다.

4) 비전 및 임무

알래스카주정부기록관의 다양한 공공기록물들을 안전하게 보존하고 또한 전
문적이고 책임감 있는 태도를 바탕으로 관련자와 대중들이 이용할 수 있도록
주력하고 있다.

5) 조직

알래스카주정부기록관은 알래스카주정부도서관, 알래스카주정부기록관, 알래
스카주정부박물관으로 구성된 알래스카주정부기록국의 한 부서이다. 알래스
카주정부기록국의 3대 구성부서를 구체적으로 살펴보면 다음과 같다.

(1) 알래스카주정부도서관(Alaska State Library)
알래스카주정부도서관은 크게 정보서비스팀(Information Services), 알래
스카역사컬렉션팀(Alaska Historical Collections), 도서관개발팀(Library
Development Section)으로 이루어져 있다.
① 정보서비스팀
다른 주정부와 주정부 간 도서관 프로그램 협력사업에 참여하고 있
으며, 사서들은 이를 위한 자료제공 서비스를 담당하고 있다. 또한
주정부가 발행한 출판물을 입수 및 수집하는 역할을 수행하고 있다.

② 알래스카역사컬렉션팀

알래스카 및 북극과 관련된 자료들을 입수 및 수집하는 업무를 수행한
다. 사진, 매뉴스크립트, 지도, 시청각, 출판물 등 컬렉션을 수집한다.

③ 도서관개발팀

프로그램 운영, 연방정부 프로그램 참여, 도서관 간 상호대차, 평생교
육, 알래스카의 87개 공공도서관, 400여 개의 학교도서관, 대학 및
특별도서관에 대한 정보제공 및 지원을 하고 있다.

(2) 알래스카주정부기록관(Alaska State Archives)

알래스카주정부기록관은 주정부의 정부기록 관련 요구와 정책을 관리한
다. 기록관 프로그램은 알래스카 주정부 및 관할구역정부의 기록을 위한
영구한 역사적 보존 및 대중의 이용이 가능하도록 하는 역할을 수행한다.
기록관리 프로그램은 기록의 생성, 복구, 임시보관, 폐지와 관련된 사항으로
구성되어 있다.

(3) 알래스카주정부박물관(Alaska State Museums)

알래스카주정부박물관은 알래스카와 그 역사의 정체성, 관련자료 수집, 보
관, 전시 등의 활동을 전개하고 있다. 그 외 박물관 자료에 대한 대중의
이용서비스를 제공한다. 알래스카박물관은 주정부, 시민들, 자원 등에 관
한 역사적 지식을 해석 및 전달하고 관련 기능을 지원하는 역할을 한다.

6) 위원회

알래스카주정부의 역사기록 관련 자문위원회로서 알래스카주정부역사기록자
문위원회(ASHRAB: Alaska State Historical Records Advisory Board)가 구
성되어 있다. 이는 주지사에 의해 지정되며, 국가위원회(National Commission)에

제출된 알래스카 기관들의 승인제안서를 추천하거나 검토하는 역할을 담당하고 있다. 국립기록청(NARA: National Archives and Records Administration)에 의해 운영되며, 역사기록의 보존 및 이용에 관련된 정부기관, 기구, 단체 등에 기금을 제공하기 위해 연방의회에 의해 설립된 국가역사편찬기록위원회(NHPRC: National Historical Publications and Records Commission)의 지도를 받고 있다.

7) 서비스

알래스카주정부기록관은 일반 대중 및 주정부의 기록을 생성하거나 유지하여 정부기관들에게 관련 서비스를 제공하고 있다. 특히 기록관리팀(Records Management Unit)은 주정부기관의 기록유지스케줄기준 설립에 대한 자문서비스를 제공하고 있다.

8) 관련기관

다음은 알래스카주정부기록관의 기록관리 관련 기관이다.

- 알래스카역사협회(AHS: Alaska Historical Society)
  홈페이지 http://www.alaskahistoricalsociety.org/

- 알래스카도서관협회(AKLA: Alaska Library Association)
  홈페이지 http://www.akla.org/

- 알래스카주정부도서관(Alaska State Library)
  홈페이지 http://www.library.state.ak.us/

- 기록관리자밎행정관협회(Anchorage Chapter, Association of Records Managers and Administrators)
  홈페이지 http://www.anchoragearma.org/

- 정보밎이미지관리협회(AIIM: Association of Information and Image Managers)
  홈페이지 http://www.aiim.org/

- 기록관리자밎행정관협회(ARMA: Association of Records Managers and Administrators)
  홈페이지 http://www.arma.org/

- 정부기록전문가밎기록행정관국가협회(NAGARA: National Association of Government Archivists and Records Administrators)
  홈페이지 http://www.nagara.org/

- 미국기록전문가협회(SAA: Society of American Archivists)
  홈페이지 http://www.archivists.org/

② 정보원

1) 정보원 열람 및 배포 정책

알래스카주정부기록관(ASA: Alaska State Archives) 소장정보원 중 특히 계보학관련 정보는 홈페이지상에서 제공되고 있는 정보신청양식서의 작성 및 제출을 통해 정보에 대한 요구 및 열람이 가능하다. 그 외 정보들은 홈페이지에 제공되고 있는 세부 연락처들을 통해 직접 필요한 정보를 신청하여야 한다.

2) 소장기록물

① 소장기록물의 범위

알래스카주정부기록관은 1874년부터 현재까지의 기록물을 보관하고 있으나, 소장기록물의 대부분은 20세기에 형성된 것들이다.

② 정부기록물

정부기록물은 영구적으로 역사적 가치를 지닌 법전, 역사, 음성기록, 회의보고서, 총회보고서, 출생 및 사망기록, 귀화기록, 법인화기록, 법정기록, 서신기록, 출판물 그리고 그 외 정부부처관련 자료 등을 포함하고 있다.

③ 개인기록물

알래스카주정부기록관은 민간기록물에 해당되는 개인의 매뉴스크립트는 관리하고 있지 않다.

3) 열람가능 기록물

영토 및 주정부 관할지역의 기록, 관할구역 법정기록, 커뮤니티 중심의 주정부기록, 주정부 통치기간 동안의 법률기록 등은 열람에 제공되고 있다.

4) 정보원 관련서비스

알래스카주정부기록관의 개관시간은 다음과 같다.
- 월요일~금요일 오전 8 : 30~오후 6 : 30
- 알래스카 주 국경일 제외

CSA
California State Archives
캘리포니아주정부기록관

☐ 기록관

1) 소재사항

주	소	1020 O Street Sacramento, CA 95814
전	화	+1 916 653 2246 / 7715
팩	스	+1 916 653 7363
전자우편		ArchivesWeb@sos.ca.gov
홈페이지		http://www.ss.ca.gov/archives/archives.htm

2) 성격

캘리포니아주정부기록관(CSA: California State Archives)은 캘리포니아주정
부장관실(Office of the Secretary of State) 산하 부서의 하나이다. 이는 캘
리포니아 역사관련 기록 및 주정부의 영구한 정부기록물을 위한 보관소의 역
할을 수행하고 있다.

3) 비전 및 임무

캘리포니아주정부기록관은 기본적으로 주(州)와 주정부 관련 역사적 기록의
수집, 정리, 보존, 이용제공의 임무를 수행한다. 또한 주정부당국 직원 등의

인터뷰를 통한 주정부정책을 문서화하는 구술역사프로그램 등 업무 추진을 담당한다.

4) 주요행사

- 가족역사의 날(Family History Day)
① 행사기간

2008년 10월 11일 (토요일) 오전 8시 30분부터 오후 4시까지
② 행사장소

캘리포니아주정부기록관
③ 행사내용

‘Root Cellar – Sacramento’ 계보학협회 홈페이지에 상세 내용을 소개하고 있다.

5) 위원회

캘리포니아주정부기록관은 역사기록물관련 서비스를 제공하기 위하여 캘리포니아역사기록자문위원회(California Historical Records Advisory Board)를 두고 있다. 즉 ‘국가역사편찬기록위원회(NHPRC: National Historical Publications and Records Commission)’와의 파트너십을 토대로 하고 있는 캘리포니아역사기록자문위원회는 캘리포니아 유권자의 필요에 의거하여 역사기록의 관리 및 보존에 관한 서비스를 제공한다. 연방법에 의해 본 위원회는 다음과 같은 두 가지 원칙을 수행한다.

- 전국적인 역사기록활동을 위한 협력기구로서의 활동
- 캘리포니아 기구들로부터 NHPRC로의 승인검토 및 국가위원회로의 추천

6) 주요활동

캘리포니아주정부기록관의 대표적인 주요활동으로 '주(州)기록검토프로그램 (State Records Appraisal Program)'이 있다. 구체적인 내용은 다음과 같다.

- 캘리포니아주정부기록관은 장관실 산하 부서로서 '대중기록에 대한 정부법 12221(Government Code 12221)'에 의거하여 영구히 보관할 가치가 있는 주정부기관의 기록을 평가·분석하기 위한 주정부기록검토프로그램을 개발했다. 이 프로그램에 의해 주정부기록관에 보관될 기록이 분류되고 대중의 이용에 제공된다.
- 본 프로그램은 주정부출판사무소(Department of General Services' Office of State Publishing)에서 운영하는 '캘리포니아기록 및 정보관리프로그램 (CalRIM: California Records and Information Management Program)'과 함께 진행되고 있다.

7) 관련법률

캘리포니아주정부기록관은 특히 '캘리포니아정부법 12237(California Government Code section 12237)'에 의거하여 2005년 1월 1일 이후부터 75년 또는 그 이상의 주정부기록관에 보관되어 있는 모든 기록들은 대중이 이용할 수 있도록 제공하고 있다.

8) 관련기관

캘리포니아주정부기록관은 기록 및 기록관리 관련 다음과 같은 기관 및 협회 등과 협력관계에 있다.

- 캘리포니 버클리대학교밴크로프트도서관(The Bancroft Library, University of California, Berkeley)
  홈페이지 http://bancroft.berkeley.edu/

- 캘리포니아계보학협회(California Genealogical Society)
  홈페이지 http://www.calgensoc.org/

- 캘리포니아역사협회(California Historical Society)
  홈페이지 http://www.californiahistoricalsociety.org/

- 캘리포니아홈페이지(California Home Page)
  홈페이지 http://www.ca.gov/

- 캘리포니아군인박물관(California Military Museum)
  홈페이지 http://www.militarymuseum.org/

- 캘리포니아의회(California State Assembly)
  홈페이지 http://www.assembly.ca.gov/defaulttext.asp

- 캘리포니아주정부감사(California State Controller)
  홈페이지 http://www.sco.ca.gov/

- 캘리포니아주정부도서관(California State Library)
  홈페이지 http://www.library.ca.gov/

- 캘리포니아주정부상원(California State Senate)
  홈페이지 http://www.sen.ca.gov/

- 캘리포니아주정부상징(California State Symbols)
  홈페이지 http://www.library.ca.gov/history/symbols.html

- 의회도서관(Library of Congress)
  홈페이지 http://www.loc.gov/index.html

- 국가기록관(National Archives)
  홈페이지 http://www.archives.gov/

- 오렌지카운티기록관(Orange County Archives)
  홈페이지 http://www.ocarchives.com/

- 새크라멘토기록관및도서관컬렉션센터(SAMCC: Sacramento Archives and Museum Collection Center)
  홈페이지 http://www.cityofsacramento.org/ccl/history/

9) 관련정보

다음과 같은 관련정보의 링크가 제공되고 있다.

- 캘리포니아카운티웹사이트(California County Web Sites)
  홈페이지 http://www.csac.counties.org/default.asp?id = 7

- 캘리포니아법(California Laws)
  홈페이지 http://www.leginfo.ca.gov/calaw.html

- 캘리포니아입법안(California Legislative Bills)
  홈페이지 http://www.leginfo.ca.gov/bilinfo.html

- 캘리포니아입법출판(California Legislative Publications)
  홈페이지 http://192.234.213.35/clerkarchive/

- 캘리포니아공식입법정보(California Official Legislative Information)
  홈페이지 http://www.leginfo.ca.gov/index.html

② 정보원

1) 정보원 열람 및 배포 정책

캘리포니아주정부기록관(CSA: California State Archives)은 'MINERVA'라는 기록물의 주제별 분류를 통한 정보원의 검색을 제공하고 있다. 또한 '캘리포니아온라인기록관'을 통해 키워드검색과 같은 기본적인 검색서비스가 제공되고 있다. 특히 '캘리포니아정부법 12237'에 의거하여 소장기록물 중 75년 이상 보관된 모든 기록물이 공개되어 이용에 제공되고 있다. 한편 최근 정리된 기록물의 경우 홈페이지를 통하여 해당 목록을 제공하고 있다.

2) 소장정보원

소장정보원은 캘리포니아 정부의 다양한 종류의 도큐먼트를 포함하고 있다. 수만 개의 도큐먼트와 20,000여 점의 지도 및 건축도형과 250,000점의 사진 그리고 7,500점의 비디오 및 음성테이프 등을 포함한 85,000큐빅피트(cubic feet) 이상의 모든 종류의 기록정보원을 소장하고 있다.

3) 기록물 분류

다음과 같은 주제별 분류를 통한 기록물의 검색이 가능하다.

- 캘리포니아헌법(California Constitutions)

- 스페인 및 멕시코 토지승인(Spanish and Mexican Land Grants)
- 가족역사자료(Family History Resources)
- 입법기록(Legislative Records)
- 케네디대통령암살사건조사(Robert F. Kennedy Assassination Investigation)
- 캘리포니아주지사(California Governors)
- 법원자료(Supreme and Appellate Courts)
- 선거 및 정치캠페인(Elections and Political Campaigns)
- 주정부기관 및 헌법사무소(State Agencies and Constitutional Officers)
- 구술역사(Oral Histories)
- 사진(Photographs)

4) 최근 정리 기록물

캘리포니아주정부기록관 홈페이지에서 제공하는 최근 정리된 기록물의 목록
은 다음과 같다.

- 고령화담당부처 기록(Department of Aging Records)
- 주정부수자원권리위원회 기록(State Water Rights Board Records)
- 다이안 왓슨 보고서(Diane Watson Papers)
- 공원 및 여가활동국 기록(Parks and Recreation Department Records)
- 센트럴벨리 홍수관리협회 기록(Central Valleys Flood Control Association Records)
- 덴 하우저 보고서(Dan Hauser Papers)
- 주정부대중서비스위원회 기록(State Civil Service Commission Records)
- 웨이디 데데 보고서(Wadie P. Deddeh Papers)
- 농업의회위원회 기록(Assembly Agriculture Committee Records)

5) 정보원 관련서비스

캘리포니아주정부기록관의 주요 정보원관련 서비스로는 열람서비스가 제공되고 있다. 특히 열람실은 월요일부터 금요일까지 오전 9시 30분부터 오후 4시까지 이용 가능하며, 주요 공휴일은 제외된다. 특히 오후 3시 30분 이후에는 대출 및 복사가 불가능하다.

CSA
Colorado State Archives
콜로라도주정부기록관

① 기록관

1) 소재사항

주　　소　1313 Sherman Street, Room 1B‑20 Denver, CO 80203

전　　화　+1 303 866 2358/2390

팩　　스　+1 303 866 2257

전자우편　archives@state.co.us

홈페이지　http://www.colorado.gov/dpa/doit/archives/

2) 성격

콜로라도주정부기록관(CSA: Colorado State Archives)은 콜로라도의 주정부 및 지역정부에 의해 형성된 역사기록물 및 현대기록물 중 엄격한 평가를 거쳐 선정된 주요 공공기록물을 보존하기 위한 법적 보관소이다.

3) 설립연혁

- 1943년 콜로라도 입법부는 주정부기록전문가(State Archivist)의 지위를

신설하여 공공기록의 유지 및 폐기를 담당하도록 하였다. 최초의 주정부 기록전문가로서 콜로라도 주역사협회(Colorado State Historical Society)의 직원인 허버트 브레이어(Herbert O. Brayer)가 임명되었다.

- 그 후 1949년 돌로레스 렌제(Dolores C. Renze)가 그 뒤를 이었다. 돌로레스 렌제 시기에 주정부기록전문가 및 공공기록에 관한 부분이 '역사협회(Historical Society)'의 한 부서로 영입되었다.

- 1959년 주정부기록전문가는 다시 이 협회로부터 독립적인 체계로 전환되었으며, 조지 워렌(Geroge E. Warren)이 1974년에 주정부기록전문가로 임명되어 1987년까지 재직하였다. 그 후 테리 케텔센(Terry Ketelsen)이 그 뒤를 이어 주기록전문가가 되었으며, 이 기간 동안 주정부기록관은 4개의 서로 다른 주건물에 나뉘어 운영되었다.

- 1996년 주정부기록관은 전자통신, 일반정부컴퓨터센터 그리고 콜로라도 재정보고시스템(COFRS: Colorado Financial Reporting System)과 함께 하나의 부서로 통합되어 정보기술부(DOIT: Division of Information Technologies)로 거듭났다. 이를 통해 콜로라도의 공공기록은 전자적인 형태의 정보제공을 통해 더 많은 이용이 가능하도록 되었다.

4) 비전 및 임무

- 주정부의 영구한 법적 기록과 정보의 보존 확보
- 콜로라도 시민들의 정보 이용 장려
- 콜로라도의 영구한 법적 및 역사적 기록의 보존 확보
- 대중의 공공기록 이용을 위한 정보 및 연구조사 기능 제공

5) 위원회

콜로라도주정부기록관의 역사기록물관련 업무의 효율화를 위하여 콜로라도역

사기록자문위원회(CHRAB: Colorado Historical Records Advisory Board)가 구성되었다. 콜로라도역사기록자문위원회는 주(州) 전체에 걸친 주요 역사문서의 이용촉진, 보존, 감식에 관한 주정부의 지난 노력에 대한 이해를 강화하기 위해 존재한다. 특히 더욱 효과적인 기록관을 위해 본 자문위원회는 모든 이용자들이 역사정보로의 접근이 가능하도록 노력하고 있다.

6) 주요활동

콜로라도주정부기록관은 다음과 같은 주요활동을 전개하고 있다.

(1) 기록관리 · 기록재난복구 · 기록폐기서비스(Records Management · Records Disaster Recovery · Records Destruction Services)

주정부 및 지방정부기관의 직원들은 기록유지 및 처분 스케줄에 대한 지원을 요구할 수 있다. 법령에 의해 주정부기록관은 64개국의 40개 이상의 주정부기관 및 정부부처 등에 의해 생성된 기록의 법적 유지기간 및 처분조건을 규정하고 있다. 주정부기록관은 언제 그리고 어떻게 공공기록이 이전 및 폐기되거나 또는 영구히 보존되어야 하는지에 대한 자문서비스를 제공한다. 또한, 주정부기록관은 재난 등에 의해 손상을 입은 기록의 복구에 대한 안내를 제공한다.

(2) 현미경사진 · 시각이미지 및 재난복구서비스(Micrographics/Optical Imaging and Disaster Recovery Services)

마이크로필름 또는 시각기록을 보관하고 있는 주정부 또는 지방정부의 어떠한 부처도 주정부기록관에서 재난복구를 위해 원본기록이 필요한 경우 비용 없이 유치시킬 수 있다. 현미경사진의 품질 및 시각이미지에 대한 안내 또한 이 부서를 통해 이용 가능하다.

(3) 기록이전 및 보관서비스(Records Transfer and Storage Services)

주정부기록관은 주정부기관에 의해 생성된 영구적 기록을 위한 법적 보관소의 역할을 수행한다. 기록은 주정부기관에서 기관의 기록유지스케줄에 따라 주정부기록관으로 이관(移館)된다. 지방정부의 일부 기록은 엄선 과정을 거쳐 영구보존기록으로 평가 및 인정되기도 한다.

(4) 연구 및 참조서비스(Research and Reference Services)

콜로라도주정부기록관은 연구 및 참조를 위한 풍부한 정보원을 소유하고 있다. 본 기록관은 우편 또는 전화문의에 대한 답변을 제공하며, 필요한 경우 광범위한 연구조사를 제안하기도 한다. 연구 및 참조의 기능은 일부 이용비용이 부가되기도 한다. 비용에 대한 정보는 직접 방문하거나 전화로 문의할 수 있다. 대부분의 원본기록은 마이크로필름을 통해 열람이 가능하며, 기록물의 열람은 열람실을 통해서만이 가능하다. 요청에 의해 본 기록관 직원이 기록의 복사서비스를 대행해 주기도 한다.

(5) 홈페이지 관리(Website Administration)

콜로라도주정부기록관의 홈페이지는 정보기술부에 의해 경영된다.

(6) 워크숍, 회담, 견학(Workshops, Talks, Tours)

① 워크숍

기록관리, 현미경사진, 기록의 이관, 연구서비스이용에 관한 워크숍이 정기적으로 제공되고 있다.

② 회담

기록관의 직원은 콜로라도 역사 및 주정부기록관의 기록보존에 대한 역할관련 다양한 주제에 관해 여러 그룹 및 기관들과의 커뮤니티 발전에 이바지하고 있다.

③ 견학

기록관 견학은 예약서비스를 통해 가능하다.

(7) 정보관리서비스(Information Management Services)

다음과 같은 출판물이 대중의 기록관리에 대한 교육자료로 사용되고 있다.

- 기록에 있어서 해충의 위험성(*Pest Dangers to Records*)
- 비디오테이프의 적절한 관리(*Proper Care and Feeding of Videotape*)
- 재난대책계획(*Disaster Preparedness Planning*)
- 스크랩의 선택 및 관리에 대한 조언(*Tips on the Selection and Care of Scrapbooks*)
- 추천보관소 및 장기보관용 전자기록 유지에 대한 안내(*Recommended Storage and Handling Guidelines for the Maintenance of Electronic Records of Long-Term or Enduring Value*)

(8) 기타 서비스(Other Services)

콜로라도주정부기록관은 콜로라도역사기록자문위원회의 운영 이외에도 콜로라도보존연맹(Colorado Preservation Alliance)의 회원으로도 활동하여 관련서비스를 제공하고 있다. 구체적으로 이들 기구들과의 협력을 통하여 주요 역사문서의 이용촉진과 관리 및 보존향상을 위해 교육, 자료감식 등에 대한 서비스를 제공하고 있다.

② 정보원

1) 정보원 열람 및 배포 정책

콜로라도주정부기록관(CSA: Colorado State Archives)의 소장정보원은 '디지털기록(Digital Records)' 및 '콜로라도역사기록 인덱스'를 통해 검색이 가능하다. 소장기록물과 관련하여 우편 또는 전화문의에 대한 답변을 제공하고 있다. 한편, 기록물의 열람은 제한된 열람실에서만 가능하며, 대부분 원본기록의 경우 기록물 형태가 마이크로필름으로 이전(移轉)된 경우에 한하여 실제적인 열람에 제공하고 있으며, '이용비용부담원칙'에 따른 연구 및 참조 서비스도 제공하고 있다. 복사가 필요한 경우 기록관의 직원을 통해 제한된 관련 서비스가 제공되고 있다.

2) 디지털기록(Digital Records)

디지털기록의 브라우징을 위한 검색어 분류는 다음과 같다.
- 농업(Agriculture)
- 건축(Buildings)
- 비즈니스(Business)
- 도시 및 타운(Cities & Towns)
- 교육(Education)
- 정부 및 입법(Governor & Legislature)
- 군(Military)
- 광업(Mining)
- 당국자(Officials)
- 공원 및 여가활동(Parks & Recreation)

- 장소(Places)
- 사회적 문제(Social Concerns)
- 대중교통(Transportation), 수자원(Water)

3) 기록의 분류

콜로라도주정부기록관은 역사기록에 대하여 다음과 같은 약 138개의 인덱스 분류를 제공하고 있으며, 그중 대표적인 것은 다음과 같다.

- 1870 Federal Census
- Adams County Divorces 1904~1913
- Adams County Inheritance Tax 1929~1943
- Bar Admission Files 1899~1950
- Bent County Divorce 1907~1921
- Boulder County Birth Index 1892~1906
- Colorado Civil War Casualties
- Colorado Land Commissioners Patents 1878~1970
- Denver Birth Index 1875~1906
- Denver Death Index 1870~1905
- Elbert County Inheritance Proceedings 1922~1941
- Elbert County Judges Docket 1928~1938
- Huerfano County Inheritance Tax 1910~1946
- Huerfano County Poor Records 1916~1923
- Huerfano County Tax List 1873
- Indian Industrial Schools Census 1900
- Lake County Births Pre~1907
- Lake County School District #6 1880~1903

- Lake County School District #12 1893~1900
- Lake County School District #15 1952~1958
- State Penitentiary Index 1871~1973
- State Reformatory Index 1887~1939
- Gilpin County Probate Court Civil Case Filings 1874~1892
- Spanish American War Volunteers 1898~1899
- Mesa County Motor Vehicle Licenses 1913~1917
- A~Z Bar Admission Files 1899~1950

DPA
Delaware Public Archives
델라웨어공공기록관

① 기록관

1) 소재사항

주　　소　121 Duke of York Street Dover, DE 19901

전　　화　+1 302 744 5000

팩　　스　+1 302 739 8436

홈페이지　http://archives.delaware.gov/

2) 성격

델라웨어공공기록관(DPA: Delaware Public Archives)은 미국 내 가장 오래
된 공공기록관 프로그램 중 하나이다. 델라웨어 주(州)의 주요 역사적 기록
물과 공공기록물 등에 대한 수집 · 보존 · 관리 및 대중에 대한 이용서비스를
제공하고 있다.

3) 설립연혁

델라웨어공공기록관은 1905년 총회(General Assembly)에 의해 설립되었으

며, 2000년 12월부터 현재의 기록관 구성형태를 갖추게 되었다.

4) 비전 및 임무

① 역사적 가치가 있는 공공기록물의 감정(평가), 수집, 보존
② 델라웨어의 현재 및 미래세대를 위한 공공기록물의 이용 보증
③ 공공기록물의 형성, 관리, 이용, 보존에 관한 자문 및 교육

5) 주요행사

델라웨어공공기록관은 지속적으로 다양한 행사를 개최하고 있으며, 2008년 현재 주요행사는 다음과 같다.

① 2008년 8월 2일의 '이 오래된 집(This Old House)'
② 2008년 9월 6일의 '도큐먼트 및 사진보존 워크숍(Document and Photograph Preservation Workshop)'
③ 2008년 9월 27일의 '델라웨어 계보학협회 9월 회의(September Meeting of the Downstate Delaware Genealogical Society)'
④ 2008년 11월 15일의 '델라웨어 계보학협회 11월 회의(November Meeting of the Downstate Delaware Genealogical Society)'

6) 주요프로그램

주요프로그램으로 '델라웨어역사기록자프로그램(Delaware's Historic Markers Program)'이 제공되고 있다. 본 프로그램은 켄트 카운티(Kent County Markers), 뉴캐슬 카운티(New Castle County Markers), 서섹스 카운티(Sussex County Markers)로 나뉘어 정보를 제공한다.

7) 관련기관

델라웨어기록관은 기록 및 기록관리 관련 다음과 같은 기관 및 협회 등과
협력관계에 있다.

- 존스미스장군400주년프로젝트(Captain John Smith Four Hundred Project)
  홈페이지 http://www.cyndislist.com/

- 칼마 니켈(Kalmar Nyckel)
  홈페이지 http://www.kalmarnyckel.org/

- 델라웨어계보학협회(Delaware Genealogical Society)
  홈페이지 http://www.delgensoc.org/

- 델라웨어역사협회(The Historical Society of Delaware)
  홈페이지 http://www.hsd.org/

- 의회도서관(The Library of Congress)
  홈페이지 http://www.loc.gov/index.html

- 미국국립기록청(US National Archives and Records Administration)
  홈페이지 http://www.archives.gov/index.html

8) 관련링크정보

델라웨어공공기록관은 다음과 같은 관련 정보의 링크를 제공하고 있다.

- 루트웹닷컴(Rootsweb.Com)
  홈페이지 http://www.rootsweb.ancestry.com/

- 신디리스트(Cyndi's List)

  홈페이지 http://www.cyndislist.com/

- 가족검색(Family Search)

  홈페이지 http://www.familysearch.org/eng/default.asp

② 정보원

1) 정보원 열람 및 배포 정책

델라웨어공공기록관(DPA: Delaware Public Archives)의 소장정보원은 주로 정부기록 및 역사 도큐먼트이며, 약 40,000 큐빅피트(cubic feet) 이상의 정보원을 보유하고 있다. '디지털기록관(Digital Archives)'의 분류를 통해 정보원을 검색할 수 있으며, '대중검색도우미' 난을 통하여 일반 대중들의 관심에 부합하는 분류를 기준으로 보다 쉬운 정보원 검색을 제공하고 있다. 그외 정부기록관리를 위한 '정부를 위한 자료(For Government)' 난과 '델라웨어 역사기록자 프로그램(Delaware's Historic Markers Program)' 난이 제공되고 있다.

2) 소장기록물

델라웨어공공기록관은 다음과 같이 기록물을 분류하여 소장 및 관리하고 있다.

(1) 주정부기록(State Government Records)
- 기록관은 설립 초기부터 델라웨어 주정부의 행정, 입법, 사법관련 기록들을 보존해 오고 있다.

- 행정기록은 델라웨어 주지사의 공공보고서, 공식등록기록, 모든 행정기관의 활동에 대한 문서, 군사작전에 관련된 주정부의 문서기록 등을 포함한다.
- 입법기록은 18세기 이후부터 현재까지의 법령, 경영보고서, 회의보고서, 의회저널 등을 포함한다.
- 사법기록은 소송파일, 판결문서, 델라웨어 주정부법원 활동과 관련된 문서 등을 포함한다.

(2) 지방정부기록(Local Government Records)

기록관 소장정보의 일부는 17세기 이후 국가와 지방자치시의 기록으로 구성되어 있다. 이 기록들은 대부분 회의기록 및 재정데이터, 토지기록 등으로 이루어져 있다. 그 외 보건 및 인적 서비스 그리고 대중교통에 관련된 활동을 다루고 있는 도큐먼트도 포함되어 있다.

(3) 계보학기록(Genealogical Records)

델라웨어주정부의 공공기록물은 그 자체가 델라웨어 주의 주요 유용한 계보학 정보로서의 역할을 수행하며, 이외에도 다른 경로를 통한 계보학 자료도 수집해 오고 있다.

(4) 마이크로필름기록(Microfilm Holdings)

기록관의 많은 오래된 기록들은 보존 및 이용의 편의성을 위해 마이크로필름으로 전환되었다. 2009년 현재 약 5,000개 이상의 마이크로필름 기록이 열람에 제공되고 있다.

(5) 매뉴스크립트컬렉션(Manuscript Collections)

기록관은 델라웨어의 몇몇 인사들에 대한 기록을 소장하고 있다. 예를 들어, 조지 레드(George Read), 시저 로드니(Caesar Rodney) 그리고 존 클레이톤(John M. Clayton)에 대한 기록들이 보관되어 있다.

(6) 생명통계기록(Vital Statistics)

기록관은 72년 이상 수집하여 온 '탄생기록'을 보관하고 있으며, 특히 40년 이상 수집하여 온 '결혼기록' 및 '사망기록' 등이 보관되고 있다.

(7) 참고도서관(Reference Library)

기록관은 델라웨어관련 문헌들을 관리하는 도서관 또한 운영하고 있다. 주정부 출판물, 도서, 계보학기록, 팸플릿, 지도, 신문자료 등을 소장하고 있다.

3) 디지털기록관(Digital Archives)

다음과 같은 시기 및 형태 등을 기준으로 기록물을 분류하여 소장기록정보원의 검색 및 열람에 제공하고 있다.

- 17세기 델라웨어(17th Century Delaware Exhibit)
- 마벨 로이드 리글리 열람실(Mabel Lloyd Ridgley Research Room)
- 백 개의 이야기들(100 Stories)
- 사진(Photographs)
- 도큐먼트(Documents)
- 시각자료(Audio Selections)
- 지도(Maps)

4) 기록물의 검색

델라웨어공공기록관은 다음과 같은 '대중검색도우미(Public Finding Aids)' 서
비스를 통해 정보원의 검색을 수월하게 할 수 있도록 편의를 제공하고 있다.

- 관공서 역사(Agency Histories)
- 델라웨어 도서관 목록(Delaware Library Catalog)
- 인구조사기록안내(Guide To Census Records)
- 미국독립전쟁기록안내(Guide To Revolutionary War Records)
- 미국남북전쟁기록안내(Guide to Civil War Records)
- 생명기록안내(Guide To Vital Records)
- 귀화기록데이터베이스(Naturalization Records Database)
- 컬렉션 온라인안내(On‑line Guide To The Collections)
- 가족역사연구(Research The History Of Your Home)
- 유언기록데이터베이스(Probate Records Database)
- 델라웨어기록보관소 디렉터리(Directory of Delaware Records Repositories)
- 계보학보관소 목록(Genealogical Repositories List)

5) 정부를 위한 자료(For Government)

정부기록물의 관리를 위한 별도의 영역을 마련하여 관련 정보와 담당자 및
내용 등을 검색할 수 있도록 돕고 있다.

- 박스구매(Ordering Boxes)
- 일반기록유지스케줄(General Records Retention Schedules)
- 기록담당자 및 승인담당자(Records Officers and Authorized Agents)

- 기록정책(Records Policies)
- 교육과정(Training)
- 관공서 분석 연구과제(Agency Analyst Assignments)
- 양식(Forms)
- 안내서(Manuals)
- 지방정부 디렉터리(Local Governments Directory)
- 기록담당자 및 승인담당자(Records Officers and Authorized Agents)
- 정부서비스 조사기관(Government Services Survey Agency)

HSA
Hawai'i State Archives
하와이주정부기록관

① 기록관

1) 소재사항

주   소 Kekāuluohi Building 'Iolani Palace Grounds 364 S. King
Street Honolulu, Hawai'i 96813

전   화 +1 808 586 0329

팩   스 +1 808 586 0330

전자우편 archives@hawaii.gov

홈페이지 http://hawaii.gov/dags/archives

2) 성격

하와이주정부기록관(HSA: Hawai'i State Archives)은 영구적으로 가치가 있는 하와이 주정부의 역사적인 기록물과 공공기록물을 수집, 보존 및 대중이 용이 가능하도록 봉사하고 있다.

3) 설립연혁

하와이주정부기록관은 관련법규에 의거하여 1905년에 최초로 설립되었다. 이듬해인 1906년에 기록관이 처음으로 대중에게 공개되었다.

4) 비전 및 임무

하와이주정부기록관의 임무는 특히 주정부의 역사기록을 보존하고 이용 가능
하도록 함으로써 열린 정부를 보장하는 것이다.

5) 조직

하와이주정부기록관은 하와이 주정부의 회계 및 일반서비스부(Department
of Accounting and General Services)의 한 부서(Division)로 구성되어 있
다. 즉 기록관 부서(Archives Division)는 주정부 감사관(State Comptroller)
의 지시하에 기록관 및 기록관리 프로그램을 관리한다. 이 프로그램의 기능
은 개정된 '하와이법령 94장'에 의거한 것이다. 이는 역사기록과(Historical
Records Branch)와 기록관리과(Records Management Branch)로 구분된다.
구체적으로 다음과 같다.

(1) 역사기록과(Historical Records Branch)
역사기록과는 하와이주정부기록관을 통해 주정부기록관 및 특별컬렉션의
보존 및 이용에 대한 업무를 담당한다.

(2) 기록관리과(Records Management Branch)
기록관리과는 행정과(Executive Branches)의 주정부기관에 지원서비스를
제공한다. 비영구적 정부기록을 보관하는 창고설비를 유지·관리하며 마
이크로필름 기록의 보안을 책임진다. 또한 이 과는 기록유지 및 폐기 스
케줄관련 규정의 개발 및 개정을 담당한다. 기록관리과는 주정부기록센
터(State Records Center)로서의 역할을 수행하나 대중에 대한 직접적인
서비스를 제공하지는 않는다.

6) 관련법률

- 하와이법령 94장

7) 주요행사

- 100주년 기념전시회(Cntennial Exhibit)

  1906년 8월 24일 기록관 개관 후 2006년 100주년을 기념하여 하와이주 정부기록관은 하와이 정부의 유일한 행정위치에 있는 쿠히나누이(Kuhina Nui)에서 전시회를 개최하였다. 본 전시회는 2006년 8월 31일부터 2007년 7월 31일까지 진행되었다.

8) 위원회

하와이주정부기록관은 하와이 주의 역사기록물관련 업무수행을 위하여 '하와이주정부 역사기록자문위원회(HI SHRAB: Hawai'i State Historical Records Advisory Board)'를 구성하고 있다. 구체적으로 다음과 같다.

- 국가역사편찬기록위원회(NHPRC)의 절차에 따라 하와이 주정부는 주정부기록전문가들로 이루어진 주정부역사기록자문위원회(SHRAB)를 설립하였다.
- 하와이주정부역사기록자문위원회는 1976년에 그 활동을 시작하였으며, 주지사가 회원들을 임명해 왔다. 현재 총 7인의 회원이 3년간의 임기를 맡고 있으며, 주코디네이터도 이 7인에 포함되어 있다.
- 1982년 하와이 주 역사상 최초의 연구업무라 할 수 있는 하와이 공공 및 사적 역사기록저장소에 대한 평가를 시행하였다.
- 2006년에는 국가역사편찬기록위원회로부터 재정적 지원을 받아 보존 및

디지털 이니셔티브를 지닌 주의 역사기록에 대한 조사를 시행하였다.

② 정보원

1) 정보원 열람 및 배포 정책

하와이주정부기록관(HSA: Hawai'i State Archives)의 소장정보원은 홈페이지상의 온라인 목록(Hawai'i Voyager)을 통해 일반 키워드로 검색가능하다. 하와이의 계보학자료와 정부기관 소장자료는 디지털화되어 있으며, 소장기록물과 자료는 인덱스 브라우징을 통해 열람 가능하다. 한편 본 기록관의 뉴스레터는 홈페이지를 통하여 PDF로 무료 열람이 제공되고 있다.

2) 소장기록물(Description of Collections)

하와이주정부기록관은 12,000큐빅피트(cubic feet) 이상의 기록물을 소장하고 있으며, 정부기록물 중 가장 큰 규모의 기록그룹들은 다음과 같다.

(1) 행정기관기록(Executive Agencies Records)
1840년부터 현재에 이르는 회의기록, 서신자료, 보고서, 계획서, 등록부, 인증서 등을 포함한다.

(2) 입법기록(Legislative Records)
1840년부터 구 주지사 관련 기록물로 현재에 이르는 법안, 위원회 보고서, 저널, 증언서, 허가서, 서안, 결의안 등을 포함한다.

(3) 구(舊) 주지사 기록(Past Governor's Records)

1900년부터의 구 주지사 관련 기록물로 서신내용, 담화문, 보도자료, 보고서, 선언서 등을 포함한다.

(4) 기타(Other Collections)
- 500개 이상의 개인 소장자료 및 하와이의 사회, 경제, 정치역사를 문서화한 기록
- 120,000점의 사진
- 1,800점의 지도
- 387점의 공예품

3) 디지털기록물(Digital Collections)

대중에게 더 나은 서비스를 제공하기 위해 하와이주정부기록관은 문서기록 및 인덱스의 디지털화를 시작하였다. 이는 크게 계보학자료와 정부기관 소장자료로 구분되어 있으며, 각 주요 소장기록물은 다음과 같다.

(1) 계보학자료(Genealogical Indexes)
- *Indexes to Marriage Records, 1826~1929*
- *Indexes to Divorce Case Files, 1848~1915*
- *Indexes to Probates, 1847~1917*
- *Index to Wills, 1852~1916*
- *Indexes to Citizenship Records*
- *Naturalization, 1844~1894; Denization, 1846~1898; and Passports, 1845~1874*

(2) 정부기관소장자료(Government Office Holders)

- 세금 사정 및 원장(Tax Assessment and Collection Ledgers)
- 1843년~1900년 승객명단(Passenger Manifest Index, 1843~1900)
- 마헬레서서적(Mahele Book)
- 세계1차대전기록(World War Ⅰ Service Records)

4) 뉴스레터(Newsletter)

1년에 두 차례 발간되는 하와이주정부기록관 기록관리과의 뉴스레터인 Ke Kahu Palapala는 주정부기관 및 대중에게 하와이주정부기록관의 주요기록 및 기록관리 관련 정보를 제공하고 있다. PDF로 무료 열람이 가능하며 현재 홈페이지에 1권 1호(2004년 6월호)부터 3권 1호(2006년 10월호)가 제공되고 있다. 그중 홈페이지를 통하여 제공하고 있는 가장 최근의 뉴스레터인 3권 1호의 수록 기사는 다음과 같다.

- *Archives Centennial: An Opportunity to Revel in the Past and Look to the Future*
- *New Website*
- *Centennial Talks*
- *Acquiring and Preserving Government Records*
- *Tours of the Archives*
- *Addressing the Need for Digital Access and Preservation*
- *Laws to Prevent Identity Theft*
- *Records Disposition Authorization*

MA
Massachusetts Archives
매사추세츠기록관

① 기록관

1) 소재사항

주　　소	220 Morrissey Blvd. Boston, MA 02125
전　　화	＋1 617 727 2816
팩　　스	＋1 617 288 8429
전자우편	archives@sec.state.ma.us
홈페이지	http://www.sec.state.ma.us/arc/arcidx.htm

2) 성격

매사추세츠기록관(MA: Massachusetts Archives)은 소위 연방장관실(Secretary of the Commonwealth's Office)의 산하 부서인 기록관부(Archives Division)이다. 이는 주정부에 의해 생성된 매사추세츠 주(州)의 가치 있는 역사적 기록물과 공공기록물을 위한 보존소의 역할을 수행하고 있다.

3) 비전

매사추세츠기록관은 연방 및 그 시민을 위해 정부의 활동을 문서화한 공공기록물의 이용 및 보존에 대한 서비스와 영구기록 관리에 관한 정부기관 지원에 관한 서비스를 제공한다. 그리고 기록관은 역사적 기록보존에 관한 리더십을 발휘하며, 기록들이 시민과 학생 및 학자들에게 홍보되고 가치가 인정되도록 보장한다.

4) 임무

① 정부기록의 이용 및 보존 확신
② 정부기관으로의 지원 제공
③ 매사추세츠 역사유산의 이용 및 보전의 보장을 위한 리더십 제공
④ 역사기록의 가치에 대한 이해 증진

5) 주요행사

매사추세츠기록관은 주요행사의 하나로 '역사의 날(History Day)'을 개최하고 있다. 이는 연방장관실에 의해 매해 봄마다 개최되는 국가역사에 관한 콘테스트이다. 매사추세츠의 역사의 날 콘테스트의 우승자는 이후 국가역사의 날 행사에 참석하게 된다.

6) 프로그램(Programs)

매사추세츠기록관은 역사전시회, 그룹방문 외에 교육, 타운허가, 자원봉사 및 인턴 프로그램과 같은 다양한 프로그램을 제공하고 있다.

(1) 전시회(Exhibits)

기록관은 역사전시회를 개최한다. 자세한 사항은 매사추세츠주립박물관(Commonwealth Museum)에 문의하면 된다.

(2) 교육프로그램(Educational Programs)

기록관은 공식 및 비공식적 교육프로그램을 운영함으로써 학생 및 교사에게 연구수단 및 전시회에 대한 소개를 제공하고 있다. 이 프로그램은 매사추세츠주립박물관에 의해 운영되고 있다.

(3) 견학(Tours)

그룹방문에 의한 기록관 시설 및 소장자료 및 기록물에 대한 견학이 가능하다. 자세한 사항은 연방정부 기록전문가에게 전자우편(archives@sec.state.ma.us)으로 문의가능하다.

(4) 타운허가프로그램(Town Charter Program)

도시 및 타운은 특별이벤트 및 기념일을 위해 해당 도시 및 타운에 대한 역사도큐먼트의 전시를 요구할 수 있다. 이 프로그램 역시 자세한 사항은 연방정부 기록전문가에게 전자우편(archives@sec.state.ma.us)을 통해 문의가능하다.

(5) 자원봉사프로그램(Volunteer Program)

매사추세츠기록관은 활발한 자원봉사프로그램을 운영하고 있다. 자원봉사자들은 데이터입력, 문헌지원, 컬렉션준비 등과 같은 프로젝트에 참여하게 된다. 자세한 사항은 전자우편(janis.duffy@sec.state.ma.us)을 통해 문의가능하다.

(6) 인턴프로그램(Intern Program)

기록관은 인턴제도를 시행하여 기록관리 및 연구에 대한 특별프로젝트에 관여하도록 하고 있다. 자세한 사항은 전자우편(martha.clark@sec.state.ma.us)을 통해 문의가능하다.

7) 관련기관

매사추세츠기록관은 기록 및 기록관리 관련 업무수행을 위하여 다음과 같은 다양한 기관과 협력관계에 있다.

- 매사추세츠주립정부박물관(Commonwealth Museum)
  홈페이지 http://www.sec.state.ma.us/mus/muscon.html

- 아카디아온라인전시회(Le Grand Dérangement: Acadian Exhibit Online)
  홈페이지 http://www.sec.state.ma.us/mus/exhibits/onlineexhibits/
  acadianonline/acaidx3.htm

- 매사추세츠역사위원회(Massachusetts Historical Commission)
  홈페이지 http://www.sec.state.ma.us/mhc/mhccon.htm

- 주정부기록센터(State Records Center)
  홈페이지 http://www.sec.state.ma.us/rec/reccon.htm

- 어린이존(Kids' Zone)
  홈페이지 http://www.sec.state.ma.us/cis/ciskid/kididx.htm

- 기록관리부서(Records Management Unit)

- 기록보전위원회(Records Conservation Board)
  홈페이지 http://www.sec.state.ma.us/arc/arcrcb/rcbidx.htm

- 매사추세츠역사기록자문위원회(Massachusetts Historical Records Advisory Board)
  홈페이지 http://www.sec.state.ma.us/arc/arcaac/aacidx.htm

- 가족역사검색(Researching Your Family's History at the Massachusetts Archives)

  홈페이지 http://www.sec.state.ma.us/arc/arcgen/genidx.htm

② 정보원

1) 정보원 열람 및 배포 정책

매사추세츠기록관(MA: Massachusetts Archives)은 1628년의 도큐먼트부터 현재 주정부의 공공기록물을 소장하고 있다. 홈페이지상에서 '소장기록물 개요(Synopsis of Holdings)' 난을 통하여 전체 기록물의 목록을 검색도록 제공하고 있다. 특히 '연구서비스(Research Service)'를 통하여 모든 연구원들의 이용이 가능하도록 제공되고 있다. 문헌담당 직원이 정보검색을 돕고 있으며, 일부 기록의 열람은 개인정보 보호 차원에서 열람이 제한될 수도 있다. 기록관 자료의 이용에 대한 예약이 필요하지는 않으나, 미리 전화로 담당자 가능 여부를 확인하는 것이 시간을 절약하는 방법일 수 있다. 문헌담당 직원은 질문에 대한 답변을 해 주거나, 적합한 자료를 검색해 주기도 하고, 또한 연구방문의 계획을 돕기도 한다.

2) 소장기록물

매사추세츠기록관은 1628년의 도큐먼트에서부터 매사추세츠 주정부에 의해 생성된 공공기록물을 소장하고 있다. 이 기록들은 각 기관들에 의해 정리되었으며, 1629년에서 현재에 이르는 정보들을 포함하고 있다. 구체적으로 다음과 같다.

(1) 소장기록개요(Synopsis of Holdings)

소장기록물은 크게 다음과 같이 여섯 가지로 분류되고 있으며, 각 소장
기록물의 구체적인 기록그룹은 다음과 같다.

① 주정부조직관련 기록(Records Reflecting the Structure of State Government)

- Foundation Documents
- Legislative Records
- State Secretary Records
- Executive Records
- Governor (1802～present)
- Council
- Administration and Finance
- Consumer Affairs and Business Regulation
- Economic Development and Manpower Affairs/Labor
- Education
- Environmental Affairs
- Health and Human Services
- Public Safety/Adjutant General
- Transportation and Construction
- Treasurer Records
- Attorney General Records
- Court Records

② 특별식민시대 및 1800년까지의 초기주정부시대 자료(Special Colonial
and Early State Materials to 1800)

- Massachusetts Archives Collection
- The Eastern Lands Papers

- Transcripts of the Archives of the Plymouth Colony
- Documents Relating to Indian Affairs
- Witchcraft Records

③ 그 외 역사기록 파일(Other Historical Resource Files)
- Massachusetts Historical Commission
- Work Projects/Works Progress

④ 비도서자료(Nontextual Materials)
- Photographs
- Maps and plans
- Paintings
- Audio-visuals

⑤ 지방기록(Local Records)

⑥ 개인기록(Private Records)

(2) 기록 및 기타 자료(Records and Other Resources)
① 계보학 및 가족역사(Genealogy and Family History Resources)
- Vital Statistic Records(Massachusetts Births, Deaths and Marriages from 1841~1915)
- Census Records
- Federal: Microfilm 1790~1880, 1890
- State: 1855, 1865
- Passenger Lists for the Port of Boston, 1848~1891
- Military Records
- Probate Records in the Probate and Divorce Judicial Court Records
- Naturalization(Citizenship) Records

- Divorce Records in the Probate and Divorce Judicial Court Records
- Adoption Records
- Documents about Native Americans
- Records from Prisons and State Institutions

② 흑인역사(Black History Resources)

- Federal Census Schedules, 1790~1900
- State Census Schedules, 1855, 1865
- 1754 Slave Census
- 1771 Town Valuations(published in 1978)
- Passenger Lists(Occasional References on Index Cards)
- Vital Statistic Records
- Military Records
- Massachusetts Archives Collection
- Passport · Travel Permissions · Certificates for Seamen(1815~ 1860; 1857)
- Guardians of Indians
- Returns of Pauper Lunatics and Idiots(1842)
- Corrections and Mental Health Records
- Judicial Court Records

③ 생명통계기록(Vital Statistic Records)

- Birth Records
- Marriage Records
- Death Records
- Certified Copies

④ 승객명단(Passenger Lists)

⑤ 군사기록(Military Records)

- Colonial Period, 1643～1774

- Revolutionary Period, 1775～1787

- Shays' Rebellion, 1786～1787

- War of 1812, 1812～1815

- Civil War, 1861～1865

- Spanish - American War, 1889

⑥ 법원 및 사법기록(Court and Judicial Archives)

3) 기관목록(Agency List)

매사추세츠기록관의 소장기록물은 다음과 같은 기록그룹에 의해 정리되고 있다.

- AF(Administration and Finance)

- AG(Attorney General)

- AR(Artifact Collection)

- AU(Auditor)

- CA(Consumer Affairs and Business Regulation)

- CD(Communities and Development)

- CF(Campaign Finance)

- CO(Committees and Commissions. Includes Legislative Committees and Other Bodies. For Gubernatorial Commissions See: GO)

- CT(General Court)

- CY(County Records)

- EA(Eastern Lands. Includes Records Relating to the District of Maine,

Which Became a Separate State in 1820)
- EC(Economic Development and Manpower Affairs)
- ED(Educational Affairs)
- EL(Elder Affairs)
- EN(Environmental Affairs)
- ER(Energy Resources)
- ET(Ethics Commission)
- GC(Governor's Council)
- GO(Governor)
- HS(Health and Human Services)
- IG Inspector General)
- JU(Judiciary)
- LA(Labor)
- LG(Lieutenant Governor)
- LO(Local Records(See also CY and MN))
- MN(Municipal Records)
- PC(Provincial Congress. Records of the Revolutionary Governing Body, 1774~1775)
- PR(Private Records. Records Relating to Massachusetts History not Created by Massachusetts Governmental Agencies)
- PS(Public Safety)
- SC(Secretary of the Commonwealth)
- TC(Transportation and Construction)
- TR(Treasurer and Receiver General)

MSA
Maine State Archives
메인주정부기록관

1 기록관

1) 소재사항

주   소   84 State House Station Augusta, Maine 04333

전   화   +1 207 287 5790

팩   스   +1 207 287 5739

전자우편   anthony.douin@maine.gov

홈페이지   http://www.maine.gov/sos/arc/

2) 성격

메인주정부기록관(MSA: Maine State Archives)은 메인 주(州) 정부의 가치 있는 역사기록물과 공공기록물을 수집, 보존, 이용 및 관련 활동지원에 활용토록 봉사하는 공공기관이다.

3) 조직

메인 주(州) 국무부(Department of the Secretary of State) 산하 부서로서 기록서비스부와 기록관리서비스부로 구성되어 있다. 구체적으로 다음과 같다.

(1) 기록서비스부(Archives Services Division)

기록서비스부는 기록물에 대한 이용 및 보존에 대한 업무를 수행한다. 연구원들은 일반적인 정보 또는 특정기록에 대해 직접 방문하거나 전화, 팩스 그리고 전자우편을 통해 문의할 수 있다.

(2) 기록관리서비스부(Records Management Services Division)

기록관리서비스부는 주정부 및 지방정부 기록을 분석·평가하고 스케줄을 관리하여 필요한 자료는 보관하고, 보관기간이 지난 자료들은 폐기하는 업무를 수행한다. 이 부서는 그 외에도 정부기관의 일반기록관리에 대한 교육을 시행하거나 안내서를 발간하기도 한다.

4) 위원회

메인주정부기록관은 다음과 같은 주요 두 개의 자문위원회를 두고 있다.

(1) 메인주정부기록자문위원회(Maine State Archives Advisory Board)

메인주정부기록자문위원회는 제안된 기록유지 스케줄을 검토하고 메인 주정부 및 지방정부의 정책과 관련된 사안을 검토한다. 이는 자발적 참여에 의해 이루어지며, 다양한 주제에 관여하고 있다. 최종적인 의사결정을 위한 추가적 조언 외에, 전자우편을 통해 개인의 의사를 반영하기도 한다.

(2) 메인주역사기록자문위원회(Maine Historical Records Advisory Board)

메인주역사기록자문위원회는 다양한 방법으로 역사기록에 대한 이용 및 보존을 장려하고 있다. 그 일환으로 기록관리 관련 종사자들에게 교육 및 정보를 제공, 국가역사편찬기록위원회(NHPRC)의 재정지원서 준비에 대한 안내, 재정지원서 검토, 역사기록의 필요성 및 조건에 대한 정보개발, 정책입안가들과 일반대중에게 역사기록의 중요성 피력, 보존장려 및 정보이용 프로젝트 등의 활동을 하고 있다. 참고로 메인주역사기록자문위원회의 '전략적 계획 2005~2010(Strategic Plan 2005~2010)'은 도큐먼트관련 가장 최근의 버전이며 위원회를 위한 안내서이기도 하다.

5) 주요활동

메인주정부기록관(MSA)은 기본적인 기록관리 활동 외에도 교사 및 학생들을 위한 활동, 재정지원사업 그리고 기록전문가들의 상담서비스와 같은 활동을 전개하고 있다. 구체적으로 다음과 같다.

(1) 기록관리(Records Management)

기록관리는 주정부기관의 공공기록물을 좀 더 효과적으로 관리할 수 있도록 지원하는 역할을 한다. 주정부기관들의 기록관리담당자들에게 기록의 유지기간 및 폐기에 대한 안내서비스를 제공한다. 기록관리는 또한 기록의 유지, 보존, 서비스 절차와 관련하여 기술적 지원도 제공하고 있다.

(2) 교사 및 학생들을 위한 활동(Teachers & Students)

메인주정부기록관은 교사와 학생들에게 다음과 같은 서비스와 활동을 제공하고 있다.

- 기록연구(Archives Research)
- 메인 주 학생 모의선거(Maine Student Mock Election)
- 전시회(Exhibits)
- 터너타운(Town of Turner)
- 역사의 날(History Day)
- 타운기록(Town Records)

- 메인 주 추억 네트워크(Maine Memory Network)
- 어린이 페이지(Kids Page)

(3) 재정지원사업(Grant Opportunities)

재정적 지원은 역사적 기록관 및 박물관 컬렉션 시설 프로젝트를 위해 제공되고 있다. 재정지원사업 종류는 다음과 같다.

- 역사기록 및 역사박물관 컬렉션 지원(Historical Records and Historical Museum Collections Grants)
- 역사시설 지원(Historical Facilities Grants)
- 고고학·기록학 프로젝트 지원(Odiorne Fund for Archeological·Archival Projects)

(4) 상담(Consultants)

기록관은 기록전문가들의 상담서비스를 제공한다. 홈페이지상에서 제공되는 기록전문가들의 명단을 보고 기록전문가를 선택한 후 직접 방문하여 상담을 받을 수 있다.

6) 관련기관

메인주정부기록관은 기록 및 기록관리 관련 다음과 같은 주정부기관 외에도 다양한 기관과 협력관계에 있다.

(1) 주정부기관(State Agencies)

- 역사기록자문위원회(Historical Records Advisory Board)
  홈페이지 http://www.maine.gov/sos/arc/mhrab/hrabhome.htm

- 기록자문위원회(Archives Advisory Board)

  홈페이지 http://www.maine.gov/sos/arc/general/admin/aabhelp.htm

- 문화협의회(Cultural Affairs Council)

(2) 그 외 기관(Other Organizations)

- 역사기록저장소(Historical Records Repositories)
- 메인 주 기록관 및 박물관(Maine Archives and Museums)
- 메인 주 문화기구 리스트서브(Maine Cultural Organizations Listserve)
- 문화게이트웨이(Cultural Gateway)

7) 관련링크정보

메인주정부기록관은 다음과 같은 기술자원(Technical Resources)을 위한 정보를 링크해 주고 있다.

- 문화자원정보센터(CRIC: Cultural Resources Information Center)

  홈페이지 http://www.informe.org/sos_archives/

- 재정지원정보(Grant Information)

- 기록관상담(Archival Consultants)

- 기록관공급(Archival Supplies)

② 정보원

1) 정보원 열람 및 배포 정책

메인주정부기록관(MSA: Maine State Archives)은 메인 주정부의 공공기록물을 대상으로 기본적인 검색을 제공하고 있다. 특히 생명기록, 혼인기록 외에 소장하고 있는 다양한 기록을 데이터베이스화하여 홈페이지를 통하여 다운로드받을 수 있도록 제공하고 있다. 다만 현재 업데이트 날짜가 2001년으로 최근 상황은 반영되어 있지 않다. 주요 데이터베이스인 생명기록, 기록인덱스 및 소수시인부서 관련 기록물 데이터베이스가 데이터베이스 보존도구인 컬렉션관리시스템(CMS)으로 관리되고 있다. 다만 일부분의 경우 미완성 단계에 있어 최근 상황의 열람 및 참고는 제공되고 있지 않다. 한편, 홈페이지 및 직접방문을 통하여 '기록전문가 상담서비스'가 제공되고 있다.

2) 소장기록물

소장기록물은 약 95만 페이지의 공식적인 주정부 공공기록물을 포함한다. 이 기록에는 입법, 주지사 경영위원회 보고서, 선거자료 등을 포함한 기록 및 지도, 생명통계, 연방정부인구조사기록 등으로 구성되어 있다.

3) 다운로드 가능 데이터베이스(Databases for Downloading)

메인주정부기록관은 생명기록 및 컬렉션관련 인덱스를 대상으로 데이터베이스를 개발해 왔다. 가장 최근에 업데이트된 날짜는 2001년 2월 8일로서 최근 기록물은 반영되어 있지 않다. 현재 이들 데이터베이스의 모든 자료와 기록물은 홈페이지(http://www.maine.gov/sos/arc/databases/)를 통해 다운로드 가능하다.

(1) 보존도구(Repository Tools)

박물관, 기록관, 역사협회 등이 가장 많이 사용하는 기록보관시스템으로 일반적인 기준인 '컬렉션관리시스템(CMS: Collections Management System)'을 이용하고 있다. 다만 컬렉션관리시스템은 최근 몇 년간 보수 중에 있으며, 앞으로 소개될 컬렉션관리시스템 이용자는 어느 정도의 마이크로소프트 액세스(Microsoft Access)에 대한 지식이 있어야 한다. 데모파일과 프로그램파일은 홈페이지(http://www.maine.gov/sos/arc/databases/)에서 다운로드 가능하다.

(2) 생명기록(Vital Records)

① 1960~1996년 사망기록(Deaths 1960~1996)

이 데이터베이스는 메인인적자원서비스국(Maine Department of Human Services)에 의해 제공된다. 1996년의 정보는 아직 미완성 단계이며, 정보열람은 홈페이지(http://portalx.bisoex.state.me.us/pls/archives_mhsf/archdev.death_archive.search_form)상에서 제공되고 있다.

② 1892~1996년(1967~1976년 제외) 혼인기록(Maine Marriages 1892~1996, except 1967 to 1976)

이 데이터베이스 역시 메인인적자원서비스국에 의해 제공된다. 1967년에서 1976년간의 혼인기록은 제외되어 있어 해당 기간 내용에 대한 온라인 열람은 불가능하다. 기본적인 정보의 열람은 홈페이지(http://portalx.bisoex state.me.us/pls/archives_mhsf/archdev.marriage_archive.search_form)에서 가능하다.

(3) 기록인덱스(Indexes to Archival Records)

• 1696~1854년 법원기록(Courts 1696~1854)

- 1820～1835년 경영협의회(Executive Council 1820～1835)
- 1820～1855년 입법기록(Legislature 1820～1855)
- 1674～1989년 지도(Maps 1674～1989)
- 1955～1976년 동영상(Moving Images 1955～1976)
- 1920～1950년대 사진(Photographs 1920's～1950's)
- 18～20세기 타운기록 마이크로필름(Town Records on Microfilm 18th～20th Centuries)

(4) 기타 인덱스(Other Indexes)

메인주소수시민부서(Maine Minor Civil Divisions)는 1652년 11월 20일부터 2000년 8월 11일까지의 많은 소수시민부서(MCD: Minor Civil Divisions)의 기록관련 데이터베이스를 구축하여 열람과 참고에 제공하고 있다.

4) 정보원 관련서비스

메인주정부기록관은 홈페이지를 통하여 '기록전문가 상담서비스'를 제공하고 있다. 구체적으로 홈페이지상에서 기록전문가를 선택한 후 직접 방문하여 소장기록정보원관련 상담을 제공받을 수 있도록 하고 있다.

MSA
Maryland State Archives
메릴랜드주정부기록관

① 기록관

1) 소재사항

주　　소　350 Rowe Boulevard Annapolis, MD 21401
전　　화　+1 410 260 6400
팩　　스　+1 410 974 2525
전자우편　archives@mdsa.net
홈페이지　http://www.msa.md.gov/

2) 성격

메릴랜드주정부기록관(MSA: Maryland State Archives)은 메릴랜드 주의 역사기록을 위한 공공기관이다. 본 기록관은 영구적 가치를 지닌 주정부의 공공기록물을 위한 중앙보관소로서의 역할을 수행한다.

3) 설립연혁

- 1935년 기록관 역할을 수행하던 이전 기구 '기록회관(Hall of Records)'이 독립적 기관으로 설립되었다. 기록회관은 주정부의 공공기록물, 도큐먼트, 출판물의 보존, 수집, 보관에 대한 업무를 담당하였다.

- 메릴랜드 주 300주년을 맞이하여 '메릴랜드 3세기 위원회(Maryland Tercentenary Commission)'는 현대적이며 중앙화된 기록관에 대한 구상을 시작하였다. 1928년 '기록기념회관(Memorial Hall of Records)'이 제안되었으며, 총회(General Assembly)는 1935년부터 대중 공개를 위한 기록관 건물에 대한 재정적 지원을 제공하였다.
- 1935년 '기록회관위원회(Hall of Records Commission)'가 형성되어 기록관리를 담당하였다. 이 위원회는 1984년 자문회 역할을 수행하는 조직으로 변경되었다.
- 1970년 기록회관은 총무국(Department of General Services) 산하 기관으로 영입되었다.
- 1984년 기록회관은 현재의 주정부기록관(State Archives)으로 명칭이 바뀌었으며, 주지사 산하의 독립적인 기관이 되었다.

4) 위원회

메릴랜드주정부기록관은 다음과 같은 주요 기록관련 위원회를 두고 있다.

(1) 기록회관위원회(Hall of Records Commission)

1935년에 설립된 본 위원회는 메릴랜드주정부기록관의 자문기구이다. 본 위원회는 총 11인으로 구성되어 있으며, 기록관의 예산·출판·대중의 기록이용과 관련된 정책에 대한 검토 및 의견제공의 역할을 수행하고 있다.

(2) 메릴랜드주예술재산위원회(Maryland Commission on Artistic Property)

5) 프로그램

메릴랜드주정부기록관은 다음과 같은 특별프로그램을 운영하고 있다.

(1) MDLandRec.Net

메릴랜드주정부기록관은 특별 프로그램으로 'MDLandRec.Net'을 운영하고 있다. 구체적으로 다음과 같다.

- MDLandRec.Net은 메릴랜드 주의 토지기록에 관한 디지털이미지검색 시스템(Digital Image Retrieval System for Land Records in Maryland)이다. 이 시스템은 메릴랜드 사법부의 전자정부서비스(eGovernment Service of the Maryland Judiciary)와 메릴랜드주정부기록관의 합동프로그램이다.
- 현재 본 서비스는 무료로 제공되고 있으며, 시스템 테스트 기간에 있다. 모든 이용자들은 문제점 발생 시마다 메릴랜드주정부기록관에 피드백을 줄 수 있도록 설계되어 있다.
- 본 시스템의 테스트에 관심이 있는 이용자들은 이용자 암호를 위한 신청서를 제출하면 된다.

(2) 박물관온라인(Museum Online)

박물관온라인은 현재 진행 중인 메릴랜드 주 역사에 관한 온라인 전시회 및 회담에 대한 내용을 담고 있다. 많은 분량의 전시회 소식을 전하고 있으며, 정보열람은 홈페이지(http://www.msa.md.gov/msa/educ/exhibits/html/exhibit.html)를 통해서 이용할 수 있다.

6) 주요활동

(1) 기록이관(移館) 및 공간관리(Record Transfers and Space Management)

기록관은 주정부(State), 카운티(County), 지방(Local) 정부기관에 대한 서비스 일환으로서 정부기관의 이용을 위한 사전 웹기반 기록 설문조사 툴에 대한 안내를 홈페이지(http://transfer.mdsa.net)를 통해 제공하고 있다. 기록관의 직원이 영구적 전자기록으로의 이관 및 유지에 관한 파일 구체화 및 절차의 개발을 지원하고 있다.

(2) 자원봉사프로그램(Volunteer Programs)

메릴랜드주정부기록관은 열람실의 참고문헌 서비스에 관련한 기록관 직원을 보조하는 자원봉사프로그램을 운영하고 있다. 구체적으로 다음과 같다.

① 실제 봉사활동을 시작하기 전에 각 자원봉사자들은 개인적인 훈련기간을 갖게 된다. 그 후 실제 현장연수를 통해 열람실의 직원을 돕게 된다.

② 기록관은 자원봉사자들에게 최소한 두 주마다 반나절 또는 네 주마다 하루 종일의 봉사기간을 요구한다. 기록관은 개인의 필요성을 최대한 충족시키기 위해 봉사기간에 대해서는 융통성을 발휘하고 있다.

③ 기록관의 참고문헌 서비스를 지원함으로써 자원봉사자들은 기록, 연구전략, 기록운영 등에 대해 경험할 수 있다. 참고문헌 작업은 그 자체가 기록전문가, 기록조교, 자원봉사자, 연구원으로서의 교육과정에 해당된다.

④ 자원봉사자에게는 다음과 같은 임무가 주어진다.

  • 참고문헌관련 질문에 대한 답변
  • 초보연구원에게 오리엔테이션 제공
  • 후원자에게 온라인 안내 및 인덱스 이용 안내
  • 컴퓨터 사용, 마이크로필름 열람 및 인쇄 안내
  • 후원자에게 요구서 작성법 안내

② 정보원

1) 정보원 열람 및 배포 정책

메릴랜드주정부기록관(MSA: Maryland State Archives)은 1934년에서 현재에 이르기까지의 기록물을 소장하고 있다. 기록관의 열람실은 수요일부터 토요일까지 대중이용이 가능하도록 되어 있으며, 전문적인 기록전문가가 연구원의 검색을 지원해 주고 있다. 메릴랜드 주정부의 공공기록물은 카운티(County), 주정부(State Agency), 이관된 정부 및 지방정부(Transferred State and Local), 지방자치(Municipal Agency) 등의 기록물을 각 시리즈(Series)별로 구분하여 관리하고 있다. '참고문헌 및 연구조사(Reference & Research)' 난을 통하여 전술의 기관별 주정부 공공기록물 이외의 기록물을 기록(Records), 인덱스(Index), 그 외 정보원(Other Source)과 정보(Information)로 구분하여 각 기록그룹별 검색을 제공하고 있다. 한편 민간기관 기록물의 경우 '특별컬렉션(Special Collection)' 난에서 기록그룹별로 분류하여 검색에 제공하고 있다. 대부분의 소장기록물은 홈페이지에서 PDF를 통해 자료설명을 제공하고 있다. 전문(Full-Text)의 열람을 위해서는 회원가입 등의 절차를 거쳐 이용을 위한 아이디와 비밀번호를 부여받아야 한다. 한편 메릴랜드주정부기록관의 연간보고서는 홈페이지(http://mdsa.net)에서 제공되어 무료로 열람할 수 있다.

2) 소장기록물

- 1934년부터의 메릴랜드 주 관련 역사적 기록물을 보유하고 있다.
- 1947년부터 수집되어 온 주정부, 카운티, 지방자치 기관의 출판물 및 보고서를 보유하고 있다.
- 1982년에 설립된 주정부 출판물 보관 및 배포 프로그램에 의거하여 주정

부 출판물 및 보고서를 이관받아 왔다.

3) 기록그룹

'온라인기록관(Archives of Maryland Online)'을 통하여 디지털화된 기록물
은 다음과 같이 주제별 기록그룹으로 분류되어 있다.

- 총 목록(All Volumes)
- 시 디렉터리(City Directories)
- 법령, 법 편집, 규율(Codes, Compilations of Laws, Rules and Regulations)
- 헌법기록(Constitutional Records)
- 주정부 초기기록(Early State Records)
- 행정기록(Executive Records)
- 재정기록(Fiscal Records)
- 사법기록(Judicial Records)
- 토지기록(Land Records)
- 입법기록(Legislative Records)
- 메릴랜드안내(Maryland Manual)
- 군사기록(Military Records)
- 유언기록(Probate Records)
- 회기법규(Session Laws)
- 노예위원회(Slavery Commission)
- 기타 기록(Other Records)

4) 정부기록안내(Guide to Government Records)

메릴랜드주정부기록관의 주요 기록물은 연합기록시리즈목록 외에 다음과 같이 카운티, 주정부, 이관된 정부 및 지방정부, 지방자치 등으로 구분하여 수집 및 관리되고 있다.

(1) 연합기록시리즈목록(Combined Records Series List)

메릴랜드주정부기록관의 정부기록물로 등재된 모든 시리즈의 종합적인 목록으로 모든 메릴랜드 주정부의 공공기록물의 검색이 가능하다.

(2) 카운티기관시리즈(County Agency Series)

카운티사법권으로부터의 승인된 모든 목록을 제공한다. 각각의 카운티별로 기관, 시리즈, 날짜, 번호 등을 받아 다음과 같은 명칭으로 분류하고 있으며, 괄호 안에 해당 요약단어를 정리 · 제시하고 있다.

- 초창기카운티기록(Original County Records[COAGSER, given as C])
- 카운티기록 마이크로필름(County Records on Microfilm[COAGSERM, given as CM])
- 카운티기록 디지털미디어(County Records on Digital Media[COAGSERE, given as CE])

(3) 주정부기관시리즈(State Agency Series)

주정부기관으로부터 승인된 모든 시리즈의 목록을 열람할 수 있다. 각 주정부기관별로 기관, 시리즈, 날짜, 번호 등을 받아 다음과 같은 명칭으로 분류하고 있으며, 괄호 안에 해당 요약단어를 정리 · 제시하고 있다.

- 초창기주정부기관기록(Original State Agency Records[STAGSER, given as S])
- 주정부기관기록 마이크로필름(State Agency Records on Microfilm[STAGSERM,

given as SM])

- 주정부기관기록 디지털미디어(State Agency Records on Digital Media [STAGSERE, given as SE])

(4) 이관된 정부 및 지방정부 시리즈(Transferred State & Local Series)

기록관 승인절차를 통해 메릴랜드주정부기록으로 이관된 시리즈에 대한 목록이다. 기관, 시리즈, 날짜, 번호 등을 받아 다음과 같은 명칭으로 분류하고 있으며, 괄호 안에 해당 요약단어를 정리·제시하고 있다.

- 초창기 이관(移管) 기록(Original Transferred Records[TRANSER, given as T])
- 이관 마이크로필름 기록(Transferred Records on Microfilm[TRANSERM, given as TM])
- 이관 디지털미디어 기록(Transferred Records on Digital Media[TRA-NSERE, given as TE])

(5) 지방자치기관시리즈(Municipal Agency Series)

지방자치사법권으로부터 승인된 모든 목록이다. 기관, 시리즈, 날짜, 번호 등을 받아 다음과 같은 명칭으로 분류하고 있으며, 괄호 안에 해당 요약단어를 정리·제시하고 있다.

- 초창기 지방자치기록(Original Municipal Records[MUAGSER, given as M])
- 지방자치기록 마이크로필름(Municipal Records on Microfilm[MUA-GSERM, given as MM])
- 지방자치기록 디지털미디어(Municipal Records on Digital Media[MU-AGSERE, given as ME])

5) 주요컬렉션

(1) 아나폴리스컬렉션(Annapolis Collection)

이 컬렉션은 훌륭한 장식예술을 대상으로 하고 있으며, 700점이 넘는 작품이 포함되어 있다.

(2) 피바디컬렉션(Peabody Collection)

이 컬렉션에는 약 1,400점의 훌륭한 장식예술 작품이 포함되어 있다. 이 작품들에는 수채화, 조각품, 축소물, 메달, 종이예술 등이 해당된다. 이 컬렉션은 특히 19세기에서 20세기 초반의 미국 수채화 및 조각상이 주류를 이룬다.

6) 기록그룹

'참고문헌 및 연구조사(Reference & Research)' 난을 통하여 각 기관별 메릴랜드 주정부의 공공기록물 시리즈 목록과 메릴랜드주정부기록관에 소장되어 있는 주요 기록물과 인덱스 외에 정보원과 정보자료의 기록그룹을 제공하고 있다. 구체적으로 각각 다음과 같은 기록그룹으로 분류되어 있다.

(1) 기록물(Records)

- Adoption Papers
- Birth Records
- Business Records
- Carroll Papers
- Cemetery Records
- Census Records

- Church Records
- Understanding Church Records
- County Records
- Court Records
- Criminal Records
- Death Records
- Divorce Records
- Immigration & Naturalization Records
- Land Records
- Maps
- Marriage Records
- Military Records
- Municipal Records
- Photographs
- Plats
- Probate(Estate) Records
- Special Collections
- Tax Lists
- Vital Records

(2) 인덱스(Index)

- Checklist of Indexes
- Card Indexes, Miscellaneous
- Census Indexes
- Death Record Indexes

- Early Settlers Index, New
- Electronic Indexes
- Library Indexes
- Search the Archives' Web Sites
- Search all MdSlavery.Net Databases
- State Records Indexes

(3) 기타 정보원(Other Sources)

- African - American Resources
- All about Maryland
- Archives' Newsletter, The Bulldog
- Pat Melville's Bulldog Articles
- Art Collection
- Biographies
- City Directories
- Circuit Courts
- District Courts
- Ethnic Resources
- Fee Schedule
- Fugitive Public Records
- Genealogical Seminars
- Genealogical & Historical Societies
- Genealogists & Researchers
- Government Publications & Reports
- Historical & Genealogical Societies

- Library
- Maryland Counties
- Maryland Inventory of Historic Properties
- Maryland Manual On-Line
- Newspapers
- Other Archives & Libraries
- Periodicals
- Place Names
- Topic File
- Workshops

(4) 기타 정보(Other Information)

- Caring for Family Treasures: A Basic How-to from Storage to Donation
- County Information
- Digital Images: Ordering, Services
- Fees & Rights and Reproduction Information
- Document & Web Page Citations
- Forms
- How to Open Tif and Max files
- Search the Archives' Web Sites
- Volunteer Program

7) 특별컬렉션 안내(Guide to Special Collections)

메릴랜드주정부기록관의 특별컬렉션부서는 정부기관이 아닌 민간기관에서 생성된 기록의 관리, 보존, 승인, 설명에 대한 감독을 맡는다. 이 기록들은 보통 양도 또는 개인기부자에 의해 보관되었다가 이후 기록관에 의해 입수되는 것들이다. 이 기록들은 개인서신, 일기, 사진, 지도, 매뉴스크립트 도큐먼트 등을 포함한다. 이러한 특별컬렉션의 주요 기록그룹은 다음과 같다.

- Archives of Maryland
- Art Collections
- Biographical Research
- Church Records
- Maps
- Newspapers
- Photographs
- Special Collections Online
- Research Topics

MSA
Missouri State Archives
미주리주정부기록관

① 기록관

1) 소재사항

주　　소　600 West Main Street P.O. Box 1747 Jefferson City, MO
　　　　　 65102

전　　화　＋1 573 751 3280

팩　　스　＋1 573 526 7333

전자우편　archref@sos.mo.gov

홈페이지　http://www.sos.mo.gov/archives/

2) 성격

미주리주정부기록관(MSA: Missouri State Archives)은 미주리 주정부의 역
사적 가치가 있는 영구기록 및 보존가치가 있는 공공기록물을 위한 공식적인
기관이다.

3) 설립연혁

미주리주정부기록관은 입법부에 의해 1965년에 설립되어 영구적으로 역사적
가치가 있는 주정부기록을 위한 보관소로서 활동해 왔다.

4) 비전 및 임무

미주리주정부기록관의 임무는 주정부의 영구기록 보존 및 시민이용 서비스를 통해 미주리역사를 인식하고 현재의 대중문제를 조명하는 데에 있다.

5) 주요행사

미주리주정부기록관의 대표적인 최근 행사의 예는 다음과 같다.
① 아서 사이몬: 말에 대한 미국의 우상-딸의 회상(Arthur Simmons: American Icon of the Horse World-A Daughter's Memories)
② 데이브 파라와 케이시 바톤: 밥 다이어를 기리며(Dave Para and Cathy Barton: A Tribute to Bob Dyer)
③ 미주리 동굴: 실용주의적 유산(Missouri Caves: A Utilitarian Legacy)

6) 프로그램(Programs)

미주리주정부기록관은 다음과 같은 주요프로그램을 운영하고 있다.
① 지방기록보존프로그램(Local Records Preservation Program)
② 주정부기록관리(State Records Management)

7) 특별프로젝트(Special Projects)

① 기록은 살아 있다! 공연(Archives Alive! Performances)
② 미국 흑인 역사 이니셔티브(African American History Initiative)
③ 세인트루이스 서킷법원 역사기록 프로젝트(St. Louis Circuit Court Historical Records Project)
④ 미주리 전자기록 교육 및 훈련 이니셔티브(Missouri Electronic Records

Education and Training Initiative)

⑤ 미주리 역사기록 재정지원 프로젝트(Missouri Historical Records Grant Program)

⑥ 윌리엄 폴리 연구 연구원 제도(William E. Foley Research Fellowship)

⑦ 미국흑인 역사 인턴십(African American History Internship)

⑧ 사법연구 연구원제도 및 인턴십(Judicial Research Fellowship and Internships)

8) 주요활동

미주리주정부기록관은 다음과 같은 전시회와 교육 같은 주요활동을 운영하고 있다.

(1) 온라인전시회(Online Exhibits)

온라인전시회는 미주리디지털유산(Missouri Digital Heritage)의 홈페이지(http://www.sos.mo.gov/mdh/)에서 열람할 수 있다.

(2) 여행전시회(Traveling Exhibits)

- 미주리 주 지도화(Mapping Missouri)
- 미주리 주를 횡단하는 루이스와 클라크: 역사적 지형을 위한 지도 만들기(Lewis & Clark Across Missouri: Mapping the Historic Landscape)
- 과거로의 티켓: 미주리 주의 첫 25년(Ticket to the Past: The First 25 Years of the Missouri State Fair)
- 역사의 판정: 미주리 사법기록의 평가(The Verdict of History: Examining Missouri's Judicial Records)

(3) 교육(Education)

미주리의 역사교육은 미주리주정부기록관의 근본 목표 중 하나이다. 모든 연령의 교육자와 학생을 위해 미주리 주 역사교육과 관련된 자료의 마련을 위해 노력하고 있다.

9) 관련기관

미주리주정부기록관은 다음과 같은 주정부 및 국가기록관 등과 협력관계에 있다.

- 제퍼슨국가확장기념일: 웨스트워드확장박물관(Jefferson National Expansion Memorial: Museum of Westward Expansion)
  홈페이지 http://www.nps.gov/jeff/

- 의회도서관(Library of Congress)
  홈페이지 http://www.loc.gov/

- 미주리역사협회(Missouri Historical Society)
  홈페이지 http://www.mohistory.org/

- 미국인디언국립박물관(National Museum of the American Indian)
  홈페이지 http://www.nmai.si.edu/

- 트루먼대통령도서관 및 박물관(Truman Presidential Library and Museum)

- 캔자스시유니온역(Union Station Kansas City)
  홈페이지 http:// www.unionstation.org

10) 관련링크정보

미주리주정부기록관은 다음과 같은 온라인전시회(State and National Online Exhibits) 등으로의 링크 정보를 제공하고 있다.

- 미국역사도큐먼트(America's Historical Documents)

  홈페이지 http://www.archives.gov/historical‑docs/

- 미국인의추억(American Memory)

  홈페이지 http://memory.loc.gov/

- 미주리디지털유산(Missouri Digital Heritage)

  홈페이지 http://www.sos.mo.gov/mdh/

- 국가기록관 및 기록행정온라인전시회(National Archives and Records Admi-
  nistration Online Exhibits)

  홈페이지 http://www.archives.gov/exhibits/

② 정보원

1) 정보원 열람 및 배포 정책

미주리주정부기록관(MSA: Missouri State Archives)은 1770년부터 현재까지의 다양한 기록물을 소장하고 있다. 특히 미주리 주(州) 관련 다양한 기록물을 데이터베이스화하여 홈페이지에 제공하고 있으며, 출판물의 목록도 제공하고 있다. 주로 주정부담당자, 역사가, 학생, 계보학자를 포함하여 일반대중들이 원활히 소장기록물들을 이용 가능하도록 하고 있다. 기록관의 이용은 열람실을 통해 가능하며, 의뢰서 등과 같은 문서에 의한 문의를 통해 문헌담당 직원의 답변서비스가 제공되고 있다. 또한 열람실에서는 마이크로필름 및 출판자료의 열람이 가능하다.

2) 소장정보원

미주리주정부기록관은 현재 336백만 페이지가 넘는 문서기록과 400,000점의 사진, 9,000점의 지도, 61,000릴의 마이크로필름, 560큐빅피트의 주정부도큐먼트 출판물, 1,000점의 오디오·비디오 기록을 소장하고 있다. 구체적으로 다음과 같다.

(1) 기록물

- 1830∼1930년 미주리 인구조사 스케줄(Census schedules for Missouri from 1830∼1930)
- 카운티 및 지방자치 기록(County and Municipal Records)
- 사법기록(Judicial Records)
- 토지기록(Land Records)
- 입법기록(Legislative Records)
- 매뉴스크립트(Manuscripts)
- 군사기록(Military Records)
- 프랑스 및 스페인 식민시대의 미주리(Missouri's History Under French & Spanish Colonial Rule)
- 가톨릭회개기록(Penitentiary Records)
- 자원봉사기록(Call for Volunteers to Index Penitentiary Records)
- 사진 및 디지털컬렉션(Photographs and Digital Collections)
- 가족 및 커뮤니티역사(Resources for Family & Community History)
- 주정부기관기록(State Agency Records)
- 주정부출판물(State Government Publications)

(2) 특집컬렉션(Featured Collections)

- 미주리 모르몬교 전쟁(The Missouri Mormon War)
- 루이스와 클라크 원정(Lewis and Clark Expedition)

(3) 컬렉션안내(Guides to the Collection)

- 미주리주정부기록관의 미국흑인 역사안내(Guide to African American History at the Missouri State Archives)
- 미주리주정부기록관의 남북전쟁 자료안내(Guide to Civil War Resources at the Missouri State Archives)

(4) 온라인 자료(Online Resources)

다음과 같은 온라인 자료는 홈페이지상에서 제공되는 '검색도구(Finding Aids)'와 '기록관온라인카탈로그(Archives' Online Catalog)'를 통해서 검색가능하다.

- 1910년 이전 출생 및 사망기록 데이터베이스(Birth & Death Records Database, pre～1910)
- 남북전쟁 총괄책임 육군사령관 인덱스 데이터베이스(Civil War Provost Marshal Index Database)
- 검시관 검시 데이터베이스(Coroner's Inquest Database)
- 카운티 및 지방자치 기록 마이크로필름(County and Municipal Records on Microfilm)
- 디지털컬렉션(Digital Collections)
- 토지 특허 데이터베이스(Land Patents Database)
- 지방기록 목록 데이터베이스(Local Records Inventory Database)

- 1910~1957년 미주리 사망확인서(Missouri Death Certificates, 1910~1957)
- 미주리 사법 인덱스 데이터베이스(Missouri Judicial Index Database)
- 미주리 사법기록(Missouri Judicial Records)
- 미주리 대법원 역사 데이터베이스(Missouri Supreme Court Historical Database)
- 귀화기록 데이터베이스(Naturalization Records Database)
- 세인트루이스 서킷법원 역사기록 프로젝트(St. Louis Circuit Court Historical Records Project)
- St. Louis Probate Court Digitization Project(Now a Part of Missouri Judicial Records)
- 1812년 전쟁: 제1차 세계대전 군사인기록(Soldiers' Records: War of 1812~World War Ⅰ)

3) 출판물(Publications)

홈페이지를 통하여 미주리주정부기록관의 약 50여 종 출판물 목록이 제공되고 있으며, 2009년 현재 제공하고 있는 최근의 출판물 중 대표적인 예는 다음과 같다.

- *Conservation Notes*
- *Care of Scrapbooks*
- *Conservation Terms*
- *Digital Imaging Guidelines*
- *E-Mail Records Guidelines*
- *Guidelines for Microfilming Public Records*
- *Architectural Conservator*

- *Disaster Recovery*
- *Document Destruction*
- *Photo Conservators*
- *What is a Record? A Guide to Missouri's State Records Management Program*

NCSA
North Carolina State Archives
노스캐롤라이나주정부기록관

① 기록관

1) 소재사항

주   소   4614 Mail Service Center, Raleigh, N.C. 27699 – 4614

전   화   ＋1 919 807 7310

팩   스   ＋1 919 733 1354

전자우편   archives@ncmail.net

홈페이지   http://www.archives.ncdcr.gov

2) 성격

노스캐롤라이나주정부기록관(NCSA: North Carolina State Archives)은 노스캐롤라이나역사자원국(North Carolina Division of Historical Resources) 산하 기관으로 기록 및 레코드부(Archives and Records Section)로 운영되고 있다. 노스캐롤라이나 주(州) 관련 역사자료와 공공기록물 등의 입수 및 보존 그리고 대중이용을 위하여 봉사한다.

3) 비전 및 임무

- 노스캐롤라이나 주의 주정부기관, 지방정부기관, 고등교육 정부지원기관

으로서의 기록관리 서비스 관리
- 노스캐롤라이나 주정부 문화유산의 촉진 및 보호
- 주정부 및 지방정부 공공기록물의 입수 및 관리
- 각 기관에 기록 및 기록관리와 관련된 기술적 지원

4) 온라인프로젝트(Online Projects)

노스캐롤라이나주정부기록관은 다양한 온라인프로젝트를 수행해 오고 있다. 홈페이지에 제공되고 있는 주요 온라인프로젝트는 다음과 같다.

- 기록관 및 역사 100주년 기념(Archives and History Centennial Celebration)
- 기록관 주(Archives Week)
- 블랙마운틴 대학(Black Mountain College)
- 캐롤라이나 크리스마스(A Carolina Christmas)
- 민주주의와 미디어(Democracy and the Media)
- 보도자료(News and Press Releases)
- 노스캐롤라이나주정부 웹사이트기록관(North Carolina State Government Web Site Archives)
- 사진갤러리(Photo Gallery)
- 항공선구자(Pioneers in Aviation)
- 우편역사(Postal History)
- 대통령선거 도큐먼트(Presidential Documents)
- 기록관 문화재(Treasures of the Archives)
- 노스캐롤라이나 작품프로젝트, 1933년~1941년(Works Projects in North Carolina: 1933~1941)
- 제1차 세계대전(World War Ⅰ)

- 구 노스캐롤라이나와 카이저 빌: 1차 세계대전 중 노스캐롤라이나(Old North State and 'Kaiser Bill': North Carolinians in World War Ⅰ)
- 들고양이는 절대 멈추지 않는다: 1차 세계대전 중 노스캐롤라이나(Wildcats Never Quit: North Carolina in World War Ⅰ)

5) 관련기록관

노스캐롤라이나주정부기록관은 강둑외부역사센터(Outer Banks History Center)를 운영하고 있다. 이는 노스캐롤라이나의 역사적인 로어노크 섬(Roanoke Island)의 만테오(Manteo)에 위치한 노스캐롤라이나주정부기록관에 의해 운영되는 지역기록관 및 연구도서관이다. 본 역사센터는 노스캐롤라이나 연안의 역사, 성장, 개발에 대한 도큐먼트를 소장하고 있다.

6) 관련기관

노스캐롤라이나주정부기록관은 다음과 같은 관련 기관과 함께 활동한다.

- 기록친구들(Friends of the Archives)
  홈페이지 http://www.history.ncdcr.gov/Affiliates/Foa/FOA.htm

- 노스캐롤라이나기록 및 역사부(North Carolina Office of Archives and History)
  홈페이지 http://www.history.ncdcr.gov/

- 정부역사기록자문위원회(SHRAB: State Historical Records Advisory Board)
  홈페이지 http://www.archives.ncdcr.gov/SHRAB/default.htm

2 정보원

1) 정보원 열람 및 배포 정책

노스캐롤라이나주정부기록관(NCSA: North Carolina State Archives)은 카운티기록(County Records), 주정부기관기록(State Agency Records), 퇴역군인기록(Veteran's Records), 비정부기록(Non‑Governmental Records) 등 기록물을 소장하고 있으며, 이들 소장정보원의 대부분은 열람실 내에서의 관내열람만이 가능하다. 대부분의 소장자료가 'MARS 목록'을 통해서 검색가능하다. 그중 특히 카운티기록 또는 카운티기록안내서의 경우 홈페이지에서 PDF로 제공되고 있어 무료 열람이 가능하다.

2) 기록그룹

노스캐롤라이나주정부기록관의 소장기록물은 크게 다음과 같은 기록그룹으로 분류되어 있다.

(1) 카운티기록(County Records)

- 카운티 정부에 의해 생성된 기록들이다. 모든 카운티의 정부기록들은 'MARS 온라인 목록'에 정리되어 있다. 온라인상으로 자세한 설명이 없거나 온라인상에서 찾을 수 없는 파일자료들은 열람실 검색카탈로그에서 직접 찾을 수 있다.
- 카운티기록 또는 카운티기록안내서가 PDF로 열람 가능하다. 본 파일을 통해서 노스캐롤라이나 모든 카운티의 약 9,000개가 넘는 정보시리즈, 21,000개의 박스와 24,000릴의 마이크로필름에 대한 리스트를 검색할 수 있다.

(2) 주정부기관기록(State Agency Records)

주정부기관에 의해 생성된 기록들을 대상으로 한다. 많은 주정부기관의 기록들은 'MARS 온라인 목록'에 설명되어 있다. 온라인상으로 자세한 설명이 없거나 온라인상에서 찾을 수 없는 파일자료들은 열람실 목록에서 직접 검색할 수 있다.

(3) 퇴역군인기록(Veteran's Records)

노스캐롤라이나주정부기록관은 장애를 입은 퇴역군인을 위한 어떠한 지원이나 혜택을 제공하지 않으나 이러한 퇴역군인들의 신원을 증명하기에 충분한 일부자료를 소장하고 있다.

(4) 비정부기록(Non - Governmental Records)

사설기관 또는 비정부기관에 의해 생성된 기록을 대상으로 한다. 이 정보들의 많은 부분이 'MARS 온라인 목록'에서 검색가능하다. 온라인상으로 자세한 설명이 없거나 온라인상에서 찾을 수 없는 파일자료들은 열람실 목록에서 직접 찾을 수 있다.

3) 이관 및 폐기기록물

노스캐롤라이나주정부기록관은 연간 18,000큐빅피트가 넘는 기록들을 주정부기관으로부터 이관받고 있다. 또한 15,000큐빅피트 이상의 자료가 폐기처분되고 있다.

4) 정보원 관련서비스(Services)

(1) 열람실(Search Room)

열람실은 대중이 원본의 도큐먼트를 열람할 수 있는 장소이다. 대중서비스팀(Public Services Branch)은 대중에게 자료열람을 제공하면서 동시에 대체할 수 없는 중요한 자료의 보호에 대한 책임을 지고 있다.

(2) 주정부 및 지방정부 공무원을 위한 정보(Information for State and Local Officials)

정부기록팀(Government Records Branch)은 노스캐롤라이나의 주정부기관 및 정부기관 그리고 고등교육 정부지원기관을 위한 기록관리서비스를 제공하고 관리한다.

5) 검색도구(Research Aids)

기록물 자료의 검색을 위하여 다음과 같은 검색안내와 검색도구 정보가 제공되고 있다.

① 기록관정보순환(Archives Information Circulars)
② 매뉴스크립트 및 기록 시스템 목록(MARS: Manuscript and Archives Records System - Catalog)
③ 온라인검색도구(Online Finding Aids)

6) 출판물판매서비스(Publications On Sale)

주정부기록관에서 구입 가능한 마이크로필름 및 기타 자료에 대한 판매를 위한 목록을 제공한다.

NJDARM
New Jersey Division of Archives & Records Management
뉴저지기록 · 레코드관리부

① 기록관

1) 소재사항

주　　소　225 West State Street－Level 2 P.O. Box 307 Trenton, NJ
　　　　　08625－0307

전　　화　＋1 609 292 6260

팩　　스　＋1 609 396 2454

전자우편　archives.publications@sos.state.nj.us

홈페이지　http://www.state.nj.us/state/darm/index.html

2) 성격

뉴저지기록 · 레코드관리부(NJDARM: New Jersey Division of Archives &
Records Management)는 뉴저지 주정부의 공공기록물을 입수 · 보존 · 관리
하고 있는 가장 중요하고 오래된 기관 중 하나이다. 뉴저지주정부기록관의 역할
을 수행하고 있는 이 부서는 주정부 및 지방공공기관에 의한 보안, 보전, 기록유
지의 효과를 보장하고 뉴저지의 풍부한 문서유산을 보존할 권한을 갖고 있다.

3) 설립연혁

- 뉴저지기록 · 레코드관리부는 3세기 이상의 뉴저지 역사기간 동안 기관의 선구자 역할을 해 오고 있다. 영국식민시대 동안 왕립장관이 정부의 공공기록물을 보관해 왔으며, 1776년 독립 이후 장관이 이 기능을 이어받아 오늘에 이르게 되었다.
- 1920년에 독립 미국에 대한 역사적 관심과 함께 정부기록물의 대중이용 및 기록보존에 대한 관심을 바탕으로 관련 법률을 근거로 공공기록실(Public Record Office)로 설립되었다.

4) 비전 및 임무

뉴저지기록 · 레코드관리부는 역사적 가치가 있는 공공기록물을 위한 뉴저지의 주요 연구센터의 역할 수행이라는 임무를 전개하고 있다.

5) 주요행사

뉴저지기록 · 레코드관리부는 비정기적인 강연, 전시회, 기념행사 등의 후원 활동을 수행하고 있다.

② 정보원

1) 정보원 열람 및 배포 정책

뉴저지기록 · 레코드관리부(NJDARM: New Jersey Division of Archives & Records Management)는 영국식민지시기 주정부의 역사기록물을 포함하여

현재의 주요 공공기록물을 소장하고 있으며, 약 200개 정도의 기록그룹으로 분류 및 목록화하여 검색에 제공하고 있다. 홈페이지를 통하여 뉴저지 관련 '대법원사건파일' 등과 같은 데이터베이스를 구축하여 정보의 일반적인 검색 또한 제공하고 있다. 한편 출판물로 '뉴저지가제트(*New Jersey Gazette*)'가 마이크로필름 형태로 제작되어 관련 정보검색을 제공하고 있다. 다만 온라인상 열람서비스는 제공되고 있지 않으며, 직접적인 구입을 통한 열람만이 가능하다. 뉴스레터의 경우 창간호부터 최근호까지의 목록이 홈페이지에 제공되고 있어 무료 열람이 가능하다.

2) 소장정보원

소장정보원은 약 33,000큐빅피트의 서류기록과 28,000릴의 마이크로필름을 포함한다. 대부분의 자료는 공공기관, 정부기관, 주정부부서 및 뉴저지 식민시대에 관한 역사적으로 가치를 지닌 기록들이다. 본 기록관은 또한 특정 카운티, 지방자치도시, 연방정부 기록 및 비정부 기록도 보유하고 있다.

3) 기록의 분류

약 200개 정도로 분류된 기록그룹을 찾아볼 수 있다. 각 기록그룹별 목록은 구체적으로 다음과 같다.

(1) 주제별 분류(Subject Area Access)
- 지명(Place – Name Resources)
- 인명기록(Vital Records)
- 인구조사 및 유사기록(Censuses and Similar Records)
- 토지기록(Land Records)

- 소유지기록(Estate(Probate) Records)
- 군사기록(Military Records)
- 귀화기록(Naturalization(Citizenship) Records)
- 법원기록(Court Records)
- 지방기록(Local Records)
- 비정부기록(Non‐Governmental Records)
- 기타 매뉴스크립트 컬렉션(Miscellaneous Manuscript Collections)
- 기업기록(Business and Corporation Records)
- 문화정보(Cultural Resources)
- 지도컬렉션(Map and Atlas Collections)
- 정신건강(Mental Health)
- 군사분쟁(Military Conflicts)
- 사진컬렉션(Photographic Collections)
- 사회경제문제(Social and Economic Issues)
- 교통수단(Transportation)
- 복지, 구제, 공공사업기관(Welfare, Relief and Public Works Agencies)

(2) 주정부기록(State Government Records)

- 주지사(Governors)
- 정부부처(Departments)
- 입법(Legislature)
- 특별위원회, 행정당국, 기관 등(Special Commissions, Boards, Authorities and Institutions)

(3) 그 외 기록(Other Records)

- 카운티정부기록(County Government Records)
- 지방자치정부기록(Municipal Government Records)
- 연방정부기록(Federal Government Records)
- 비정부기록(Non - Governmental Records)
- 집합매뉴스크립트시리즈(Collective Manuscript Series)

4) 출판물(Publications)

다양한 종류의 문서, 전자 및 마이크로필름 형태의 출판물을 제작하고 있다.

(1) 뉴저지가제트(New Jersey Gazette)

뉴저지가제트(*New Jersey Gazette*, 2001~2006)는 기존의 인쇄자료인 뉴저지 신문을 마이크로필름 형태로 제공하고 있는 것이다. 다만 온라인 상의 열람서비스는 제공되고 있지 않으며, 필요한 경우 주문서를 통해 구입할 수 있다. 현재 구입가능한 목록은 다음과 같다.

- *New Jersey Archives*
- *Morris Canal & Banking Company Microfilm Collection*
- *General Microfilm Collection*
- *New Jersey Newspapers on Microfilm*

(2) 전자뉴스(e - News)

뉴저지기록·레코드관리부의 전자뉴스인 *e - News*는 일종의 뉴스레터로 서 연간으로 발간되고 있다. 주로 기록 및 기록관리 관련 새로운 입수품 목 및 정보, 특별주제, 이벤트, 서점정보, 개발 및 설비, 연구 등에 대한 내용을 싣고 있다. 창간호인 2006년 5월호부터 2007년 10월호인 통권 4호까지의 목록이 홈페이지에 제공되고 있다. 그중 2009년 현재 홈페이지에 제공되고 있는 최근호 내용의 목록은 다음과 같다.

- *Collection News: Save America's Treasures Project, Black Family Papers Accession, Preservation Microfilming, 1895 State Census Available Online, New Accessions*
- *Website News: Online Databases, Imaged Collections, Documentary Treasures, Guides to Collections*
- *Events and Outreach: Archives in Print and Media, New Presentations, Upcoming Events*
- *Bookstore News: New Jersey Bookstore Closes Shop*

5) 이미지컬렉션(Image Collections)

3,000점 이상의 이미지가 사진 및 매뉴스크립트 컬렉션으로 보관되고 있다. 다음과 같이 분류되어 이용에 제공되고 있다.

- 군인초상화(Portraits of Soldiers)
- 역사적으로 유명한 구조(Historic Structures)
- 명소 및 공원(Sites and Parks)
- 뉴저지교통수단 및 공공사업기관(New Jersey Institutions Transportation and Public Works)
- 군사활동 및 기념비(Military Activities & Monuments)
- 군사서비스기록(Military Service Records)
- 주지사 도큐먼트(Governors' Documents)

- 노예기록(Slave Records)
- 린드버그 납치사건 가족기록(Lindbergh Kidnapping Family Papers)

6) 데이터베이스(Database)

다음과 같이 주요 기록물은 디지털형태로 이전(移轉)되었거나 데이터베이스로 구축되어 홈페이지를 통하여 관련 정보와 기록을 제공하고 있다.

- 대법원사건파일, 1704~1844년(Supreme Court Case Files, 1704~1844)
- 식민지시대의 결혼, 1666~1799년(Colonial Marriages, 1666~1799)
- 혼인기록인덱스, 1848~1867년(Index to Marriage Records, 1848~1867)
- 퍼세이익 카운티 및 애틀랜틱시티 인구조사, 1885년(Passaic County and Atlantic City Census, 1885)
- 합법적 개명, 1847~1947년(Legal Name Changes, 1847~1947)
- 뉴저지의 영국미국인에 의한 피해저장소, 1776~1782년(Inventories of Damages by the British and Americans in New Jersey, 1776~1782)

7) 정보원 관련서비스

뉴저지기록·레코드관리부는 열람서비스를 제공하고 있으며, 이를 위하여 대중열람실을 설치하여 월요일부터 금요일까지 오전 8시 30분부터 오후 4시 30분까지 개방하고 있다. 매뉴스크립트 및 다른 원문 기록들은 오전 8시 30분부터 12시 그리고 오후 2시부터 4시까지 이용 가능하다. 연구원들은 일정 컬렉션에 대해 우편을 통해 도큐먼트의 사본을 받아 볼 수 있다.

NMSA
New Mexico Commission of Public Records
뉴멕시코주정부레코드센터및기록관

① 기록관

1) 소재사항

주	소	1205 Camino Carlos Rey Santa Fe, NM 87507
전	화	＋1 505 476 7948
팩	스	＋1 505 476 7909
전자우편		archives@state.nm.us
홈페이지		http://www.nmcpr.state.nm.us

2) 성격

뉴멕시코주정부레코드센터및기록관(NMSA: New Mexico Commission of Public Records)은 뉴멕시코주정부의 중앙기록관이다. 뉴멕시코주정부레코드센터및기록관은 뉴멕시코의 가장 중요한 역사적이며 문화적인 자원 중의 하나이다. 주정부기록 및 많은 개인자료 및 매뉴스크립트컬렉션의 중앙보관소로서 이는 뉴멕시코 문서유산의 일차적인 관리인 역할을 수행하고 있다. 뉴멕시코공공기록위원회(New Mexico Commission of Public Records)에 의하여 운영되고 있다.

3) 비전 및 임무

뉴멕시코레코드센터 및 기록관은 대중 및 정부의 모든 부처에 이용 가능한 영구적인 공공기록물, 역사매뉴스크립트, 사진 그리고 뉴멕시코역사 이해와 관련된 그 외 자료들의 입수 및 보존에 대한 임무를 수행한다.

4) 주요행사

(1) 기록의 달(Archives Month)

'기록의 달'은 국가적인 행사로서 매해 10월에 개최된다. 이 행사의 목적은 국가의 문서 풍요성을 증진하고 기념하는 데에 있다. 전시회, 환영회, 강연, 그 외의 대중행사관련 기록자료를 통해서 과거에 대한 '일견'을 얻을 수 있다.

(2) 주제별 행사

뉴멕시코공공기록위원회와 뉴멕시코기록센터및기록관은 여러 가지 다른 주제로 기록 및 기록관리 관련 주요행사를 진행하려는 계획과정에 있다. 매해 주제는 바뀌더라도 뉴멕시코의 모든 시민들을 위하여 보관소 및 컬렉션의 이용 촉진 그리고 기록자료의 인식증가 중 한 가지를 주요 목표로 삼고 있다.

5) 연구자원(Research Resources)

매월 뉴멕시코레코드센터 및 기록관은 약 400명의 개인 연구자를 지원하고 있다. 그중 약 70%는 역사 및 가족사를 연구하는 초보계보학자들이다.

(1) 방향검색(Pathfinders)

- 조상 찾기: 계보학(Tracing Your Ancestors: Genealogy)
- 빌리더키드(Billy the Kid)
- 토지양도(Land Grants)
- 미국원주민 매뉴스크립트 및 사진자원(Native American Manuscript and Photograph Resources)
- 사진자료 열람 및 구입안내(Guidelines For Viewing and Purchasing Photographic Materials)

(2) 목록(Lists)

- 주지사(Governors)
- 카운티법원(County Courthouses)

6) 관련법률

① Public Records Act(Chapter 14, Article 3 NMSA 1978)
② State Rules Act(Chapter 14, Article 4 NMSA 1978)

7) 관련기관

뉴멕시코레코드센터 및 기록관은 다음과 같은 관련 기관과 협력관계에 있다.

- 국립기록청(NARA: National Archives)
  홈페이지 http://www.archives.gov/

- 뉴멕시코온라인기록관(On－line Archives of New Mexico)
  홈페이지 http://oanm.unm.edu/

- 주정부도서관(State Library)

  홈페이지 http://www.nmstatelibrary.org/

- 미국기록전문가협회(Society of American Archivists)

  홈페이지 http://www.archivists.org/

- 공공기록조사령(Inspection of Public Records Act)

  홈페이지 http://www.nmag.gov/

- AIC유산보호(AIC Caring for Your Treasures)

  홈페이지 http://aic.stanford.edu/library/online/brochures/index.html

- NM출생확인서(NM Birth Certificates)

  홈페이지 http://dohewbs2.health.state.nm.us/VitalRec/Birth%20

  Certificates.htm

② 정보원

1) 정보원 열람 및 배포 정책

뉴멕시코주정부레코드센터및기록관(NMSA: New Mexico Commission of
Public Records State Records Center and Archives)의 소장정보원은 온라인
목록을 통해 브라우징이 가능한 키워드검색이 제공되고 있다. 대부분의 기록
물과 자료는 직접 방문을 통한 열람이 가능하며, 일부 출판물의 경우는 온라
인상으로 구매신청이 가능하다.

2) 소장기록물

- 뉴멕시코주정부레코드센터및기록관의 주요 소장기록물은 정부의 행정기록, 입법기록, 사법기록 및 뉴멕시코의 스페인통치(1621~1821년), 멕시코통치(1821~1846년) 그리고 자치령(1846~1912년) 기간의 기록물이다.
- 서술적 정보 및 일부 디지털 정보원 외에 도큐먼트, 사진, 동영상, 지도, 음성기록 등 자료도 소장하고 있다.

3) 온라인 목록(Online Catalog)

온라인 검색도구(http://www.nmcpr.state.nm.us/archives/gencat_cover.htm)를 이용하여 열람을 원하는 관련 자료를 검색할 수 있다.

4) 출판물(Publications)

뉴멕시코주정부레코드센터및기록관의 출판물 중 2009년 현재 구입가능한 출판물의 목록이 홈페이지에 제공되고 있다. 다음과 같다.

- *Calendar to the Microfilm Edition of the Land Records of New Mexico(SANM Ⅰ)*
- *Calendar of the Microfilm Edition of the Spanish Archives of New Mexico 1621~1821(SANM Ⅱ)*
- *Calendar to The Microfilm Edition of The Territorial Archives of New Mexico(TANM)*
- *Calendar to the Microfilm Edition of the Sender Collection*
- *Guide to the Microfilm Edition of the 'Lost' Records of the Mission of Nuestra Se ora de Guadalupe de Zu i, 1775~1858*

- *Guide to The Archdiocese of Santa Fe: The AASF and The LDS Series Index*
- *Billy the Kid Packet*

NYSA
New York State Archives
뉴욕주정부기록관

① 기록관

1) 소재사항

주   소   New York State Education Department, Cultural Education Center,
Albany, NY 12230

전   화   ＋1 518 474 8955

전자우편   archref@mail.nysed.gov

홈페이지   http://www.archives.nysed.gov/aindex.shtml

2) 성격

뉴욕주정부기록관(NYSA: New York State Archives)은 주정부교육부(State
Education Department) 산하 기관으로 매디슨 애비뉴에 위치한 문화교육센
터(Cultural Education Center)에 자리 잡고 있다. 뉴욕주정부기록관은 기록
보존 및 이용서비스 외에 커뮤니티 기관 및 지방정부, 주정부기관 기록관련
다양한 프로그램을 운영하며 봉사하고 있다.

3) 설립연혁

뉴욕주정부기록관은 1971년에 설립되어 1978년부터 대중에게 정보공개를
실시하여 왔다.

4) 비전 및 임무

뉴욕주정부기록관은 뉴욕의 기록을 항상 자유로이 이용할 수 있도록 하는 서
비스를 제공한다. 또한 모든 뉴요커들의 문화적이며 지적인 생활을 위한 지
원을 아끼지 않고 있다. 주요임무는 다음과 같다.

① 뉴욕 정부 및 역사적 기록의 이용 증진
② 뉴욕 정부, 이벤트, 문제, 생활사 등에 대한 광범위한 문서화 확보
③ 뉴욕 주에 걸친 정부 및 역사기록 프로그램의 우수성 지원을 위한 서비스 제공
④ 뉴욕 주정부 공공기록물 및 이용하지 않고 있는 기록물 보존
⑤ 기록의 이용을 통한 교육적 결과의 범위 확장
⑥ 뉴욕주정부기록관의 능력과 가시화 그리고 뉴욕주정부 기록전문성의 형
　성 및 유지

5) 자문단체(Advisory Groups)

뉴욕주정부기록관은 다음과 같은 자문단체를 두고 있다.

- 지방정부기록자문협의회(LGRAC: Local Government Records Advisory
  Council)
- 뉴욕주역사기록자문위원회(SHRAB: New York State Historical Records
  Advisory Board)

6) 주요행사

'행사달력(Events Calendar)'은 기록관 행사 및 뉴욕주정부기록관이 후원하는 교육행사 그리고 뉴욕 주의 역사기구들이 후원하는 다른 활동들에 대한 정보를 제공하고 있다. 주요행사의 종류는 다음과 같다.

① 특별행사(Special Events)
② 지방정부워크숍(Local Government Workshops)
③ 주정부기관워크숍(State Agency Workshops)
④ 문서유산 프로그램 워크숍(DHP(Documentary Heritage Programs) Workshops)
⑤ 그 외의 교육기회(Other Training Opportunities)

7) 관련기관

다음은 뉴욕주정부기록관의 기록 및 기록관리 관련 활동의 수행에 협력관계에 있는 기관들이다.

- 뉴욕주정부(New York State)
  홈페이지 http://www.state.ny.us/

- 뉴욕주교육부(New York State Education Department)
  홈페이지 http://www.nysed.gov

- 뉴욕주정부도서관(New York State Library)
  홈페이지 http://www.nysl.nysed.gov

- 뉴욕주정부박물관(New York State Museum)
  홈페이지 http://www.nysm.nysed.gov

- 뉴욕주통합법원시스템(New York State Unified Court System)
  홈페이지 http://www.courts.state.ny.us

- 뉴욕주공원·여가활동 및 역사적 중요장소보존(New York State Parks, Recreation and Historic Preservation)
  홈페이지 http://nysparks.state.ny.us

- 뉴욕역사와 문화의 재발견(Rediscovering New York History and Culture)
  홈페이지 http://www.rny.nysed.gov

- 뉴욕주역사기록자문위원회(New York State Historical Records Advisory Board)
  홈페이지 http://www.nyshrab.org

- 캐나다국가기록관(National Archives of Canada)
  홈페이지 http://www.collectionscanada.gc.ca

- 영국공공기록부(Public Records Office: National Archive of England, Wales and the United Kingdom)
  홈페이지 http://www.pro.gov.uk

- 미국국립기록청(NARA: U.S. National Archives and Records Administration)
  홈페이지 http://www.archives.gov

② 정보원

1) 정보원 열람 및 배포 정책

뉴욕주정부기록관(NYSA: New York State Archives)은 뉴욕 주정부의 주요 공공기록물을 포함한 다양한 자료를 소장하여, 검색 및 열람에 제공하고 있다. 특히 출판물은 HTML, PDF, ASCII, 마이크로소프트워드 등 다양한 형태로 제공되고 있으며, 책자형태의 발간자료도 이용 가능하다. 일반적으로 출판물의 1부 정도는 무료로 이용 가능하고, 1부 이상의 사본은 1부당 2달러씩의 구입요금이 부가된다. 단, 예외의 경우가 적용되는 자료들도 있다. '보도자료(Archived Press Releases)' 난을 통하여 뉴욕주정부기록관관련 보도자료 목록을 홈페이지에 제공하고 있으며, 계간지인 *New York Archives*의 수록내용 목록도 홈페이지에 제공하고 있다.

2) 소장기록물

17세기부터 현재까지의 뉴욕에 대한 1억 3천만 개 이상의 도큐먼트 및 기록물을 소장하고 있다.

3) 출판물(Publications)

뉴욕주정부기록관은 연구원, 계보학자, 기록관리자 및 기록전문가, 학생 및 교사, 주정부 및 지방정부 공무원과 같은 이용자 및 일반대중을 위해 다양한 종류의 출판물을 제공하고 있다. 출판물은 다음과 같은 주제별로 분류되어 검색에 제공되고 있다.

- 역사기록안내(Guides to Historical Records)
- 정부기록관리(Managing Government Records)
- 역사기록관리(Managing Historical Records)
- 역사기록교육(Teaching with Historical Records)
- 뉴욕기록관의 서적 및 간행물(Books and Magazines From New York's Archives)

4) 보도자료(Archived Press Releases)

뉴욕주정부기록관에는 각종 보도자료가 소장되어 있다. 2009년 현재 홈페이지를 통하여 2006년 1월 25일부터 2008년 5월까지의 보도자료가 제공되고 있다. 최근의 보도자료는 다음과 같다.

- *New York State Issues Comprehensive E-Records Study*(05/22/2008)
- *History Happened Here Kiosk to Open at the Thruway's Oneida Travel Plaza*(02/21/2008)
- *State Tackles Digital Records Problem*(02/09/2008)

5) 이미지갤러리(Image Gallery)

'이미지갤러리' 난을 통하여 특별행사 및 프로젝트를 위한 뉴욕주정부기록관 소장자료의 일부인 사진과 같은 영상기록을 제공한다. 구체적으로 다음과 같이 분류되어 있다.

- 뉴욕의 문화재(New York's Treasures)
- 남북전쟁(Civil War)

- 선거자료(Electoral College)

  1932년, 1948년, 1960년, 1968년, 1976년, 1992년의 선거자료이다.
- 엔디코트 – 존슨 이야기(Endicott – Johnson Story)
- 연방표식을 찾아서(Look for the Union Label)
- 뉴욕농업(New York Agriculture)
- 세계역사 및 지리(Global History and Geography)

  아시아소수(Asia Minor), 브라질(Brazil), 실론 섬(Ceylon), 중국(China), 이집트(Egypt), 잉글랜드(England), 에티오피아(Ethiopia), 프랑스(France), 독일(Germany), 그리스(Greece), 인도(India), 이태리(Italy), 일본(Japan), 메소포타미아(Mesopotamia), 멕시코(Mexico), 네덜란드(Netherlands), 필리핀(Philippine Islands), 남아공(South Africa), 수단(Sudan), 시리아(Syria), 베네수엘라(Venezuela), 서인도제도(West Indies), 유고슬라비아(Yugoslavia) 등의 역사 및 지리자료이다.
- 명소설명(Site Illustrations)
- 뉴욕의 반역자(Treason in New York)

6) 연속간행물(Magazine)

뉴욕주정부기록관의 주요 연속간행물인 *New York Archives*는 2001년 창간된 계간지이다. 회원으로 가입되어 있는 기록관파트너십재단(Archives Partnership Trust)에 의해 출간된다. 본 연속간행물은 뉴욕 주의 역사에 관심이 있는 일반 및 교육받은 대중을 위해 만들어졌다. 현재 창간호인 1권 1호(2001년 여름호)부터 7권 4호(2008년 여름호)까지 홈페이지에 목록이 제공되고 있다.

OHS
Ohio Historical Society Archives/Library
오하이오역사협회기록관 · 도서관

☐ 기록관

1) 소재사항

주　　소　　1982 Velma Avenue, Columbus, OH 43211 Nashville, TN 37243

전　　화　　＋1 614 297 2510

전자우편　　reference@ohiohistory.org

홈페이지　　http://www.ohiohistory.org/resource/archlib/index.html

2) 성격

오하이오역사협회기록관 · 도서관(OHS: Ohio Historical Society Archives/Library)은 오하이오 주정부기록관으로서 역사적 가치를 지닌 주정부기록을 위한 보존소 역할을 수행하고 있다. 특히 오하이오 역사에 관한 정보를 담은 문서기록과 사진기록을 수집, 보존하고 이용 가능하게 하는 역할을 담당하고 있다.

3) 비전 및 임무

더 나은 미래를 창출하고 현재를 이해하기 위한 오하이오의 과거를 시민들과 연결시키는 데에 있다.

4) <u>프로그램</u>(Programs)

(1) 지방정부기록프로그램(Local Government Records Program)
지방정부기록프로그램을 통해 주정부기록관은 기록관리, 전자기록 및 기록 문제에 대한 지방정부기관의 자문 및 지원서비스를 제공한다.

(2) 오하이오교육기록위원회(Ohio Electronic Records Committee)
오하이오행정서비스국(DAS: Department of Administrative Services)의 정책기획팀(OPP: Office of Policy and Planning)과 함께 전자기록위원회(ERC: Electronic Records Committee)를 설립하여 전자기록에 관한 정책 및 안내서에 대한 기안을 작성해 오고 있다. 주요 기안은 다음과 같다.

- 디지털도큐먼트 이미지화 안내서(Digital Document Imaging Guidelines)
- 전자기록관리 안내서(Electronic Records Management Guidelines)
- 전자기록정책(Electronic Records Policy)
- 전자기록 일반스케줄(General Schedules for Electronic Records)
- 전자우편관리(Managing Electronic Mail)
- 믿을 만한 정보시스템 안내서(Trustworthy Information Systems Handbook)

5) 프로젝트

주요 프로젝트의 하나로서 '디지털화 프로젝트(Digitization Projects)'를 계획·수행하고 있다. 이는 주요 역사적 기록자료들을 디지털화하여 온라인상의 이용 증가를 도모하기 위한 노력의 일환이다. 구체적인 내용은 다음과 같다.

① 1812년 전쟁 군사명부 프로젝트(Projects War of 1812 Roster)
② 기본도큐먼트(Fundamental Documents)
③ 신문 인덱스(Newspaper Index)
④ 교사를 위한 주요정보(Primary Resources for Teachers)
⑤ 역사적 명소 국가등록(National Registry of Historic Places)
⑥ 1850~1920년 오하이오 미국흑인의 경험(African American Experience in Ohio 1850~1920)
⑦ 오하이오 온라인 사망명부(Ohio Online Death Index)

② 정보원

1) 정보원 열람 및 배포 정책

오하이오역사협회도서관·기록관(OHS: Ohio Historical Society Archives/Library)의 소장정보원은 온라인 목록(Online Collection Catalog)을 통해 브라우징 검색이 제공되고 있다. 협회 도서관, 신문, 매뉴스크립트, 시청각자료, 주정부기록관, 역사 및 자연사 자료, 고고학 컬렉션 등을 포함한 총 230,000점 이상의 기록에 대한 목록 및 간단한 설명이 제공되고 있다.

2) 소장기록물(Collections Available)

① 시청각자료

8,500큐빅피트 및 백만 점 이상의 사진자료

② 서적

140,000건(82,500종)

③ 지방정부기록

13,500큐빅피트

④ 매뉴스크립트

10,700큐빅피트

⑤ 지도

15,000점 이상

⑥ 마이크로그래픽

마이크로필름 85,000롤, 마이크로피시 12,000장

⑦ 신문

주제 4,500개, 20,000부, 마이크로필름 45,000롤

⑧ 오하이오주정부기록물

20,000큐빅피트

3) 정보원의 분류

오하이오역사협회도서관·기록관의 소장기록물과 자료는 크게 다음과 같이 '주요컬렉션'과 '디지털컬렉션'으로 분류되고 있다. 주요 분류 이하 세부적인 분류는 다음과 같다.

(1) 주요컬렉션

- 시청각컬렉션(Audiovisual Collections)

- 기업컬렉션(Business Collections)
- 남북전쟁컬렉션(Civil War Collections)
- 정부기록컬렉션(Government Records Collections)
- 매뉴스크립트컬렉션(Manuscripts Collections)
- 신문(Newspapers)
- 여성역사컬렉션(Women's History Collections)
- 산업 및 노동 영스타운역사센터 · 기록관 · 도서관(Youngstown Historical Center of Industry & Labor, Archives/Library)
- 윌버 시에베르트 지하철 철도 목록(Wilbur Siebert Underground Railroad Inventory)

(2) 디지털컬렉션(Digital Collections)
- 가상의 첫오하이오인(Virtual First Ohioans)
- 1850년~1920년 오하이오의 미국흑인 경험(African-American Experience in Ohio: 1850~1920)
- 뛰어난 오하이오: 오하이오 역사를 만드는 사람들(Remarkable Ohio: Ohio Historical Markers)
- 색을 위한 전쟁: 오하이오 전투 깃발(Fight for the Colors: Ohio's Battle Flags)
- 오하이오 추억(Ohio Memory)
- 오하이오픽스: 온라인 이미지 갤러리(OhioPix: Online Image Gallery)
- 오하이오 역사에서 특별한 정부도큐먼트(Significant Government Documents in Ohio's History)

4) 계보학정보원(Genealogical Resources)

- 출생기록(Birth Records)
- 소년 소녀 산업(Boys & Girls Industrial)
- 학교명부(School Index)
- 인구조사기록(Census Records)
- 사망증명서명부(Death Certificate Index)
- 사망기록(Death Records)
- 토지기록(Land Entry Records)
- 혼인기록(Marriage Records)
- 군사기록(Military Records)
- 군사명부(Military Rosters)
- 귀화기록(Naturalization Records)
- 계보학워크숍(Genealogy Workshops)
- 추가적인 계보학자료(Additional Genealogical Resources)

OSA
Oregon State Archives
오리건주정부기록관

1 기록관

1) 소재사항

주   소   800 Summer St. NE Salem, OR 97310

전   화   +1 503 373 0701

팩   스   +1 503 373 0953

전자우편   reference.archives@state.or.us

홈페이지   http://arcweb.sos.state.or.us/

2) 성격

오리건주정부기록관(OSA: Oregon State Archives)은 오리건 주정부의 영구
적 보존가치가 있는 역사기록물과 공공기록물의 입수, 보존, 관리 및 이용을
위해 주요 역할을 수행하는 공공기관이다.

3) 설립연혁

오리건주정부기록관은 1957년에 설립되었다. 기록관의 가장 오래된 도큐먼
트는 임시정부 및 지방정부시절의 기록들을 포함한다.

4) 임무

- 오리건주정부의 공공기록물 폐기에 대한 권한
- 주정부기관과 정치부서에 기록관리 자문 및 지원 제공
- 주정부기록센터(State Records Center)의 운영
- 사용하고 있지 않은 주정부기관의 기록을 위한 저렴한 가격의 보존소 제공
- 주정부기관행정규정 및 오리건주정부청서(*Oregon Blue Book*)의 발간
- 주정부역사기록자문위원회(State Historical Records Advisory Board)의 활동

5) 주요행사

오리건주정부기록관은 다음과 같은 기록과 기록관리 관련 전시회(Exhibits)를 개최하고 있다.

① 오리건 헌법 만들기: 새로운 주를 위한 체제(**Crafting the Oregon Constitution: Framework for a New State**)

② 가정생활의 최전선: 제2차 세계대전 중의 오리건(**Life of the Home Front: Oregon Responds to World War Ⅱ**)

③ 전쟁 중의 오리건: 제1차 세계대전 중의 오리건 경험(**Oregon at War: World War I and the Oregon Experience**)

④ 1940년대의 오리건으로의 여행(**A 1940 Journey Across Oregon**)

⑤ 1940년대의 오리건 바닷가 여행(**A 1940 Oregon Coast Tour**)

⑥ 오리건에서의 거래: 역사적 오리건 상표(**Sold in Oregon: Historical Oregon Trademarks**)

⑦ 오리건의 흔적(**Echoes of Oregon**)

⑧ 역사 여행 사진(**Historical Travel Photographs**)

⑨ 진주만의 기억: 진주만 공격과 오리건 주민들(Pearl Harbor Remembered: Oregonians and the Attack on Pearl Harbor)
⑩ 기록관 하이라이트(Highlights of the Archives)

6) 프로젝트

오리건주정부기록관은 다양한 프로젝트를 계획 및 실시하고 있다. 그중 협력 프로젝트(Cooperative Projects)는 다음과 같다.

① 오리건 기록관의 달(Oregon Archives Month)
② 역사사진 컬렉션(Historic Photograph Collections)
③ 농장 전선의 사람들(Fighters on the Farm Front)

② 정보원

1) 정보원 열람 및 배포 정책

오리건주정부기록관(OSA: Oregon State Archives)의 소장기록물에 대한 온라인상의 브라우징을 통한 일반적인 검색이 제공되고 있다. 그중 역사기록물은 '오리건역사기록인덱스(Oregon Historical Records Index)' 난에서 성(姓)을 색인어로 검색가능하다. 오리건 헌법과 청서를 비롯한 그 외의 모든 주정부기록을 포함하여 홈페이지지상에서 청서(*Oregon Blue Book*), 행정규정, 기록관리자원, 연구원들을 위한 자료안내, 학생들을 위한 웹전시회 등을 열람할 수 있다.

2) 소장기록물(Archives Holdings)의 안내와 검색

  (1) 주정부기관 기록안내(State Agency Records Guides)

    오리건주정부기록관에 의해 보관되고 있는 주정부기관 기록 도큐먼트들
    로서 다음과 같다.

- *Agriculture, Oregon Department, 1868~2004*
- *Capitol Planning Commission, 1949~2003*
- *Capitol Reconstruction Commission, 1935~1940*
- *Control, Oregon State Board of 1851~1977*
- *Corrections, Department of 1854~1983*
- *Fish and Wildlife, Department of 1901~1987*
- *Forestry, Department of 1904~1998*
- *Military, Oregon Department of 1847~1986*
- *Planning Board, Oregon State, 1860~1939*
- *State Lands, Department of 1859~1989*
- *Transportation, Department of 1900~1991*
- *Water Resources Department, 1852~2000*

  (2) 오리건 역사적 카운티 기록안내(Oregon Historical County Records Guide)

    오리건의 36개 카운티에 대한 지도, 카운티, 관공서 역사, 이미지자료,
    통합적 안내, 부분 기록에 대한 내용을 제공한다.

  (3) 오리건 역사기록 인덱스(Oregon Historical Records Index)

    오리건 역사기록의 경우 성(姓)을 기준으로 제공하고 있는 인덱스를 통
    한 검색을 할 수 있다.

3) 입법기록(Legislative Records)

(1) 입법위원회 회의기록(Legislative Committee Minutes)

1991년부터 현재까지의 위원회 기록(Regular Session)을 포함하고 있다.
그 이전의 입원위원회 기록은 다음과 같다.

- *1973~1974 Motor Vehicle Code Revision*
- *1967~1972 Criminal Law Revision Commission*
- *1964~1968 Probate Law Revision Advisory Committee*

(2) 입법 법안 기록(Legislative Bill Tracings)

1989년부터 현재까지의 위원회 이름, 페이지 번호, 테이프 번호 등에 대
한 정보검색이 제공되고 있다.

(3) 입법기록 안내(Guide to Legislative Records)

정보, 역사, 기록저장에 대한 안내를 제공한다.

(4) 입법자 및 직원안내(Guide to Legislators and Staff)

1841년부터 현재까지의 입법부 사무소, 지역 등에 대한 리스트를 포함한다.

4) 계보학기록 및 지방정부기록(Genealogy Records & Local Government Records)

'임시정부 및 지방정부기록 안내(Provisional and Territorial Records Guide)'
난을 통하여 지도, 기관, 카운티 역사, 임시정부 및 지역정부 기록 등의 정보
를 제공하고 있다.

5) 주지사기록(Governors Records)

오리건주정부기록관의 주지사기록은 다음과 같이 분류되어 소장되고 있다.

(1) 주정부 산하(Under State Government) 기록
1859년 3월 3일~1862년 9월 10일 존(John Whiteaker) 구(舊) 주지사의 기록에서부터 2003년 1월 13일부터 현재의 테드(Ted Kalongosloi) 주지사에 이르기까지 총 36명의 관련 기록물이 소장되어 있다.

(2) 지역정부 산하(Under Territorial Government) 기록
1849년 3월 3일~1850년 6월 18일 조셉(Joseph Lane) 구(舊) 주지사부터 1854년 8월 1일~1859년 3월 3일 조지(George Carry) 구(舊) 주지사에 이르기까지 총 7명의 관련 기록물이 소장되어 있다.

(3) 임시정부 산하(Under Provisional Government) 기록
- *Abernethy, George July 14, 1845~Mar. 3, 1849*
- *Executive Committee July 5, 1843~July 14, 1845*

6) 주정부기관기록물(State Agency Records)

주정부기관의 기록물 중 역사기록은 다음과 같이 기관별 및 해당 연도별로 구분하여 분류·정리되어 있다.

- *Agriculture, Oregon Department, 1868~2004*
- *Capitol Planning Commission, 1949~2003*
- *Capitol Reconstruction Commission, 1935~1940*

- *Control, Oregon State Board of 1851~1977*
- *Corrections, Department of 1854~1983*
- *Fish and Wildlife, Department of 1901~1987*
- *Forestry, Department of 1904~1998*
- *Military, Oregon Department of 1847~1986*
- *Planning Board, Oregon State, 1860~1939*
- *State Lands, Department of 1859~1989*
- *Transportation, Department of 1900~1991*
- *Water Resources Department, 1852~2000*

7) 주제별 기록물(Topical Research Aids)

오리건주정부기록관의 주요 주제별 기록물은 다음과 같이 분류되어 검색에 제공되고 있다.

- 입양기록(Adoption Records)
- 인구조사기록(Census Records)
- 토지기록(Land Records)
- 군사기록(Military Records)
- 귀화기록(Naturalization Records)
- 유언기록(Probate Records)
- 생명기록(Vital Records)

8) 오리건청서(Oregon Blue Book)

'오리건청서(*Oregon Blue Book*)'는 오리건의 모든 정부에 관한 공식적인 주

정부의 디렉터리 및 간략보고서이다. 1911년부터 발간되기 시작하여 오리건
주정부기록관에 의해 제작되고 업데이트되고 있다. 오리건청서는 다음과 같
은 부분으로 구성되어 있다.

- 오리건입법의회(Oregon's Legislative Assembly)
- 오리건상원위원(Members of the Oregon Senate)
- 지역별 주 상원위원(State Senators by District)
- 오리건의원대표(Members of the Oregon House of Representatives)
- 지역별 주 대표(State Representatives by Districts)
- 지역별 상원대표 지도(Senate - Representative District Maps)
- 법정위원회 및 임시사무소(Statutory Committees and Interim Offices)
- 오리건 입법회기 연대표(Chronology of Legislative Sessions in Oregon)
- 오리건 특별입법회기(Special Legislative Sessions in Oregon)
- 입법의회 통계요약(Statistical Summary Legislative Assembly)

PSA
Pennsylvania State Archives
펜실베이니아주정부기록관

① 기록관

1) 소재사항

주　　소　350 North Street, Harrisburg, PA 17120

전　　화　＋1 717 783 3281

전자우편　ra－statearchives@state.pa.us

홈페이지　http://www.digitalarchives.state.pa.us/

2) 성격

펜실베이니아주정부기록관(PSA: Pennsylvania State Archives)은 펜실베이니아 주정부의 영구적 보존가치가 있는 공공기록물의 수집, 보존 및 이용을 위하여 봉사하는 공공기관이다. 펜실베이니아주정부기록관의 주요기록물들은 학자, 역사가, 계보학자 및 대중에게 중요한 자원이 되고 있다.

3) 설립연혁

1903년 주정부도서관의 공공기록부(Division of Public Records in the State Library)로 설립된 후, 1945년 주정부박물관과 펜실베이니아역사위원회와 통합되어 펜실베이니아역사및박물관위원회(PHMC: Pennsylvania Historical and Museum Commission)로 설립되었다. 공식적으로 펜실베이니아주정부기록관부는 펜실베이니아역사및박물관위원회 산하 기관으로 운영되고 있다.

4) 비전 및 임무

펜실베이니아주정부기록관은 펜실베이니아의 역사적 도큐먼트 보존 및 펜실베이니아 역사와 관련된 개인기록을 비롯한 주정부의 공공기록물을 수집하는 임무를 수행한다.

5) 관련기관

펜실베이니아주정부기록관은 일반계보학, 펜실베이니아 계보학사이트, 펜실베이니아 역사 및 계보학 협회, 도서관 등과 함께 기록 및 기록관리 관련 정보를 제공하기 위한 협력관계에 있다.

(1) 일반 계보학관련 사이트(General Genealogy Sites)

- 미국계보학웹(US GenWeb)
  홈페이지 http://www.usgenweb.org/

- 계보학게이트웨이(Genealogy Gateway to the Web)
  홈페이지 http://www.gengateway.com/

- 가족검색(LDS: Family Search)

  홈페이지 http://www.familysearch.org/eng/default.asp

- 계보학도구(Genealogy Toolbox)

  홈페이지 http://www.genealogytoolbox.com/

- 계보학포털(Genealogy Portal)

  홈페이지 http://www.genealogyportal.com/

- 계보학포럼(Genforum)

  홈페이지 http://www.genforum.genealogy.com/

- 인터넷계보학사이트 신디리스트(Cyndi's List of Genealogy Sites on the Internet)

  홈페이지 http://www.cyndislist.com/

- 루츠웹(Rootsweb)

  홈페이지 http://www.rootsweb.ancestry.com/

- 원거리사촌(Distant Cousins)

  홈페이지 http://www.distantcousin.com/

- 조상닷컴(Ancestry.com)

  홈페이지 http://www.ancestry.com/

- 팔레스타인계미국인들(Palatines to America)

  홈페이지 http://www.palam.org/bkstore3/

- 대서양중부독일사회(Mid – Atlantic Germanic Society)

  홈페이지 http://www.magsgen.com/home.html

(2) 펜실베이니아 계보학 사이트(Pennsylvania Genealogy Sites)

- 펜실베이니아계보학웹(PA GenWeb)
  홈페이지 http://www.pagenweb.org/

- 펜실베이니아독일인협회(Pennsylvania German Society)
  홈페이지 http://www.pgs.org/

- 펜실베이니아지도(Pennsylvania Maps)
  홈페이지 http://www.pagenweb.org/maps.html

- 펜실베이니아역사지도(Historical Maps of Pennsylvania)
  홈페이지 http://www.mapsofpa.com/

- 펜실베이니아계보학사이트 신디리스트(Cyndi's List of Pennsylvania Genealogy Sites)
  홈페이지 http://www.cyndislist.com/pa.htm

- 미국흑인계보학 신디리스트(Cyndi's List of African American Genealogy)
  홈페이지 http://www.cyndislist.com/african.htm

- 미국흑인계보학단체(African American Genealogy Group)
  홈페이지 http://www.aagg.org/

- 펜실베이니아의 노예(Slavery in Pennsylvania)
  홈페이지 http://www.slavenorth.com/pennsylvania.htm

- 슬로베니아계보학협회(Slovenian Genealogy Society)
  홈페이지 http://www.feefhs.org/slovenia/frg － sgsi.html

(3) 펜실베이니아 역사 및 계보학 협회(Pennsylvania Historical and Genealogical Societies)

- 펜실베이니아박물관 및 역사기관연합(Pennsylvania Federation of Museums and Historical Organizations)
  홈페이지 http://www.pamuseums.org/site/index.asp

- 펜실베이니아역사협회(The Historical Society of Pennsylvania)
  홈페이지 http://www.hsp.org/

- 펜실베이니아독일인협회(The Pennsylvania German Society)
  홈페이지 http://www.pgs.org/

- 펜실베이니아계보학협회(Genealogical Society of Pennsylvania)
  홈페이지 http://www.genpa.org/index.html

- 펜실베이니아독일인협회(German Society of Pennsylvania)
  홈페이지 http://www.germansociety.org/

- 펜실베이니아유대인계보학(Jewish Genealogy of Pennsylvania)
  홈페이지 http://www.jewishgen.org/jgsp/

- 동펜실베이니아메노파역사가(Mennonite Historians of Eastern PA)
  홈페이지 http://www.mhep.org/

- 스웨덴식민지협회(Swedish Colonial Society)
  홈페이지 http://www.colonialswedes.org/

- 펜실베이니아역사협회(Presbyterian Historical Society)

홈페이지 http://www.history.pcusa.org/

- 랭커스터메노파역사협회(Lancaster Mennonite Historical Society)
  홈페이지 http://www.lmhs.org/

(4) 국가사이트(National Sites)

- 국립기록청(NARA: National Archives and Record Administration)
  홈페이지 http://www.archives.gov/index.html

- 의회도서관(LC: Library of Congress)
  홈페이지 http://www.loc.gov/index.html

(5) 도서관(Libraries)

- 펜실베이니아주정부도서관(State Library of Pennsylvania)
  홈페이지 http://www.statelibrary.state.pa.us/libraries/site/default.asp

- 피츠버그카네기도서관(Carnegie Library of Pittsburgh)
  홈페이지 http://www.clpgh.org/

- 펜실베이니아주립대학도서관(Penn State University Library)
  홈페이지 http://www.libraries.psu.edu/psul.html

② 정보원

1) 정보원 열람 및 배포 정책

펜실베이니아주정부기록관(PSA: Pennsylvania State Archives)은 소장기록물을 크게 두 분류로 구분하고 있다. 즉 정부기록물과 매뉴스크립트기록물로 구분하고 이하 총 586개의 기록그룹으로 구분하여 홈페이지에서 해당 기록물 목록을 제공하고 있다. 2010년 새로이 구축선 ARIAS(Archives Records Information Access System)으로 소장 기록물의 접근을 다양화 하였다.

2) 소장기록물

1억 9천5백만 페이지에 달하는 도큐먼트와 매뉴스크립트, 2만 릴의 마이크로필름, 2천2백만 점의 영상기록 등을 소장하고 있다.

3) 기록그룹(Record Groups)

주정부의 정부기록물은 총 83개 기록그룹으로 분류되어 정리되었다. 그중 주요 기록그룹의 번호와 그룹명은 다음과 같다. 한편, 일부 원본의 경우 'Original Records'로 명기하고 있다.

- 1 Department of Agriculture
- 3 Civil Service Commission
- 7 General Assembly
- 10 Office of the Governor
- 11 Department of Health
- 22 Department of Education

- 33 Supreme Court
- 47 County Governments(original records)
- 48 Municipal Governments

4) 매뉴스크립트 그룹(Manuscript Groups)

개인문서, 매뉴스크립트, 비정부기록 등의 경우 총 503개 기록그룹으로 별도로 분류되어 정리되었다. 그중 주요 기록그룹의 보호와 그룹명 및 해당 시기는 다음과 같다. 한편, 대량으로 묶인 것이나 마이크로 형태 기록의 경우 'balk'와 'microfilm' 등으로 명기되어 있다.

- 1 Appointments and Commissions Collection, 1753~1904
- 2 Business Records Collection, 1681~1963
- 3 Church and Cemetery Records Collection, 1764~1882
- 14 J. Simpson Africa Papers, 1734~1891(Bulk 1772~1891)
- 22 William Bigler Collection, 1848~1864(Microfilm)
- 37 Conrad Family Papers, 1762~1792
- 38 Cope Family Papers, 1793~1937
- 496 United States Geological Survey(USGS) Bridge Survey Video Collection, 1993~2002
- 499 Scranton Lace Company Records, 1897~1902

SAF
State Archives of Florida
플로리다주정부기록관

① 기록관

1) 소재사항

주　　소　R. A. Gray Building 500 South Bronough Street Tallahassee, FL 32399－0250

전　　화　＋1 850 245 6700

팩　　스　＋1 850 488 4894

홈페이지　http://dlis.dos.state.fl.us/index_researchers.cfm

2) 성격

플로리다주정부기록관(SAF: State Archives of Florida)은 플로리다 주정부의 공공기록물을 위한 중앙보관소이다. 기본적으로 플로리다주정부도서관·기록관으로 구성되어 있으며, 플로리다주정부기록관은 관련 법에 의거하여 플로리다 주의 역사적으로 중요한 기록 및 개인 매뉴스크립트, 지방정부기록, 사진 등의 수집, 보존 및 조사활동을 한다.

3) 위원회

플로리다주정부기록관은 역사기록물관련 업무수행을 위하여 플로리다주정부 역사기록자문위원회(SHRAB: Florida State Historical Records Advisory Board)를 구성하고 있다. 구체적으로 다음과 같다.

- 플로리다주정부역사기록자문위원회(SHRAB)는 국가역사편찬기록위원회(National Historical Publications and Records Commission)의 목표인 '각 주의 원본 자료 이용 및 보존에 관한 발전 성취 및 협력적 노력을 통한 국가 문서유산의 보존 확신'의 실행을 지원하기 위해 형성되었다.
- 8인의 회원과 플로리다 주지사에 의해 임명된 주정부 코디네이터(State Coordinator)로 구성된다.
- 플로리다주정부역사기록자문위원회 회원은 정부 및 주 전체의 역사기록보존소, 공공 및 민간 기록관, 도서관, 연구기관의 이용자 및 기록관리자를 대표한다.

4) 프로젝트

플로리다주정부기록관은 주요 프로젝트로 '플로리다기억프로젝트: 온라인자원(Florida Memory Project: Online Resources)'을 추진하고 있다. 플로리다기억프로젝트의 홈페이지(http://www.floridamemory.com)를 통하여 전산화된 역사기록을 제공하고 있다. 이 홈페이지 정보들은 플로리다 역사에 있어서 중요한 순간들, 모든 연령의 학습자들을 위한 교육자료, 역사연구를 위한 기록컬렉션 등을 포함한다.

5) 관련법률

- 온라인선샤인: 플로리다법규(On‒Line Sunshine: Florida Statutes)
  홈페이지 http://www.leg.state.fl.us/Welcome/index.cfm?CFID=78997093&CFTOK
  EN=93381989

- 보관조건 및 규정(Storage Conditions and Standards)
  홈페이지 http://www.statearchivists.org/arc/states/res_stor.htm

6) 관련기관

플로리다주정부기록관은 기록 및 기록관리 관련 업무수행을 위하여 다음과
같은 다양한 협회와 기관 및 기록관 등과 협력관계에 있다.

(1) 일반(General Interest)

- 플로리다선샤인정부안내서(Florida's Government‒in‒the‒Sunshine Manual)
  홈페이지 http://myfloridalegal.com/sun.nsf/manual

- 플로리다헌법개정위원회(Florida Constitution Revision Commission)
  홈페이지 http://www.law.fsu.edu/crc/

- 최초수정재단(First Amendment Foundation)
  홈페이지 http://www.floridafaf.org/

- 기록전문가 및 기록관리자를 위한 유용한 웹사이트(NAGARA Useful
  Web Sites for Archivists and Records Managers)
  홈페이지 http://www.nagara.org/displaycommon.cfm?an=1&subarticlenbr=5

- 플로리다정부책임보고서(FGAR: Florida Government Accountability Report)
  홈페이지 http://www.oppaga.state.fl.us/government/

- 입법연구센터 및 박물관(Legislative Research Center & Museum)
  홈페이지 http://www.flrcm.gov/

(2) 국가 및 주정부협회(National and State Associations)

- 기록관리자및행정가협회(ARMA: Association of Records Managers and Administrators)
  홈페이지 http://www.arma.org/

- 정부기록물및레코드국가협회(NAGARA: National Association of Government Archives and Records Administrators)
  홈페이지 http://www.nagara.org/

- 미국기록전문가협회(SAA: Society of American Archivists)
  홈페이지 http://www.archivists.org/

- 정보및이미지관리협회(AIIM: Association for Information and Image Management)
  홈페이지 http://www.aiim.org/

- 주정부기록전문가협의회(COSA: Council of State Archivists)
  홈페이지 http://www.statearchivists.org/

- 플로리다기록전문가협회(SFA: Society of Florida Archivists)
  홈페이지 http://www.florida－archivists.org/

- 플로리다기록관리협회(FRMA: Florida Records Management Association)
  홈페이지 http://www.frma.org/

- 플로리다구술역사협회(FOHA: Florida Oral History Association)

- 기록전문가인증학회(ACA: Academy of Certified Archivists)
  홈페이지 http://www.certifiedarchivists.org/

(3) 재정지원기관(Funding Agencies)

- 국가역사편찬기록위원회(NHPRC: National Historical Publications and Records Commission)
  홈페이지 http://www.archives.gov/grants/

- 인류를 위한 국가기부금(National Endowment for the Humanities)
  홈페이지 http://www.neh.gov/

(4) 기록보존소(Archival Repositories)

- 최초출처보관소(Repositories of Primary Sources)
  홈페이지 http://www.uiweb.uidaho.edu/special − collections/Other. Repositories. html

- 국립기록청(NARA: National Archives and Records Administration)
  홈페이지 http://www.archives.gov/index.html

(5) 계보학(Genealogy)

- 신디리스트(Cyndi's List)
  홈페이지 http://www.cyndislist.com/

- 에버톤의 계보학도우미(Everton's Genealogical Helper)

- 가족 찾기: 인터넷계보학서비스(Family Search: Internet Genealogy Service)
  홈페이지 http://www.familysearch.org/eng/default.asp

- 플로리다환경보호국(Florida Department of Environmental Protection
  Land/Title Records)
  홈페이지 http://199.73.242.56/internet.asp

- 플로리다남부군퇴역장교후손들(Florida Sons of Confederate Veterans)
  홈페이지 http://www.florida－scv.org/

- 계보학게이트웨이(Genealogy Gateway to The Web)
  홈페이지 http://www.gengateway.com/

- 계보학온라인(Genealogy Online)
  홈페이지 http://genealogy.org/

- 이민전사기길드(Immigrant Ships Transcribers Guild)
  홈페이지 http://www.rootsweb.ancestry.com/

- 국가공원서비스: 남북전쟁 군인 및 해군 데이터베이스(National Park
  Service: Database of Civil War soldiers and Sailors)
  홈페이지 http://www.itd.nps.gov/cwss/

② 정보원

1) 정보원 열람 및 배포 정책

플로리다주정부기록관(SAF: State Archives of Florida)의 소장정보원은 기록관의 온라인 목록을 통해 검색가능하며, 키워드검색이 제시되고 있다. 또한 인덱스 및 컬렉션별 브라우징 기능도 제공되고 있다. 본 기록관의 단행본과 뉴스레터를 포함한 출판물은 모두 PDF로 제공되고 있으며, 홈페이지를 통하여 열람이 무료로 제공되고 있다.

2) 소장기록물

플로리다주정부기록관의 온라인 목록에는 주정부 및 지방정부의 공공기록물과 역사 매뉴스크립트를 포함하여 약 40,000큐빅피트(cubic feet) 이상의 기록물이 포함되어 있다. 또한 2,700개 이상의 컬렉션과 목록에 대한 설명 또한 제공하고 있다.

3) 출판물(Publications)

플로리다주정부기록관의 출판물은 모든 홈페이지를 통하여 PDF로 무료 열람이 가능하다. 대표적인 단행본과 뉴스레터는 다음과 같다.

(1) 단행본

- *General Records Schedules*
- *Total Recall Web Module Records Center Training Guide*
- *Basics of Records Management*
- *Florida Records Storage Center Handbook*

- *Public Records Storage Guidelines for Records Centers and Archives*
- *Micrographics Handbook*
- *Electronic Records and Records Management Practices*
- *Files Management Handbook*
- *Records Management Self-Evaluation Guide*

(2) 뉴스레터(Newsletter)

계간(quarterly) 뉴스레터로 *Technical Balletin*가 발간되고 있다. 현재 홈페이지에 1996년 1월호부터 2003년 6월호까지 PDF로 업로드되어 열람에 제공하고 있다.

SCDAHC
South Carolina Department of Archives and History Center
사우스캐롤라이나기록관및역사센터부

① 기록관

1) 소재사항

주　　소　8301 Parklane Rd. Columbia, SC 29223

전　　화　＋1 803 896 6100

팩　　스　＋1 803 896 6198

전자우편　tryon@scdah.state.sc.us

홈페이지　http://scdah.sc.gov/

2) 성격

사우스캐롤라이나기록관및역사센터부(SCDAHC: South Carolina Department of Archives and History)는 사우스캐롤라이나 주정부의 가치 있는 역사기록물과 공공기록물을 수립·관리·이용토록 봉사하는 독립적인 주정부부서이다.

3) 비전 및 임무

사우스캐롤라이나기록관및역사센터부의 임무는 팔메토 주(Palmetto State)의 문서 및 문화유산을 보존하고 증진시키는 데에 있다.

4) 주요행사(On - Line Exhibits)

사우스캐롤라이나기록관및역사센터부는 온라인을 통하여 다음과 같은 주요행사를 전개하고 있다.

① 진기한 컬렉션(Collections Curiosities)
② 군함탄원서(Briggs Petition)
③ 사우스캐롤라이나(South Carolina)
④ 기록 및 역사부 100주년 기념, 1905～2005년(Department of Archives and History Centennial Exhibit, 1905～2005)

5) 교육(Education)

기록관및역사센터(Archives and History Center)를 통해 학생, 교사, 아동 및 성인을 위한 사우스캐롤라이나 주의 역사에 대한 다음과 같은 정보자원 및 프로그램을 제공하고 있다.

- 모든 연령층을 위한 교육적 견학, 활동, 발표
- 교사를 위한 교실도구 제공
- 현직교사 프로그램
- 주정부 후원 국가역사의 날 학생대회

6) 역사보존(Historic Preservation)

사우스캐롤라이나기록관및역사센터부의 주정부역사보존실(SHPO: State Historic Preservation Office)은 사우스캐롤라이나 역사의 일부인 구조물 및 위치를 판별·인식·보존하기 위해 개인 및 커뮤니티와 함께 활동한다.

7) 주요서비스

사우스캐롤라이나 주정부의 공공기록물을 관리하고 역사적 가치를 보호하기 위해 주정부 및 지방정부기관과 함께 다음과 같은 주요 서비스 관련 업무를 이행한다.

- 일부 공기록의 임시보관을 위한 주정부기록센터 관리
- 기록보유스케줄
- 기록관리교육

8) 사우스캐롤라이나기록및역사재단(South Carolina Archives and History Foundation)

본 재단은 비영리 민간기관으로서 기록관 및 역사센터의 프로그램을 후원한다. 이 재단은 팔메토 주(Palmetto State)의 풍부한 역사의 보존가치를 믿는 개인, 기관, 기업의 후원에 기초하여 운영된다.

② 정보원

1) 정보원 열람 및 배포 정책

사우스캐롤라이나기록관 및 역사센터부(SCDAHC: South Carolina Department of Archives and History)는 325년 이상이 된 역사도큐먼트 기록들도 소장하고 있다. 일반적으로 홈페이지에서 온라인기록인덱스를 통해 도큐먼트의 검색이 제공되고 있다.

2) 온라인기록인덱스(Online Record Index)

온라인상에 제공되는 도큐먼트의 그룹은 다음과 같다.

- Confederate Pension Applications 1919~1938
- Criminal Journals 1769~1776
- Index to Multiple Record Series ca. 1675~1929
- Legislative Papers 1782~1866
- National Register of Historic Places
- Plats for State Land Grants 1784~1868
- School Insurance Photographs 1935~1952
- Will Transcripts 1782~1855

SDSA
South Dakota State Archives
사우스다코타주정부기록관

1 기록관

1) 소재사항

주　　소　Cultural Heritage Center 900 Governors Dr. Pierre, SD 57501
　　　　　－2217
전　　화　＋1 605 773 3804
팩　　스　＋1 605 773 6041
전자우편　archref@state.sd.us
홈페이지　http://history.sd.gov/default.aspx

2) 성격

- 사우스다코타주정부기록관(SDSA: South Dakota State Archives)은 영구적으로 가치 있는 주정부 및 공공기관의 공공기록물과 사우스다코타의 역사를 문서화한 개인문서, 출판물, 사진, 지도, 음성 및 비디오 기록의 수집 및 보존을 책임지고 있다.
- 사우스다코타주정부기록관은 주정부역사협회의 다섯 가지 프로그램 중 하나이며, 주정부역사협회는 주 개발 및 관광청(Department of Tourism and State Development) 산하 기관이다.

3) 설립연혁

사우스다코타주정부기록관은 1975년 주정부입법부에 의해 설립되었으나, 기록관컬렉션의 시초는 1891년 주정부역사협회 설립 때부터이다. 주정부기록관 컬렉션은 여러 곳에 분산되어 보관되어 오다가 1989년 문화유산센터 (Cultural Heritage Center)가 완성되면서 사우스다코타주정부기록관으로 통합되었다.

4) 비전 및 임무

① 연구원들이 이용 가능한 자료의 선택, 정리 및 설명
② 미래세대를 위한 기록보존 및 관리를 위한 절차와 실질적 보관장소 제공
③ 연구원들의 자료검색 지원 및 기록이용을 위한 지원서비스 제공
④ 사우스다코타에서 발간된 신문의 마이크로필름화 감독 및 기타 기록의 보존 및 배포 지원
⑤ 다른 주정부기관, 역사 및 계보학기관, 교육기관, 개인작가, 연구원의 활동에 따른 역사도큐먼트 이용 장려
⑥ 사우스다코타 역사와 관련된 기록을 보관하고 있는 보존소들과의 협력

5) 주요행사

사우스다코타주정부기록관의 중요행사로는 다음과 같은 다양한 온라인 전시회(Online Exhibits)를 실시하고 있다.

① 사우스다코타: 비전의 땅(South Dakota: Land of Vision)
② 사진술에 있어서의 젠더관점: 마이라 몰튼 밀러와 구스타프 메이르 존슨 컬렉션(Gender Perspectives in Photography: The Myra Morton Miller

and Gustav Meir Johnson Collections)

6) 홍보(Outreach)

사우스다코타주정부기록관은 검색 가능한 정보 보존 및 보전, 사우스다코타 역사에 관한 다양한 관점 등에 대한 강연 및 발표서비스를 제공하고 있다. 또한 도서관, 계보학 협회들, 역사학회와 함께 활동하고 있으며 학교 등에 지원서비스를 제공한다. 최근 입수기록들에 대한 전시회도 주최한다.

7) 재정적 지원(Financial Support)

사우스다코타주정부기록관의 재정적 지원은 주정부기금, 연방정부예산, 개인 기부금으로 구성된다. 대부분의 비정부 정보들은 기부에 의해 이루어지고 있으며, 일부 기부자들은 재정적 지원도 하고 있다.

8) 관련기관

사우스다코타주정부기록관의 기록 및 기록관리 관련 업무의 원활한 수행을 위하여 다음과 같은 기관과 일정한 협력관계에 있다.

- 국가기록관디지털교실(National Archives Digital Classroom)
  홈페이지 http://www.archives.gov/education/index.html

- 의회도서관미국역사교실페이지(Library of Congress American Memory Learning Page)
  홈페이지 http://memory.loc.gov/ammem/ndlpedu/index.html

- 주 및 수도(States and Capitals)

홈페이지 http://www.50states.com/

- 역사와 직면하기(Facing History and Ourselves)
  홈페이지 http://www.facinghistory.org/home

- 서양학센터(Center for Western Studies)
  홈페이지 http://www.sdhistory.org/arc/arc_links.htm

- EY베리도서관특별컬렉션(E Y Berry Library Special Collections)
  홈페이지 http://www.bhsu.edu/specialcollections/index.html

- 문트재단기록관(Mundt Foundation and Archives)
  홈페이지 http://www.departments.dsu.edu/library/archive/default.htm

- 사우스다코다대학교특별컬렉션(University of South Dakota Special Collections)
  홈페이지 http://www.usd.edu/library/special/

② 정보원

1) 정보원 열람 및 배포 정책

사우스다코타주정부기록관(SDSA: South Dakota State Archives)은 사우스다코타 주 정부기록물 외에 매뉴스크립트, 신문자료, 사진기록물, 음성 및 영사기록물, 구술역사 등을 소장하고 있다. 그중 신문자료의 경우 많은 양이 마이크로필름으로 매체 이전(移轉)·보존되어 도서관 상호대차에 제공되고 있으며, 한편 외부 구입도 가능하다. 지역관련 음성 및 영상기록물의 경우 관외 열람으로 대여되기도 하며, 구술역사는 테이프와 서면복사본으로 열람에 제공되고 있다. 출판물 중 뉴스레터는 전자우편으로 열람 가능하나, 단행본의 경우 유료로 구매하여야 한다. 일부를 제외한 대부분의 기록들은 대중의 이용이 가능하다. 기록관 도큐먼트는 정부관료, 교사, 변호사, 학생, 계보학자, 역사가, 역사 보존가, 전시회 디자이너, 작가, 기자 등에 의해 서로 다른 목적으로 다양하게 이용될 수 있도록 적극적으로 제공되고 있다.

2) 소장기록물

소장정보원은 사우스다코타의 역사 및 유산에 대해 문서화한 10,000큐빅피트 이상의 기록을 포함한다. 구체적으로 다음과 같다.

(1) 정부기록물(Government Records)

- 주정부기록의 공식보관소로서 사우스다코타 주정부의 행정, 입법, 사법기관에 의해 제작된 도큐먼트를 유지 및 보존하고 있다. 많은 카운티와 지방자치도시는 역사기록을 주정부기록관으로 이관하고 있다. 또한 기록관컬렉션은 토지기록 등과 같은 연방기록의 사본들도 포함한다.
- 주정부 및 지방정부 기록은 주정부기록관리시스템과 기록폐기위원회(Records Destruction Board)에 의해 운영되며, 모든 기록들의 폐기는 일정의 승인절차 후 가능하다. 10,000큐빅피트 이상의 기록들이 매해 검토·평가되어 약 1%의 기록들만이 기록관컬렉션에 영구보존되도록 결정된다.

(2) 매뉴스크립트컬렉션(Manuscript Collections)

매뉴스크립트컬렉션은 비정부기관으로부터 받은 출판되지 않은 모든 자료를 의미한다. 이 자료들은 서신, 일기, 개인 스크랩자료, 가족신문, 회의기록, 보고서 등을 포함한다. 사진, 음성 및 비디오 기록, 그 외 미디어 기록들도 또한 이 컬렉션에 포함된다.

(3) 도서관컬렉션(Library Collections)

주정부기록관의 도서관은 사우스다코타의 역사관련 출판자료들을 소장하고 있다. 가족사, 도시 및 카운티 역사, 교회역사, 지도 등 자료가 포함된다. 또한, 사우스다코타 매거진 및 정기출판물, 팸플릿, 논문, 사우스다코타 법률, 총회보고서, 정부기관에 의해 출판된 도큐먼트, 사우스다코타 작가에 의한 서적 등이 컬렉션에 포함되어 있다.

(4) 신문자료(Newspapers)

사우스다코타의 가장 큰 컬렉션 중 하나는 신문자료이다. 신문자료는 1,000개 이상의 주제로 분류되어 약 13,000릴의 마이크로필름으로 보존되어 있다. 마이크로필름은 도서관 상호대차가 가능하며, 구입도 가능하다. 신문데이터베이스(Newspaper Database)를 통하여 원하는 자료에 대한 검색이 가능하다.

(5) 사진기록물(Photographs)

정부 및 매뉴스크립트컬렉션의 사진들 외에 사진기록물컬렉션을 주제별 또는 카테고리별로 구분하여 정리해 놓고 있다. 개인, 타운, 미국인디언, 특별컬렉션(주로 사우스다코타 사진작가들) 등의 사진을 포함하고 있다.

(6) 지도기록물(Maps)

지도컬렉션은 관할구역이 설정된 시절에서 현재까지의 사우스다코타 및 그 주변 주(洲)들에 대한 수천 개의 관련 기록들을 포함한다.

(7) 음성 및 비디오컬렉션(Sound and Video Collections)

사우스나코타주정부기록관은 주(州)의 음성기록, 필름, 비디오테이프를 수
집한다. 이 지역의 역사와 관련된 수많은 비디오테이프는 대부분 대여·
열람이 가능하다.

(8) 구술역사(Oral Histories)

도시정주(定住), 목장, 정치, 교육, 베트남전쟁 및 대공황 등에 관한 사
우스다코타 인들의 인터뷰 음성테이프가 서면번역본과 함께 열람에 제공
되고 있다.

3) 출판물(Publications)

사우스다코타주정부기록관은 주정부역사협회의 연속간행물, 사우스다코타역
사간행물(South Dakota History), 뉴스레터 등을 통해 주정부의 소장컬렉션
과 관련 활동에 관한 정보를 대외적으로 발간하고 있다. 그중 전자 뉴스레터
는 1년에 네 차례 발간되는 계간으로, 전자우편을 통한 기본적인 필수 절차
를 거쳐 열람 가능하다. 단행본의 경우 직접 구매해야 하며, 구입 가능한 서
적의 최근 목록은 홈페이지에 그 목록이 제공되고 있다. 2008년 말 현재 구
입 가능한 단행본의 목록은 다음과 같다.

- *Waiting for Coyote's Call: An Eco-Memoir from the Missouri River Bluff*
- *Along the Grapevine Trail: Vineyards and Wineries in South Dakota, Wyoming, and Nebraska*
- *Dakota Flora: A Seasonal Sampler*
- *Mystery of the Tree Rings*

- ***Wild Bill Hickok and Calamity Jane: Deadwood Legends***

4) 기록물의 이용

- 소장기록에 대한 정보 및 검색도구의 이용은 사우스다코타기록관 홈페이지에서 제공하고 있는 '온라인이용(Online Access)'으로 가능하다.
- 사우스다코타주정부기록관은 'SDGENWEB'과의 협력을 통해 계보학자들을 위한 데이터도 제공하고 있다.
- 한편, 주정부는 사우스다코타도서관네트워크(http://sdln.net)의 회원이며, 많은 자료에 대한 목록이 온라인 목록을 통해 검색에 제공되고 있다. 온라인 목록은 서적, 신문, 간행물, 정부자료 및 매뉴스크립트 컬렉션을 포함한다.

TSLA
Tennessee State Library and Archives
테네시주정부도서관 · 기록관

1 기록관

1) 소재사항

주　　소　403 Seventh Avenue North Nashville, TN 37243

전　　화　＋1 615 741 7996

팩　　스　＋1 615 532 9293

전자우편　Jeanne.Sugg@state.tn.us

홈페이지　http://www.tennessee.gov/tsla/

2) 성격

테네시주정부도서관 · 기록관(TSLA: Tennessee State Library and Archives)
은 연방정부 및 테네시 주정부의 가치 있는 역사기록물 외에 공공기록물과 정
보컬렉션을 수집 · 보존 · 관리하는 공공기관이다.

3) 임무

테네시주정부도서관 · 기록관의 임무는 테네시 시민의 기록관련 정보 이용을 원활히 하는 데에 있다.

4) 조직

테네시주정부도서관 · 기록관은 도서관과 기록관의 업무를 통합적으로 수행하며, 조직구조는 다음과 같다.

(1) 계획 및 개발팀(Planning and Development Section)

계획 및 개발팀은 도서관서비스 및 기술지원(Library Services and Technology Act) 프로그램의 행정을 맡고 있다. 이 팀은 지역도서관시스템(Regional Library System)과의 협약을 이행하며 테네시 주의 공공도서관 개발을 촉진한다.

(2) 보존서비스팀(Preservation Services Section)

보존서비스팀은 주정부 및 일반 대중을 위해 마이크로필름화, 도큐먼트 입수 및 보존, 사진 제공 및 사진 복사 서비스를 제공한다.

(3) 대중서비스팀(Public Services Section)

대중서비스팀은 주정부도서관 및 기록관 컬렉션의 이용을 원하는 연구원 지원 역할을 수행한다. 잘 훈련된 직원이 방문자의 검색도구 이용, 카드 및 컴퓨터 목록 이용, 컴퓨터 데이터베이스 이용, 매뉴스크립트 등록, 마이크로필름 및 사진 열람에 대한 지원을 하고 있다.

(4) 기술서비스팀(Technical Services Section)

기술서비스팀은 컬렉션의 이용 용이도를 높이기 위해 활동한다. 전문직 원들이 자료이용의 최대화를 위한 도서관 및 기록관 절차의 표준을 따르고 있다.

5) 주요행사

테네시주정부도서관 · 기록관은 다음과 같은 온라인전시회(Online Exhibits)를
적극적으로 개최하고 있다.

① 내 인생 최고의 날: 테네시의 유토피아를 찾아서(The Happiest Days of
My Life: Searching for Utopia in Tennessee)
② 케네스 로즈 음악컬렉션(Kenneth Rose Music Collection)
③ 존 마조르스: 선수 및 코치로서의 테네시 축구의 전설(John T. Majors: A
Tennessee Football Legend as Player and Coach)
④ 테네시 유대인 역사(History of Jews in Tennessee)
⑤ 최고의 해적: 윌리암 워커(The Great Filibuster: William Walker)

6) 프로그램

테네시주정부도서관 · 기록관은 다음과 같은 기록관 프로그램 및 서비스(Archives
Programs and Services)를 전개하고 있다.

① 기록관개발프로그램(Archival Technical Services)
② 분실되거나 없어진 공공기록물 되찾기(Recovering Lost or Stolen Public
Records)
③ 구술역사 워크숍(Oral History Workshop)

7) 관련기관

테네시주정부도서관 · 기록관의 기록 및 기록관리 관련 업무의 원활한 수행
을 위하여 다음과 같은 기록관 및 기구와 긴밀한 협력관계에 있다.

(1) 기록관(Country and Municipal Archives in Tennessee)

- Knox County Archives
  홈페이지 http://www.knoxcounty.org/library/

- Lawrence County Archives
  홈페이지 http://home.lorettotel.net/~lcarchives/archives.htm

- Memphis/Shelby County Archives
  홈페이지 http://www.memphislibrary.org/history/archiv1.htm

- Metropolitan Nashville – Davidson County Archives
  홈페이지 http://freepages.history.rootsweb.ancestry.com/~nashvillearchives/
  index.html

- Rutherford County Archives
  홈페이지 http://www.rutherfordcounty.org/archives/

- Sumner County Archives
  홈페이지 http://www.sumnertn.org/archives/default.htm

(2) 기구(Organizations)

- COSHRC(Council of State Historical Records Coordinators)
  홈페이지 http://www.coshrc.org/

- CTAS(County Technical Assistance Service)
  홈페이지 http://www.ctas.utk.edu/public/web/ctas.nsf/FrontPage?readform

- MTAS(Municipal Technical Advisory Service)
  홈페이지 http://www.mtas.utk.edu/public/web.nsf/Web/Home?Opendo
  cument#

- NAGARA(National Association of Government Archives and Records
  Administrators)
  홈페이지 http://www.nagara.org/

- NARA(National Archives and Records Administration)
  홈페이지 http://www.archives.gov/

- NHPRC(National Historical Publications & Records Commission)
  홈페이지 http://www.archives.gov/grants/index.html

- SAA(Society of American Archivists)
  홈페이지 http://www.archivists.org/

- STA(Society of Tennessee Archivists)
  홈페이지 http://www.tennesseearchivists.org/

- TDRM(Tennessee Division of Records Management)
  홈페이지 http://www.state.tn.us/generalserv/ba17r/

(3) 정보원

- 테네시가상기록(Tennessee Virtual Archive)
  홈페이지 http://tsla - teva.state.tn.us/

② 정보원

1) 정보원 열람 및 배포 정책

테네시주정부도서관 · 기록관(TSLA: Tennessee State Library and Archives)은 홈페이지(http://tns - verso.auto - graphics.com/verso/public/public_opac.htm)상의 온라인 목록을 통해서 다양한 소주제별로 일반적인 정보검색 브라우징을 제공하고 있다. 각종 데이터베이스를 구축하여 검색에 제공하고 있으며, 'News' 난을 통해서 본 기록관 및 도서관의 보도자료 목록 또한 제공하고 있다.

2) 기록의 분류

테네시주정부도서관 · 기록관은 주제, 제목, 작가별 통합검색, 알파벳순서, 숫자, 최근아이템, 대중도서관 목록, 대중도서관 디렉터리, 카운티도서관 디렉터리, 전자도서관, 연구 및 논문, 1990년 이후의 신문, 19세기 신문, 남북전쟁 데이터베이스, 정부 전자기록관 등 소주제별로 분류하여 소장기록물과 자료의 검색을 제공하고 있다.

3) 보도자료(News)

2009년 현재 테네시주정부도서관 · 기록관의 주요 보도자료로서 2008년 8월 1일부터 8일까지의 목록이 제공되고 있다. 홈페이지를 통하여 제공되고 있는 최근 보도자료의 대표적 예는 다음과 같다.

- *Beijing Quiet Before Opening Ceremony*
- *Georgian Army Moves To Retake South Ossetia*
- *US Weighs Stepped - up Military Forays Into Pakistan*

- *Security Tight On Anniversary Of Myanmar Uprising*
- *Military Jury Gives Bin Laden Driver Just $5\frac{1}{2}$ Years*

4) 데이터베이스(Database)

- 비즈니스소스프리미엄(Business Source Premier)
- 지역비즈니스뉴스(Regional Business News)
- 컬럼비아 농민공제조합원 시집 데이터베이스(Columbia Granger's Poetry Database)
- 미국의 슬라브 및 동유럽학 참고문헌(American Bibliography of Slavic and East European Studies)
- 도서관, 정보과학기술 개요(Library, Information Science & Technology Abstracts)
- 미국: 역사와 삶(America: History & Life)
- 역사개요(Historical Abstracts)
- 섬유기술인덱스(Textile Technology Index)
- CINAHL Plus
- Pre‑CINAHL
- 인종관계개요(Race Relations Abstracts)
- 도시학개요(Urban Studies Abstracts)
- 사회과학국제서지(International Bibliography of the Social Sciences)
- 스포츠토론(SPORTDiscuss)

TSLA
Texas State Library and Archives
텍사스주정부도서관 · 기록관

1　기록관

1) 소재사항

주　　소　1201 Brazos PO Box 12927 Austin TX 78711－2927

전　　화　＋1 512 463 5455

전자우편　info@tsl.state.tx.us

홈페이지　http://www.tsl.state.tx.us/index.html

2) 성격

텍사스주정부도서관 · 기록관(TSLA: Texas State Library and Archives)은 텍사스 주정부의 도서관과 기록관을 하나의 기관으로 통합 · 운영하고 있다. 텍사스 주정부의 공공기록물을 포함하여 도서관 정보자원들을 수집 · 관리 · 보존 · 이용토록 하는 공공기관이다. 텍사스주정부도서관 · 기록관위원회(TSLAC: Texas State Library and Archives Commission)와 함께 운영되고 있다.

3) 설립연혁

- 1835년 새로운 공화정부를 위한 도서관이 제안된 후, 1839년 주대표도서관으로 설립되었다.
- 1909년 텍사스도서관·역사위원회(Texas Library and Historical Commission)가 설립되고, 주정부기록관에 대한 감독을 하면서 텍사스 역사와 관련된 자료의 입수 및 도서관의 대중이용을 장려하는 등 활동을 했다. 텍사스 역사상 처음으로 주정부도서관 및 기록관이 하나의 기관으로 활동하기 시작했다.
- 1931년 의회도서관이 시각장애인을 위한 국가도서관서비스를 시작하면서 텍사스주정부기록관이 최초의 참가자로서 활동했다.
- 1947년 텍사스주정부는 기록관리 프로그램을 설립하였다.
- 1955년 '연방도서관서비스설계법(LSCA: Federal Library Services and Construction Act)'이 통과되면서, 지역도서관에 연방정부 재정지원 프로그램이 설립되기 시작하였다. 텍사스를 위한 지원은 주정부도서관이 관리하게 되었다.
- 1959년 텍사스역사위원회(Texas Historical Commission)가 설립되었으나, 주정부도서관의 명칭이 이 역사위원회를 반영하는 것은 1970년대가 되어서야 가능하였다.
- 1969년 '텍사스도서관시스템법(Texas Library Systems Act)'이 제정됨에 따라 주정부도서관은 10개의 지역도서관시스템을 설립하였다.
- 1971년 '지역역사자원보관법(Regional Historical Resource Depository Act)'에 의해 도시, 카운티 및 다른 지방기록물을 보존하기 위한 지역도서관 네트워크가 설립되었다.
- 1989년 '지방정부기록법(Local Government Records Act)'이 통과된 후 주정부도서관은 텍사스의 약 8,800개 지방정부 및 카운티사무소의 기록관리프로그램을 지원하기 위한 표준안을 개발하였다.

- 1994년 텍사스주정부전자도서관(Texas State Electronic Library)이 시행
  되기 시작하였다.

4) 비전 및 임무

- 텍사스의 주민들이 정보, 기록관 자원, 도서관 자료를 그들의 생활과 가
  족의 생활 그리고 커뮤니티를 향상시키기 위해 효과적으로 이용하도록
  하는 데에 그 비전이 있다.
- 텍사스주정부도서관·기록관의 임무는 대중을 위한 정부기록의 보존, 역
  사적으로 중요한 기록과 그 외 가치 있는 자원의 이용 및 안전, 도서관
  프로그램 및 서비스를 향상시키기 위한 파트너십 개발 및 유지, 개인 및
  기관들의 업적을 위한 능력강화이다.

5) 조직

텍사스주정부도서관·기록관은 텍사스주정부도서관 및 기록관위원회를 기본
으로 5개 자문위원회를 두고 있다. 구체적으로 다음과 같다.

(1) 텍사스주정부도서관·기록관위원회(TSLAC: Texas State Library and
   Archives Commission)
   텍사스주정부도서관·기록관이 본 기관의 명칭이기도 하며, 동시에 운영
   위원회의 명칭이기도 하다. 위원회 7인의 회원이 주지사에 의해 임명되
   어 7년의 임기를 수행한다.

(2) 자문위원회(Advisory Boards and Committees)
   텍사스주정부도서관 및 기록관위원회는 다음과 같은 자문위원회와 함께 활동

한다.

- 텍사스역사기록자문위원회(THRAB: Texas Historical Records Advisory Board)
- 기록관리기관간협력협의회(RMICC: Records Management Interagency Coordinating Council)
- 지방정부기록위원회(LGRC: Local Government Records Committee)
- 도서관시스템법자문위원회(Library Systems Act Advisory Board)
- 세금자문위원회(Tex Share Advisory Board)

6) 프로젝트(Projects)

- 공공도서관(Public Library)
- 작은도서관관리교육프로그램(Small Library Management Training Program)
- 텍사스독서클럽(Texas Reading Club)
- 텍사스청소년독서(Texas Teens Read)
- 청년층을 위한 도서관서비스프로그램(Young Adult Library Services, Collections, and Programs)

7) 관련법률

- 1971년의 지역역사자원보관법(Regional Historical Resource Depository Act)
- 1989년의 지방정부기록법(Local Government Records Act)

8) 관련링크

다음은 텍사스주정부도서관·기록관의 관련 업무에 대한 참고를 제공하는 주요 통계 및 협회 등이다.

- 공공도서관디렉터리 및 통계(Public Library Directory and Statistics)
  홈페이지 http://www.tsl.state.tx.us/ld/pubs/pls/index.html

- 텍사스학회도서관통계(Texas Academic Library Statistics)
  홈페이지 http://www.tsl.state.tx.us/ld/pubs/als/index.html

- 텍사스도서관 · 기록관협회(Friends of Libraries and Archives of Texas)
  홈페이지 http://www.texaslibraryfriends.org/

- 텍사스독서클럽(Texas Reading Club)
  홈페이지 http://www.tsl.state.tx.us/ld/projects/trc/index.html

② 정보원

1) 정보원 열람 및 배포 정책

텍사스주정부도서관 · 기록관(TSLA: Texas State Library and Archives)의 소장기록물과 도서관정보원은 온라인 목록 및 데이터베이스 그리고 텍사스 주정부기관 도서관목록을 통한 검색이 제공되고 있다. 한편 홈페이지상에 텍사스주정부도서관 · 기록관의 출판물 목록과 텍사스 주정부도서관의 최근 보도자료 목록이 제공되고 있다.

2) 출판물(Publications)

텍사스주정부도서관 · 기록관의 출판물 목록은 홈페이지상에서 지속적으로 업데이트되고 있다. 다음은 현재 검색 가능한 출판물 목록이다.

- 공공도서관 디렉터리 및 통계(*Public Library Directory and Statistics*)
- 기관 전략적 계획 회계연도 2009~2013(*Agency Strategic Plan Fiscal Years 2009~2013*)
- 기관보고서(2년 분기) 회계연도 2003~2004(*Agency Biennial Report, FY2003~2004*)
- 고객서비스 기관보고서 2008년 6월(*Agency Report on Customer Service, June 2008*)
- 고등교육 기관 및 주정부기관을 위한 필수보고서 회계연도 2007(*Required Reports Prepared by State Agencies and Institutions of Higher Education - Fiscal Year 2007*)
- 주정부기관 및 지방정부를 위한 기록관리 출판물(*Records Management Publications for State Agencies and Local Governments*)
- 기록관리자를 위한 양식(*Forms for Records Managers*)
- 도서관원을 위한 정보(*Resources for Librarians*)
- 텍사스주정부도서관 출판물 리스트(*Texas State Library Publications List*)
- 텍사스주정부 출판물 연간 인덱스(*Texas State Publications Annual Index*)

3) 주정부도서관 보도자료(State Library News)

텍사스주정부도서관·기록관 중 도서관관련 최근 보도자료(News) 목록이 홈페이지에 제공되고 있다. 현재 2008년 7월과 8월의 보도자료와 목록이 제공되고 있으며, 대표적으로 다음과 같다.

- *TSLAC awards TexTreasures Grants Totaling $95,000 to Libraries*

for Unique *Local Collections*(08. 06. 08.)
- *Server Upgrades to cause TSLAC online library service interruption from July 31~Aug. 1*(07. 03. 08.)
- *Electrical Renovation Work to Cause Online Service Interruptions at Texas State Library this Weekend*(07. 18. 08.)

4) 주요서비스

(1) 텍사스사서를 위한 서비스(Our Services to Texas Librarians)
- 도서관통계 및 정보요약
- 자문서비스
- 평생교육

(2) 텍사스정부기관을 위한 서비스(Our Services to Texas Government Agencies)
- 주정부기관을 위한 도큐먼트 스캔 정보(Document Scanning Information for State Agencies)
- 주정부 및 지방정부를 위한 이미지화 서비스(Imaging Services for State and Local Governments)
- 텍사스주정부기관 도서관목록(Library Catalog of Texas State Agencies)
- 온라인데이터베이스(Online Databases)
- 주정부기관을 위한 기록센터서비스(Records Center Services for State Agencies)
- 지방정부를 위한 기록관리지원(Records Management Assistance for Local Governments)
- 주정부기관을 위한 기록관리지원(Records Management Assistance for State Agencies)

- 주정부기관 및 지방정부를 위한 기록관리 출판물(Records Management Publications for State Agencies and Local Governments)
- 참고서비스(Reference Services)
- 기록관리자를 위한 정보자원((Resources for Records Managers)
- 텍사스 주 출판물보존프로그램(Texas State Publications Depository Program)
- 텍사스 기록 및 정보 위치(TRAIL: Texas Records and Information Locator)

USA
Utah State Archives
유타주정부기록관

① 기록관

1) 소재사항

주   소   346 S. Rio Grande Salt Lake City, UT 84101 – 1106

전   화   + 1 801 531 3848

팩   스   + 1 801 531 3854

홈페이지   http://archives.utah.gov/index.html

2) 성격

유타주정부기록관(USA: Utah State Archives)은 유타 주(州)와 관련 있는 다른 주정부 및 지방정부에 의해 형성된 기록과 유타 주정부에 의해 형성된 기록 및 기록관리에 관한 업무를 수행하는 공공기관이다. 역사적 가치를 지닌 기록들이 영구적으로 보관되고 있으며, 또한 연구를 위한 이용에 적극적으로 제공되고 있다. 유타주정부기록관은 유타의 옛 자치영토 시절 기록부터 현대정부기관에 의해 형성된 현재 기록을 모두 보유하고 있다.

3) 설립연혁

- 유타주정부기록관은 주정부기관 및 지방정부가 그들의 기록을 관리하고

역사적으로 가치 있는 정부도큐먼트를 관리하는 것을 돕기 위해 형성되었다.

- 유타의 자치영토 및 그 이전시대의 공공기록물은 1917년에 이르러서야 비로소 공식기관에 의해 관리되기 시작하였다. 즉 1917년 유타입법부가 유타역사협회(Historical Society of Utah)를 주정부기관으로 인정하는 법을 통과시킴에 따라 이 협회가 공식적으로 지방정부를 비롯한 주정부 기록물을 관리하는 기관이 되었다.
- 1966년 주정부기관에 대한 검토가 이루어진 후 몇몇 주정부 기능을 통합 시키는 제안이 제출되었고, 역사협회의 기록관 기능은 정부부처의 일반서 비스부로 이전되었다.
- 1969년 기록관은 재정부(Department of Finance) 산하 부서로 바뀌었다. 재정부 산하 기관으로 있으면서 기록관은 탄탄한 마이크로필름 프로그램 을 개발하게 되었으며, 기록관리 관련 활동을 확장하였다.
- 1981년 법에 의해 행정서비스부(Department of Administrative Services) 가 설립되면서 기록관은 이 행정기관의 부서로 이전되었다.

4) 비전 및 임무

본 기관의 비전은 정부와 시민들의 기록필요성에 부합하는 것이다. 그 임무 는 유타의 정부기관이 기록관리를 효율적으로 하도록 도우며, 가치 있는 기 록의 보존 및 양질의 대중정보 제공에 있다.

5) 주요행사

유타주정부기록관은 해마다 '기록의 달' 행사를 주최한다. 다만, 2009년 현 재 홈페이지상에서 열람할 수 있는 가장 최근 기록의 달에 대한 정보는 2006

년 자료이다.

6) 관련법률

- 정부기록이용관리법(Government Records Access and Management Act)

② 정보원

1) 정보원 열람 및 배포 정책

유타주정부기록관(USA: Utah State Archives)은 기록관 초기인 19세기 역사적 기록물부터 현재 주정부 및 지방정부기관의 주요 공공기록물을 소장하고 있으며, 일반적인 브라우징을 통한 검색과 열람을 제공하고 있다. 그중 디지털화된 기록물을 주제별로 분류하여 홈페이지에 목록을 제공하고 있다.

2) 소장기록물

- 초창기 기록물이라 할 수 있는 19세기 때의 중요한 기록물부터 포함된다. 즉 자치영토 시절인 1850년 11월부터 유타가 주(州)로 승격되었던 1896년까지의 기록이 기록관 초반기 자료로 보관되어 있다. 이 기록들은 1957년 국무장관실로부터 기록관으로 이관되었다. 도큐먼트 시리즈는 군인, 장교임명, 법원시스템 관련정보, 범죄자 기록, 인디언 관리기록, 음주관련법, 자치정부의 행정부 감독 기록 등이 해당된다. 또한 1851년부터의 선거기록을 소장하고 있다.
- 소장정보원 중 가장 흥미로운 현대기록 컬렉션은 1979년부터 1981년 사이의 자료인 MX 협력실(MX Coordination Office)에 대한 자료이다. 이

기록들은 유타의 MX 미사일 위치 등과 관련된 정보를 포함한다.
- 또한 지방정부 및 시골 커뮤니티 등에 의해 형성된 기록들도 소장하고 있다. 예를 들어, 코린(Corrine)의 시위원회 회의기록 등이 기록관에 보관되어 있다. 1852년부터 매일의 법원처리 기록도 보관되어 있다.
- 주지사에 대한 기록들과 모르몬교와 관련된 기록도 보관하고 있다.

3) 디지털컬렉션 목록(Digital Collection Catalog)

1851년부터의 기록부터 현재까지의 기록이 디지털컬렉션 목록에 포함된다. 다음은 브라우징이 가능한 주제별 분류이다.

- 사면위원회(Board of Pardons)
- 1892~1959년 죄수사면파일(Prisoners' Pardon Application Case Files, 1892~1949)
- 동물산업부문(Division of Animal Industry)
- 1849~1930년 브랜드북(Brand Books, 1849~1930)
- 기업 및 상업코드부문(Division of Corporations and Commercial Code)
- 1981년 법인파일명부(Incorporation Case Files Index, 1981)
- 입법부(Legislature House)
- 1896년~ 현재 주지사 행정명령 및 선포(Governors' Executive Orders and Proclamations, 1896~[ongoing])
- 생명기록 및 통계(Vital Records and Statistics)

4) 뉴스레터(Newsletter)

유타주정부기록관의 주요소식지인 뉴스레터(*Newsletter*)가 1권 1호(2005년 2

월호)에서부터 3권 1호(2007년 8월호)까지 홈페이지에 제공되고 있다.

5) 정보원 관련서비스(Services)

유타주정부기록 및 레코드서비스(Utah State Archives and Records Service)를 통하여 다음과 같은 소장정보원관련 자문 및 이용서비스를 제공하고 있다.

(1) 주정부기관 및 지방정부 서비스(State Agencies and Local Governments)

본 기관은 주정부기관 및 지방정부의 기록관리에 대한 자문서비스를 제공한다. 기록유지스케줄, 정부기록이용관리법(Government Records Access and Management Act), 보존을 위한 기록의 재구성(마이크로필름화), 역사기록관리에 대한 정보, 재난대비, 이미지시스템 등에 대한 전문성을 제공한다. 구체적으로 다음과 같다.

- 영구적 가치 판단을 위한 기록검토 및 비영구적 기록의 유지기간 평가
- 기록담당자 교육
- 비영구적 기록의 보관
- 마이크로필름화 또는 마이크로필름에 대한 교육 및 필름 복사 및 보존
- 영구적 기록보존에 대한 정보제공, 자문, 교육

(2) 대중서비스(The Public)

유타주정부기록관의 기록 및 정보를 대중이 이용 가능하도록 연구센터(Research Center)를 운영하고 있다. 그 외 역사, 계보학, 법률연구 등과 관련한 유타주정부 및 지방정부의 기록물에 대한 이용을 지원한다.

VSA
Vermont State Archives
버몬트주정부기록관

① 기록관

1) 소재사항

주   소   26 Terrace St. Montpelier, Vt. 05609－1101

전   화   ＋1 802 828 2369

전자우편   archives@sec.state.vt.us

홈페이지   http://vermont－archives.org/

2) 성격

버몬트주정부기록관(VSA: Vermont State Archives)은 버몬트 주(州) 국무장관실 버몬트주정부기록·레코드행정실(Vermont State Archives and Records Administration) 산하 부서이다. 이 기관은 버몬트 주의 기록 및 기록관리 관련 종합적인 업무를 수행하는 공공기관이다.

3) 설립연혁

• 1937년 공공기록위원회(Public Records Commission)가 설립되면서 정부

기관의 업무 및 서비스와 관련된 공공기록물의 관리를 지원하기 위한 프로그램 형성에 관한 국가트렌드를 반영하기 시작하였다.

- 1959년 공공기록실(Public Records Division)이 설립되었고, 1988년 공공기록실은 일반서비스실(General Services Division) 기능으로 편입되었다. 1996년 이 부서는 건물 및 일반서비스부(Department of Buildings and General Services)로 변경되었다.

- 2008년 6월 1일 합병이 이루어지면서 현재의 버몬트주정부기록·레코드행정실로 구성되었다. 즉 버몬트주정부기록관(Vermont State Archives)과 건물 및 일반서비스부(Department of Buildings and General Services) 공공기록실(Division of Public Records)이 버몬트 국무장관실 버몬트주정부기록·레코드행정실 산하로 통합되면서 설립되었다.

4) 비전

① 버몬트 공공기관을 위한 기록관리 프로그램 설립 및 경영
② 올바른 기록관리 원칙 및 실제 촉진
③ 기록스케줄에 따른 사용하지 않는 또는 일부만 사용 중인 주정부기관기록 보관
④ 지속적인 행정적, 법적 또는 역사적 가치를 위한 공공기록물의 검토
⑤ 주정부기록과 레코드의 이용강화 및 보존
⑥ 필요시 이용 및 보존 목적을 위한 기록의 다른 형식·형태로의 이전(移轉)

5) 임무

모든 공공기관은 의사결정, 과정평가, 결과측정, 서비스 기획 등에 있어서 기록 및 정보에 의존한다. 정부기록 및 정보를 이해하는 것에 시간을 투자함으로써 공공기관은 다음과 같은 결과를 기대할 수 있으며, 본 기관은 이를 임

무로 관련 기록의 관리에 주력한다.

① 경영향상
② 소송위험성 최소화
③ 정보 복구 및 대응시간 축소
④ 불필요한 비용 절감

6) 주요활동

버몬트주정부기록관은 버몬트 주(州)의 기록 및 기록관리 관련 종합적인 업무를 수행하는 공공기관으로 다음과 같은 주요기능에 대한 책임을 진다.

- 기록 및 정보관리
- 주정부기록센터
- 버몬트 주의 영구보존 기록의 보존 및 이용
- 출생, 사망, 혼인 등의 증명서
- 행정절차법 · 규칙제정
- 기록인증서비스
- 공증서비스

7) 공증정보센터(Notary Resource Center)

버몬트주정부기록관은 공증정보센터를 운영하며, 구체적인 내용은 다음과 같다.

- '버몬트 국무장관 온라인 공증정보센터(Vermont Secretary of State's Online Notary Resource Center)'는 버몬트 공증에 관한 정보로의 링크

를 제공한다.

- '버몬트공증을 위한 간단한 안내(Short Guide for Vermont Notaries Public)' 를 통해서 공증절차 등에 대한 간단한 안내를 제공하고 있다.
- '공증 데이터베이스(Notary Public Database)'는 공증인 성명에 대한 본 기록관의 데이터베이스로 연결되어 있다.

② 정보원

1) 정보원 열람 및 배포 정책

버몬트주정부기록관(VSARA: Vermont State Archives)은 기본적으로 주기록 센터(State Records Center)에 보존 및 저장된 기록에 대한 대중이용 서비스 는 제공하고 있지 않다. 아쉽게도 소장기록물들은 법에 의거하여 관련 기관에 대한 열람만이 제공되고 있다. 다만 일반 대중들을 위한 정보원관련 서비스는 홈페이지를 통해 데이터베이스와 출판물 목록 및 검색이 제공되고 있다.

2) 소장기록물

- 버몬트주정부의 도큐먼트가 주류를 이루고 있으며, 1777년부터 현재까지 의 자료들을 포함한다.
- 대부분 자료는 1857년부터 현재까지(그 이전 기록은 산발적임) 생명기록 (출생, 사망, 혼인, 이혼기록), 매뉴스크립트, 입법기록, 주지사들의 공식 서신, 19세기 중반부터의 선거기록 등이다.

3) 버몬트주정부기록물 데이터베이스(Vermont State Archives Databases)

버몬트주정부기록물의 일부로서 디지털화되어 구축된 데이터베이스를 통해 다음과 같은 기록과 정보를 제공하고 있다.

- 역사 캠페인 재정(Historical Campaign Finance)
- 버몬트주신문 매뉴스크립트(Index to Manuscript Vermont State Papers)
- 버몬트주정부기록관 소장기록물: 레코드 시리즈(Archival Records in the Vermont State Archives – Record Series)
- 알 권리 데이터베이스(Right – to – Know Database)
- 공증데이터베이스(Notary Public Database)

4) 출판물(Publications)

(1) 신문

버몬트의 주(州) 신문은 1912년부터 시작되어 20세기의 버몬트 주 관련 도큐먼트를 대표하고 있다.

(2) 출판물

홈페이지상에서 제공되고 있는 출판물은 다음과 같다.

- *Annual Reports Provides Links to the State Archives Annual Reports Required Since January 2004 under 3 V.S.A. § 117(3)(c).*
- *Reports to the Legislature are Reports, Usually on Archival Management or Record Issues, Requested by the General*

Assembly.

- *Archives Presentations Offers Selected Talks and Articles by the Archives' Staff.*
- *The Notary Guide*, Compiled by the Notary Supervisor.
- *Voice from the Vault is the Archives' Column from the Secretary of State's Monthly Publication, Opinions.*

WSA
Washington State Archives
워싱턴주정부기록관

① 기록관

1) 소재사항

주　　소　1129 Washington Street SE PO Box 40238, Olympia WA 98504
　　　　　　－0238

전　　화　＋1 360 586 1492

전자우편　archives@secstate.wa.gov

홈페이지　http://www.secstate.wa.gov/archives/

2) 성격

워싱턴주정부기록관(WSA: Washington State Archives)은 워싱턴 주정부기관의 중요 역사기록물과 공공기록물에 대한 수집, 보존 등을 위한 공공기관이며, 이용 등을 위한 중요한 정보를 제공하고 있다.

3) 설립연혁

1853년 설립되어 워싱턴 주의 대표적 공공기관으로 존재하고 있다.

4) 위원회

워싱턴주정부기록관은 역사기록관련 업무수행을 위하여 워싱턴주역사기록자문위원회(WSHRAB: Washington State Historical Records Advisory Board)를 구성하고 있다. 본 자문위원회는 역사기록 프로젝트 및 기획의 중앙자문위원회로서 대중을 위한 서비스를 제공한다.

5) 기록센터(Records Center)

워싱턴주정부기록관은 이사벨라 부시 기록센터(Isabella Bush Records Center)를 운영한다. 본 기록센터는 감사, 입법, 재정, 행정적 이유에 의해 보관되어야 하는 기록들에 저렴하고 안전한 보관소를 제공하고 있다. 본 기록센터의 서비스는 커뮤니티 칼리지 및 대학을 포함한 모든 정부기관에 제공된다. 기록센터로 보내진 모든 기록은 기록을 보내 온 기관에 법적 소유권을 두고 있다.

6) 관련링크

워싱턴주정부기록관의 기록 및 기록관리 관련 업무수행을 위한 컴퓨터 박물관, 전자기록 프로젝트, 전자기록 모델 등 관련 기관에 대한 링크를 제공하고 있다.

(1) 컴퓨터 박물관(Computer Museums)

- 진부한기술웹사이트(Obsolete Technology Website)
  홈페이지 http://oldcomputers.net/

- 컴퓨터의 역사프로젝트(The History of Computer Project)

홈페이지 http://www.thocp.net/

- 올드컴퓨터닷컴(The Old Computer Dot Com)
  홈페이지 http://www.old－computers.com/museum/default.asp

(2) 전자기록 프로젝트(Digital Archives Projects)

- 카밀레온프로젝트(The Camileon Project)
  홈페이지 http://www.si.umich.edu/CAMILEON/

- 인터넷기록관(Internet Archive)
  홈페이지 http://www.archive.org/index.php

- 영국국가기록관(The National Archives of the United Kingdom)
  홈페이지 http://www.nationalarchives.gov.uk/preservation/

- 캘리포니아지하철 및 철도(The California Underground Railroad)
  홈페이지 http://digital.lib.csus.edu/curr/

- 디지털보존(Digital Preservation)
  홈페이지 http://www.digitalpreservation.gov/

- 호주국가기록관(National Archives of Australia)
  홈페이지 http://www.naa.gov.au/index.aspx

- 국립기록청: 전자기록(National Archives and Records Administration:
  Electronic Records Archives)
  홈페이지 http://www.archives.gov/era/index.html

(3) 전자기록 모델(Digital Archives Models)

- 국방부전자기록관리소프트웨어어플리케이션디자인영역표준(Department of Defense Electronic Records Management Software Applications Design Criteria Standard DoD5015.2)
  홈페이지 http://www.dtic.mil/whs/directives/corres/pdf/501502std.pdf

- ISO기록표준((ISO Archiving Standards)
  홈페이지 http://nssdc.gsfc.nasa.gov/nost/isoas/ref_model.html

- 전자시스템상의 영구인증기록국제연구(International Research on Permanent Authentic Records in Electronic Systems)
  홈페이지 http://www.interpares.org/

- 샌디에이고슈퍼컴퓨터센터(San Diego Supercomputer Center at UCSD)
  홈페이지 http://www.sdsc.edu/

- 계보학의 오래된 필서판독(Deciphering Old Handwriting in Genealogy)
  홈페이지 http://www.interpares.org/

② 정보원

1) 정보원 열람 및 배포 정책

워싱턴주정부기록관(WSA: Washington State Archives)은 소장기록물에 대한 일반적인 브라우징을 통한 검색을 제공하고 있다. 특히 주정부기록컬렉션(State Records Collections)의 기록그룹별 목록을 홈페이지에 제공하고 있다. 그중 워싱턴 주정부와 지방정부의 비현용기록물인 역사기록을 전자형태로 보존하고 있는 워싱턴주정부디지털기록관(Washington State Digital Archives)은 미국 최초의 역사기록디지털도서관으로 홈페이지를 통하여 검색 및 열람을 제공하고 있다.

2) 소장기록물

워싱턴 주(州) 주지사의 보고서, 입법기록, 법원기록, 모든 정부기관의 기록, 주지사 선언문을 포함한 주의 공기록, 선거결과 등에 관한 컬렉션들이다.

3) 주정부기록컬렉션(State Records Collections)

주정부기록컬렉션은 약 150개의 기록그룹으로 분류하고 있으며, 알파벳순으로 정리되어 있다. 대표적으로 다음과 같다.

- 주회계위원회(State Board of Accountancy)
- 주기록실(Office of the State Actuary)
- 행정청문실(Office of Administrative Hearings)
- 상경개발부(Department of Commerce and Economic Development)
- 상업·무역 및 경제개발부(Department of Commerce, Trade and Economic Development)
- 대학교육커뮤니티(Community College Education Board)
- 경제개발위원회(Board of Economic Development)
- Department of Efficiency
- 연방기록물(Federal Records)
- 주투자위원회(State/Investment Board)

- 주재정위원회(State Finance Committee)
- 정보서비스부(Department of Information Services)
- 국방부(Military Department)
- 신문컬렉션(Newspaper Collections)
- 민간컬렉션(Private Collections)
- 워싱턴주립학교장협회(Washington State School Directors Association)
- 주 및 지방장관(Secretary of State and Territory)

4) 보도자료(Archived News)

워싱턴주정부기록관의 보도자료(*News*)로서 약 40여 종의 주요 기록그룹으로
분류하고 그 목록을 홈페이지에 제공하고 있다. 대표적으로 다음과 같다.

- A. M. Kendrick Collection
- Spokane City Planning Department EXPO 74 New Photograph Collections
- Celebrate Archives Month
- Photograph Collections from the Washington State Archives
- Lincoln County Marriage Records
- Mortality Schedules Online
- 1910 Federal Census Project On‑Line
- Digital Archives Preserves 3.5 million Critical, Public Records
- America's First Digital Archives Attracts Worldwide Attention
- Digital Archives Saves Locke's Website from Extinction
- State Digital Archives Grand Opening

5) 역사기록검색(Historic Records Search)

기존의 기록관 홈페이지 서비스 일종으로 제공되던 역사기록 검색기능은 현재 디지털기록관의 홈페이지로 이전되었다. 워싱턴주정부디지털기록관(Washington State Digital Archives)은 주정부 및 지방정부의 영구적 가치를 지닌 법전, 재정 및 역사자료를 전자기록으로 보존하는 국가의 첫 번째 디지털기록관이다. 370만 점 이상의 기록을 보유하고 있으며 다음과 같은 기록그룹으로 분류되어 있다.

- 혼인(Marriage)
- 귀화(Naturalization)
- 인구조사(Census)
- 사망(Death)
- 출생(Birth)
- 군사(Military)

1.2 캐나다

AO
Archives of Ontario
온타리오기록관

① 기록관

1) 소재사항

주　　소　　77 Grenville Street, Unit 300 Toronto, Ontario Canada, M5S 1B3
전　　화　　＋1 416 327 1600
팩　　스　　＋1 416 327 1999
전자우편　　reference@ontario.ca
홈페이지　　http://www.archives.gov.on.ca/english/index.aspx

2) 성격

온타리오기록관(AO: Archives of Ontario)은 온타리오 주(州)의 역사적 가치를 지닌 문서유산 보존 및 그에 대한 향상된 관리에 관한 업무를 수행하고 있는 공공기관이다.

3) 설립연혁

온타리오기록관은 1903년부터 온타리오의 공공기록 및 민간기록의 수집, 보존 및 이용서비스를 제공해 오고 있다. 지난 105년 이상 기간 동안 온타리오기록관은 최상의 기록관 표준 및 실행을 유지하면서 동시에 기록관컬렉션의 확장을 지속해 왔다.

4) 비전

- 현대기록관의 대표적 모델 지향
- 온타리오 문서기록의 보존자로서 온타리오 기록의 수집 · 관리 · 보존 및 현재와 미래 세대의 기록이용 촉진에 관한 혁신적인 리더십 제공

5) 임무

① 온타리오의 역사, 사람, 문화의 해석 및 연구를 위한 주요 원천으로서 공공기록관의 공공기록물 및 민간기록관의 민간기록을 전시하며 온타리오 주민을 위한 과거가 살아 있게 한다.
② 고객의 경험을 강화하고 고객의 요구를 충족시키기 위해 진행 중인 전략을 통한 기록관의 기록이용을 장려한다.
③ 대중기관에 의한 양질의 기록유지 촉진을 통해 정부의 책임 및 투명성을 조성한다.

6) 주요행사

온타리오기록관은 주요행사의 하나로 다음과 같은 다양한 온라인전시회(Online Exhibit)를 개최하고 있다.

① 캐나다 상부 아프리카인들의 노예화(Enslaved Africans in Upper Canada)

② 1955년 이튼의 산타클로스 퍼레이드 칠하기 그림책(Eaton's Santa Claus Parade Colouring Book - 1955)

③ 기록관 과제: 온타리오 정부 사진작가들의 업적 인정(Assignment to Archives: Recognizing the Work of Ontario Government Photographers)

④ 일생 - 일상: 다섯 명의 여인과 그들의 일기(A Lifetime - Day by Day: Five Women and Their Diaries)

⑤ 온타리오의 1834년에서 1914년까지 흑인 캐나다인의 경험: 비행, 자유, 초석 (The Black Canadian Experience in Ontario 1834~1914: Flight, Freedom, Foundation)

⑥ 과거보존으로의 움직임: 기록보존으로의 기록관의 새로운 시도(Moving Forward to Preserve the Past: The Archives' New Approach to Records Preservation)

⑦ 온타리오기록관의 의학기록(Medical Records at the Archives of Ontario)

⑧ 교훈: 온타리오의 교육발전(Lessons Learned: The Evolution of Education in Ontario)

⑨ 17세기와 18세기의 프랑스령 온타리오(French Ontario in the 17th and 18th Centuries)

⑩ 1812년 전쟁(The War of 1812)

7) 주요활동

온타리오기록관은 '2007~2010년 우선영역(Priorities 2007 - 2010)'을 위하여 다음과 같은 주요영역을 기록관리관련 업무의 우선영역으로 지정하였다.

① 살아 있는 과거로의 혁신(Innovation in Bringing Our Past Alive)

② 정부 기록유지 우수성 촉진에 관한 리더십(Leadership in Promoting Excellence

in Government Recordkeeping)

③ 보호전략 및 실제의 우수성(Excellence in Custodial Strategies and Practices)

8) 관련기관

온타리오기록관은 온타리오 주의 기록 및 기록관리 관련 활동을 적극적으로
수행하기 위하여 다음과 같은 다양한 기관 등과 협력관계에 있다.

- 온타리오주정부(Government of Ontario)
  홈페이지 http://www.ontario.ca/

- 온타리오시민권 및 이민부(Ontario Ministry of Citizenship and Immigration)
  홈페이지 http://www.citizenship.gov.on.ca/

- 온타리오관광 및 여가활동(Ontario Ministry of Tourism and Recreation)
  홈페이지 http://www.tourism.gov.on.ca/english/index.html

- 온타리오문화부(Ontario Ministry of Culture)
  홈페이지 http://www.culture.gov.on.ca/english/index.html

- 정부서비스부개인정보자유실(Freedom of Information and Privacy Office,
  Ministry of Government Services)
  홈페이지 http://www.accessandprivacy.gov.on.ca/index.html

- 브리티시컬럼비아기록관(British Columbia Archives)
  홈페이지 http://www.bcarchives.gov.bc.ca/index.htm

- 퀘벡기록관(Bibliothèque et Archives nationales du Québec)
  홈페이지 http://www.banq.qc.ca/portal/dt/accueil.jsp?bnq_resolution=mode_1280

- 프린스에드워드섬공공기록실(Prince Edward Island Public Archives and Records Office)

  홈페이지 http://www.edu.pe.ca/paro/

- 앨버타지방기록관(Provincial Archives of Alberta)

  홈페이지 http://www.tprc.alberta.ca/preserving/provincial_archives/index.asp

- 뉴펀들랜드와 래브라도지방기록관부서(Provincial Archives Division, Newfoundland and Labrador)

  홈페이지 http://www.therooms.ca/archives/

- 매니토바지방기록관(Provincial Archives of Manitoba)

  홈페이지 http://www.gov.mb.ca/chc/archives/index.html

- 뉴브런즈윅지방기록관(Provincial Archives of New Brunswick)

  홈페이지 http://archives.gnb.ca/Archives/Default.aspx?culture＝en－CA

- 노바스코샤기록관 및 기록관리(Nova Scotia Archives and Records Management － Public Archives of Nova Scotia)

  홈페이지 http://www.gov.ns.ca/nsarm/

- 서스캐처원기록관위원회(Saskatchewan Archives Board)

  홈페이지 http://www.saskarchives.com/

- 인터넷캐나다기록자원(Canadian Archival Resources on the Internet)

  홈페이지 http://www.archivescanada.ca/car/menu.html

- 캐나다도서관 · 기록관(Library and Archives Canada/Bibliothèque et Archives Canada)

홈페이지 http://www.collectionscanada.gc.ca/

② 정보원

1) 정보원 열람 및 배포 정책

온타리오기록관(AO: Archives of Ontario)은 16세기 후반부터 현재까지의 다양한 기록물을 소장하고 있으며, 기록물 종류별로 분류된 기록그룹에 따른 검색이 제공되고 있다. 그중 '생명기록통계자료'는 마이크로필름으로 구축되어 있으며, '원주민관련기록'은 도서관 상호대차로 마이크로필름 대여가 가능하다. 온타리오도서관 기록물의 경우 온타리오기록관을 통한 자료신청 및 열람이 가능하다. '건축기록물'은 특별컬렉션열람실을 통해 열람 가능하고, 마이크로필름으로 구축된 정부기록물과 주정부기록물의 기록그룹별 검색을 제공하고 있다.

2) 소장기록물

소장정보원은 16세기 후반의 기록부터 현재까지의 기록을 포함한다. 본 기록관의 소장기록은 매해 1만5천큐빅피트씩 증가하고 있으며, 현재 총 11만피트의 원문기록을 소유하고 있다. 정부기록센터는 1만 큐빅피트 이상의 현재 진행 중인 정부부처 및 기관을 위한 기록을 보유하고 있다. 그 외에 사진 170만 점 이상, 건축구상도 십만건 이상, 약 4만건의 지도, 음성기록, 비디오 및 영상기록물 4만종 이상을 보유하고 있다.

3) 온타리오정부기록물(Ontario Government Records)

기록관컬렉션 기록의 대부분은 온타리오 정부에 의해 생성된 공공기록물과 정부기록물이다. 이 기록들은 18세기 후반부터 현대까지의 기록들을 포함한다. 정치적 입법 의사결정, 지방자치 행정의 발전, 정부 및 시민 간의 소통 등에 대한 도큐먼트와 온타리오 주민의 권리 및 책임에 대한 주요 증거물들을 포함한다. 기록관에 보존 중인 주요 정부기록물은 다음과 같다.

- 토지기록
- 법원기록
- 온타리오에서의 기업등록 및 법인화기록
- 온타리오에서의 출생, 혼인, 사망신고
- 공공사업부(Department of Public Works)의 건물건축 평면도
- 온타리오 정부로부터의 기록
- 온타리오 관광 촉진과 관련된 사진 및 영상물

4) 민간기록물(Private Sector Records)

1903년부터 온타리오기록관은 민간부문의 기록도 수집해 오고 있다. 기록관은 약 2,600점이 넘는 개인, 기업, 클럽, 협회, 노동 및 정치기구 등의 기록을 소장하고 있다. 이 기록들은 서면파일, 일기, 사진, 지도, 건축기록, 음성기록, 동영상 등을 포함한다. 주요 기록물은 다음과 같다.

- 이튼사(T. Eaton Company)와 같은 대기업에서 온타리오 와트포드(Watford)의 맥라렌 약국(McLaren's Drug Store)과 같은 소기업에 이르는 기업들의 역사적 기록

- 지방정치인 기록
- 온타리오 다문화 역사협회 기록
- 1920년대부터의 개인제작영화
- 건축설계도 컬렉션
- 온타리오에서 제작된 오래된 신문의 마이크로필름

5) 계보학기록물(Genealogical Records)

온타리오기록관은 온타리오의 가족사 연구를 위한 많은 중요한 정보를 소장하고 있다. 연구를 위한 데이터베이스나 검색도구가 따로 마련되어 있지는 않으나 계보학연구 홈페이지를 통해 다양한 기록 종류에 대한 개요를 찾아볼수 있다.

6) 생명통계기록물(Vital Statistics Records)

온타리오기록관은 등기소와 등기명부에 기록된 다음과 같은 생명통계기록을 소장하고 있다. 모든 기록들은 마이크로필름 형태로 매체 이전(移轉)하여 대중의 이용이 가능토록 하였다. 아래에 기술된 기간 이외의 기록들은 매해 기록관으로 이관되어 보관된다. 모든 기록은 마이크로필름화 되기 전까지는 열람이 불가능하다. 구체적인 종류와 기간은 다음과 같다.

- 출생: 1869~1911년
- 혼인: 1801~1926년(1869년 초기기록은 미비)
- 사망: 1869~1936년

7) 원주민기록물(Records Relating to Aboriginal Peoples)

온타리오기록관은 원주민역사에 관한 많은 기록물을 소장하고 있다. 구체적으로 1760년대부터 시작하여 현재까지의 원주민과 관련된 기록을 보유하고 있다. 특히 온라인 가이드를 통해 간단한 설명 또는 도서관 간 마이크로필름 자료 상호대차를 통하여 정보를 열람할 수 있다.

8) 온타리오도서관 기록물(Archives of Ontario Library)

온타리오도서관 기록물은 일반 대중 및 기록관 직원을 위한 연구자료 및 문헌 컬렉션이다. 약 70,000점 서적, 팸플릿, 온타리오주정부 출판물, 정기간행물, 마이크로필름, 마이크로피치 등이 도서관컬렉션으로 소장되어 있다. 대부분의 도서관컬렉션은 온타리오 지방의 사회, 정치, 경제, 문화, 군사 역사에 관련된 내용들이다. 도서관 자료들은 기록관 열람실에서도 자료신청 및 열람이 가능하도록 연계되어 있다.

9) 특별컬렉션(Special Collections)

온타리오기록관의 특별컬렉션 부문은 사진, 문서예술, 건축 및 지도제작 기록 컬렉션으로 구성되어 있다. 이 기록들은 온타리오의 개인 및 정부에 의해 제작되고 수집되었다. 소장자료들은 약 1,700,000건의 사진, 200,000건의 건축설계도, 40,000건 이상의 지도, 4,000점 이상의 문서예술품으로 이루어진다. 특별컬렉션 자료는 특별컬렉션열람실에서만 이용 가능하다.

10) 사진기록물(Photographs)

온타리오기록관의 사진컬렉션은 약 1백 7천만 점의 이미지 문서로 구성되어 있다. 1800년대 중반부터 현재까지 이르는 온타리오의 활동, 사람, 장소, 행사 등에 대한 사진기록들이다. 온타리오기록관의 사진 소장기록은 사진기자, 스튜디오 사진작가, 아마추어 사진작가, 기업 컬렉션과 같은 개인 및 인가기록들도 포함한다. 대표적인 컬렉션 예는 다음과 같다.

- Herb Nott(Photojournalist, Toronto 1937~1988)
- Sir Henry Smith(Photographs of Kingston, ca. 1870)
- Alexander Thurtell Brown(Amateur Photographer, Acton and Area 1890 to 1920)
- Reuben Sallows(Southern Ontario Agricultural Scenes, 1906~1922)
- Eric Arthur(Images of pre~1848 Architecture)
- Robert Hamilton(Women War Workers at Scarborough Munitions Factory ca. 1945)
- M. O. Hammond(Amateur Photographer, 1888~1934)
- Julien LeBordais(Freelance Photojournalist, 1963~2003)
- Historical Photographs of the T. Eaton Company
- Ministry of Transportation(Road and Bridge Construction, Survey Photographs 1880~1980s)
- Ministry of Natural Resources(Photographs Relating to Mining, Forestry, Fish and Wildlife Management, 1890s~1970s)
- Ministry of Agriculture, Food and Rural Affairs(Food Production and Processing ca. 1900~1990s)

11) 지도기록물(Cartographic Records)

온타리오기록관의 지도제작기록컬렉션은 40,000점 이상의 지도, 평면도, 수위도 차트, 도해서, 고도의 전망 및 그 외의 온타리오 지방과 관련된 지도제작 자료를 포함한다. 이 컬렉션의 기초는 온타리오 정부에 의해 제작된 지도가 주축이다. 이 컬렉션의 지도들은 18세기 초기부터 현재까지를 포함한다.

12) 건축기록물(Architectural Records)

온타리오기록관은 약 200,000점의 건축설계도를 포함한 건축기록컬렉션을 소장하고 있다. 이 기록들은 1820년대 초부터 1990년대까지에 이른다. 이 컬렉션은 정부의 목적을 위해 구축된 건축자료들이다. 기록관은 또한 개인 및 민간기업들에 의해 제작된 건축기록도 보유하고 있다. 건축기록은 특별컬렉션 열람실에서 열람이 가능하며, 기록관 개요 데이터베이스를 통해 자료에 대한 설명을 열람할 수 있다.

13) 구술역사컬렉션(Oral History Collections)

온타리오기록관 구술역사컬렉션은 정부 및 민간부문의 기록을 모두 포함한다. 대부분 컬렉션은 음성자료이며, 일부는 비디오 자료로 구성되어 있기도 하다. 컬렉션의 도큐먼트는 다음과 같은 영역 및 그룹으로 구분되어 있다.

- 온타리오의 인종그룹 및 이민경험
- 온타리오의 노동 및 연합운동
- 1940년대부터 1980년대까지의 온타리오지방 정치
- 온타리오의 입법전문성 및 입법역사
- 온타리오의 농사 및 시골생활

14) 마이크로필름(Microfilm)

(1) 정부기록물(Government Records)
- 생명기록(출생, 혼인, 사망기록)
- 법원기록
- 지방자치기록
- 토지기록
- 이민국기록
- 교육기록
- 학교 및 교사기록
- 토론토 시(市) 기록

(2) 비정부기록물(Non - Government Records)
- 캐나다 기업기록
- 카트라이트가족(Cartwright Family) 기록
- 여성기독교인절제연맹(Women's Christian Temperance Union) 기록
- 공동묘지기록
- 솔로몬 첼시(Solomon Y. Chesley) 기록
- 교회기록
- 이튼회사(T. Eaton Company) 기록
- 포드가족(Ford Family) 기록
- 계보학
- 역사적 카운티 도해서
- 토론토 시 기록
- 애밀리우스 어빙경(Sir Aemilius Irving) 문서
- 혼인기록컬렉션
- 다문화신문

- 피닉스가족(Phenix Family) 기록
- 원주민관련기록
- 장 뱁티스트 루소가족(Jean Baptiste Rousseau family) 기록
- 콘 스미스(Conn Smythe) 기록
- 데이비드 톰슨(David Thompson) 기록
- 존 화이트(John White) 기록

15) 영상기록물(Images)

홈페이지상에 열람 가능한 약 26종의 영상 기록물 목록이 제공되고 있으며, 그중 대표적인 것으로 다음과 같다.

- Tourists in Front of the Falls, Niagara Falls, 1959, Department of Travel and Publicity, Publicity Branch, Transparency, Reference Code: RG 65 − 35 − 3, 11764 − X3494 − 1, Archives of Ontario, I0005638.
- Chief Moonias Waiting for the Treaty Signing Ceremony, Fort Hope, July 19, 1905, Photographer Unknown, Duncan Campbell Scott Fonds, Black and White Print, Reference Code: C 275 − 1 − 0 − 6(S 7528), Archives of Ontario, I0010653.
- Grand Theatre London, Ontario, Theatre Auditorium Featuring Original Proscenium Arch, Reference Code: F 4446 − 63 − 3, Archives of Ontario, I0027708.
- Ryrie Building, Corner of Yonge and Shuter St., Toronto Photograph of Exterior from South − west, [Between 1913 and 1915], Burke, Horwood and White, J. C. B. & E. C. Horwood Collection, Reference Code: C 11 − 957, (1173) 149, Archives of Ontario.

BCA
British Columbia Archives
브리티시컬럼비아기록관

1 기록관

1) 소재사항

주　　소　675 Belleville Street Victoria BC V8W 9W2

전　　화　+1 250 387 1952

팩　　스　+1 250 387 2072

전자우편　DBourdon@RoyalBCMuseum.bc.ca

홈페이지　http://www.bcarchives.gov.bc.ca/index.htm

2) 성격

브리티시컬럼비아기록관(BCA: British Columbia Archives)은 캐나다의 브리티시컬럼비아 주정부의 기록관으로서 지방정부 및 대중을 위해 이 지방의 영구적 보존 가치가 있는 기록의 관리 및 이용을 위하여 봉사한다.

3) 설립연혁

- 1984년 최초로 공공기록물 및 민간기록물을 모두 포함한 역사기록이 입법도서관(Legislative Library)에 의해 수집
- 1908년 독립기관으로서의 지방기록관(Provincial Archives) 설립

- 1910년 첫 번째 보관소 설립, 여러 지역센터로부터 정부기록 수집
- 1920년 기록관 편성시스템 소개
- 1974년 지방기록관 기록전문가와 지방도서관(Provincial Library) 사서의 겸임직위 해제, 영구한 독립적 직위로 선언
- 1980년 기록관 청각역사프로그램(Aural History Programme) 확장
- 1982년 공식적으로 기록관리프로그램 형성
- 1987년 기록관리부(Records Management Branch)와 지방기록관이 지방기록서비스(PARS: Provincial Archives and Records Services)로 합병
- 1988년 브리티시컬럼비아기록서비스(BCARS: British Columbia Archives and Records Service) 공식 합병
- 1996년 브리티시컬럼비아기록서비스와 정보 및 개인정보보호부(Information and Privacy Branch) 합병, 기록관리 및 정보와 개인정보보호의 정보 및 분석서비스(Information and Analysis Service)와 기존 기록관이던 기록 및 정보이용부(Archives and Information Access branch)가 브리티시컬럼비아 정보관리서비스부(BC Information Management Services division)로 형성
- 1998년 기록 및 정보이용부(Archives and Information Access Branch)가 브리티시컬럼비아기록관(British Columbia Archives)으로 명칭 변경, 정보 및 분석서비스(Information and Analysis Service)는 정보 및 데이터관리부(Information and Data Management Branch)로 명칭 변경
- 2000년 정보 및 데이터관리부로부터 정부 내 기업기록 관리 기능을 위해 브리티시컬럼비아기록관 직원 및 책임 재검토, 정보 및 데이터관리부는 법인정보보호 및 정보이용부(Corporate Privacy and Information Access Branch)로 명칭 변경
- 2003년 왕립브리티시컬럼비아박물관(Royal BC Museum)과 브리티시컬럼비아기록관이 합쳐져 왕립브리티시컬럼비아박물관법인(Royal BC Museum

Corporation)으로 설립

4) 주요행사

(1) 50주년 축전(Golden Jubilee)

캐나다 여왕인 엘리자베스 여왕 2세의 50주년 축전과 2002년 10월 여왕의 브리티시컬럼비아 방문을 기념하기 위해 온라인전시회를 주최했다.

(2) 타임머신(Time Machine)

브리티시컬럼비아의 타임머신은 브리티시컬럼비아에 대한 11개의 교육적 갤러리로 구성된다. 이 갤러리는 학교 학생들, 교사 및 부모들이 이용 가능하도록 구성되었으나, 실제 브리티시컬럼비아 역사에 관심이 있는 모든 이의 이용이 가능하다.

5) 관련기관

브리티시컬럼비아기록관은 기록 및 기록관리 관련 활동의 원활한 전개를 위하여 다음과 같은 기관 및 정보와 협력관계에 있다.

- 브리티시컬럼비아기록협회(Archives Association of British Columbia)
  홈페이지 http://aabc.bc.ca/aabc/

- 법인정보관리부(Corporate Information Management Branch)
  홈페이지 http://www.cio.gov.bc.ca/services/records/

- 캐나다기록관: 캐나다기록정보네트워크(Archives Canada: Canadian Archival Information Network)

홈페이지 http://www.archivescanada.ca/

6) 관련링크

브리티시컬럼비아기록관은 지역의 주요 정보를 제공해 주는 링크 정보를 제
공하고 있으며, 다음과 같다.

- 브리티시컬럼비아기록관연맹리스트(BCAUL: BC Archival Union List)
  홈페이지 http://aabc.bc.ca/aabc/bcaul.html

- 커뮤니티기록관주소록(Addresses of Community Archives)
  홈페이지 http://aabc.bc.ca/aabc/bcguide.html

- 브리티시컬럼비아지방(Province of British Columbia)
  홈페이지 http://www.gov.bc.ca/

- 행정기록분류시스템(ARCS: Administrative Records Classification System)
  홈페이지 http://www.lcs.gov.bc.ca/CIMB/arcs/admin/main.asp

- 캐나다기록관 · 도서관의 계보학협회 및 지방기록관 리스트(List of Genealogical
  Societies and Provincial/Territorial Archives − Maintained by the Library
  and Archives Canada)
  홈페이지 http://www.collectionscanada.gc.ca/genealogy/022 − 800 − e.html

② 정보원

1) 정보원 열람 및 배포 정책

브리티시컬럼비아기록관(BCA: British Columbia Archives)은 모든 소장기
록물에 대한 기본검색, 고급검색, 주제별 브라우징, 저자별 브라우징을 통한
자료검색을 제공하고 있다. 기록그룹별로 분류하되 간단한 설명을 제공하고
있으며, '지도기록물'의 경우 디지털로 매체 이전된 기록물은 홈페이지에서
열람 가능하도록 제공하고 있다. 특히 '노스웨스트컬렉션'의 소장자료는 각
항목별 검색이 제공되고 있으며, '브리티시컬럼비아(BC)신문'은 마이크로필
름으로 제공되어 자유로운 열람이 가능하다.

2) 소장기록물

정부도큐먼트 및 기록, 개인 역사 매뉴스크립트 및 문서, 지도, 도표, 건축도
면, 사진, 그림, 오디오 및 비디오테이프, 영화, 신문, 서적 등 브리티시컬럼비
아 사회정치적 역사를 담고 있는 기록들을 포함한다. 기록그룹은 다음과 같이
분류되어 있다.

- 역사기록, 매뉴스크립트, 정부기록
- 정부기록
- 비정부문서(문서)
- 신문
- 음성기록
- 동영상
- 사진 및 그림
- 지도제작기록
- 브리티시컬럼비아와 관련한 계보학정보

3) 음성기록물(Sound Recordings)

오디오테이프와 오디오디스크 기록을 포함하며, 음성기록인덱스를 제공한다. 약 2,580점의 음성기록에 대한 간단한 설명을 열람할 수 있다. 대표적인 음성기록 발간자료는 다음과 같다.

- David Mattison and Allen Specht. *Voices: A Guide to Oral History.* Edited by Derek Reimer. Victoria: Provincial Archives of British Columbia, 1984.
- *Inventory and Subject Index of Principal Oral History Collections.* Victoria: Provincial Archives of British Columbia, 1985.

4) 동영상기록물(Moving Images)

동영상필름 및 비디오테이프 기록을 포함하며, 정부기관 및 비정부기관의 제작물을 모두 다루고 있다. 약 4,000편의 동영상물에 대한 간단한 설명을 제공한다. 대표적인 예는 다음과 같다.

- Colin Browne. *Motion Picture Production in British Columbia, 1898~1940: A Brief Historical Background and Catalogue.* British Columbia Provincial Museum Heritage Record no.6. Victoria: British Columbia Provincial Museum, 1979.
- Dennis J. Duffy. *Camera West: British Columbia on Film, 1941~1965.* Victoria: Provincial Archives of British Columbia, 1986.

5) 시각기록물(Visual Records)

사진 및 그림 등의 자료를 포함한다. 179,000점 이상의 자료에 대한 설명과

84,000점 이상의 이미지가 온라인상으로 제공되고 있다.

6) 계보학(Genealogy)

계보학에 관한 중요한 정보들이 브리티시컬럼비아기록관을 통하여 제공되고 있다. 브리티시컬럼비아 주(州) 약 120년간의 출생신고기록과 75년간의 혼인등록기록 그리고 20년간의 사망기록을 보유하고 있다.

7) 원문기록물(Textual Records)

원문기록물에는 정부 및 비정부 기록을 모두 포함한다. 총 5,700점 이상의 기록에 대한 간단한 설명이 온라인상으로 열람 가능하며, 이 중 1,200점은 검색기구를 통해 좀 더 자세한 설명을 제공하고 있다.

8) 지도기록물(Cartographic Records)

역사적 지도의 경우 선택적으로 디지털화된 이미지들을 크게 시리즈별로 여섯 부문으로 구분하여 약 48종이 제공되고 있다. 디지털 형태로 열람 가능한 기록목록 중 대표적인 것은 다음과 같다.

(1) 1848~1955년 영국해군본부차트(British Admiralty Charts, 1848~1955)
- CM_A213. Nootka Sound. 1849. 02. 24.
- CM_A215. Victoria Harbour. 1860.

(2) 1911~1991년 브리티시컬럼비아 정부 석판화 지역지도시리즈(B.C. Government Lithographed Regional Map Series, 1911~1991)
- CM/C25. British Columbia: Index to Numbering of Map Sheets. N.T.S.

- CM_C958. British Columbia: Index to Numbering of Map Sheets, National Topographic Series 1975.

(3) 1911～1969년 매입 이전 시리즈(Pre‐emptors' Series, 1911～1969)
- CM_C481. Pre‐emptor's Map, Sheet no. 1 Valleys of Nechaco and Stuart River in Fort George and Fort Fraser Land Recording Districts 1911.
- CM_C202. Pre‐Emptor's Map, Sheet #3: Valleys of Fraser, Salmon, & Willow Rivers in Fort George and Peace River Land Recording Districts 1911.

(4) 1917～1952년 지형도 시리즈(Topographic Series, 1917～1952)
- CM_C39. Topographical Sketch Map of Omineca and Finlay River Basins. 1917, Sheet 5A.
- CM_C272. Howe Sound: Burrard Inlet. 1929, Sheet 5B.

(5) 1927～1935년 광물조회지도(Mineral Reference Maps, 1927～1935)
- CM_C429. Mineral Reference Map(Showing Surveyed Claims) Covering Portions of Slocan. Slocan City, Ainsworth & Nelson Mining Divisions, Kootenay District, 1927, [MRM1].
- CM_C430. Mineral Reference Map(Showing Surveyed Claims) Covering Portions of Trout Lake, Lardeau & Ainsworth Mining Divisions, Kootenay District, 1928, MRM2.

(6) 그 외 지도제작기록(Other Cartographic Records)

- CM_W54. Map of Vancouver Island and The Adjacent Coasts
- CM_A1832. Map of a Portion of British Columbia. Compiled from the Surveys & Explorations of the Royal Navy & Royal Engineers, at the Camp, New Westminster Novr. 24th 1859.

9) 정보원 관련서비스

정보의 편리한 이용에 대한 대중의 기대는 지난 세기를 통해 지속적으로 증가해 왔고, 이에 많은 정부기관들은 기존의 시스템을 재검토하여 서비스 과정에 대한 대안을 모색해 왔다. 1993년 봄, 브리티시컬럼비아기록관은 대중이용시스템(BC Archives Public Access System)의 일환으로 이미지시스템 도입을 시작하여 기록관 소장자료의 대중이용 편이를 높이고자 하였다. 1995년 1월부터 시작하여 본 기록관은 인터넷 온라인정보시스템을 이용한 원거리 전자 액세스를 제공하고 있다.

10) 연구도서관(Research Library)

(1) 노스웨스트컬렉션

노스웨스트컬렉션을 포함한 41,000건 이상의 출판물이 홈페이지를 통하여 검색가능토록 분류 제공되어 있다. 제목별·저자별·주제별 검색이 가능하며, 각 자료에 대한 개관과 개요가 열람에 제공되고 있다.

(2) 브리티시컬럼비아 신문

마이크로필름으로 제작하여 열람에 제공하고 있다.

NWTA
Northwest Territories Archives
노스웨스트자치령기록관

1 기록관

1) 소재사항

주   소　Prince of Wales Northern Heritage Center P.O. Box 1320
　　　　　Yellowknife NT X1A 2L9

전   화　＋1 867 873 7698

팩   스　＋1 867 873 0660

전자우편　nwtarchives@learnnet.nt.ca

홈페이지　http://pwnhc.learnnet.nt.ca/programs/nwtarchives.asp

2) 성격

노스웨스트자치령기록관(NWTA: Northwest Territories Archives)은 노스웨스트 자치령 정부 공공기록물의 공식적인 보관소이며, 기록 및 기록관리 관련 업무를 수행하는 공공기관이다.

3) 설립연혁

1979년에 설립된 본 기록관은 노스웨스트 자치령의 인류역사를 문서화한 기록의 입수 및 보존에 대한 역할을 수행하고 있다.

4) 비전 및 임무

노스웨스트자치령기록관은 정부활동을 담고 있는 공공기록물에 대한 공정하고 정확하며 완전한 인식, 입수 및 보존에 대한 임무를 갖고 있다. 또한 노스웨스트자치령의 인류역사와 관련된 기록 보존을 하는 것을 기본으로 하고 있다.

5) 주요행사(Online Exhibition)

노스웨스트자치령기록관은 해당 지방의 기록 및 기록관리와 관련한 적극적인 업무수행을 위하여 다음과 같은 행사를 전개하고 있다.

① 노스웨스트자치령 역사스케줄(NWT Historical Timeline)
② 노만 로빈슨의 일지(Journals of Norman Robinson)
③ 쿡팍으로의 고고학 여행(An Archaeological Expedition to Kuukpak)
④ 북부 비네트 발견(Discover Northern Vignettes)
⑤ 노스웨스트자치령의 명칭에 대한 역사(History of the Name of the NWT)

6) 주요활동

노스웨스트자치령기록관은 예술·문화·유산관련 커뮤니티프로그램 외에도 다음과 같은 다양한 활동을 전개하고 있다.

(1) 커뮤니티프로그램(Community Programs)
문화유산언어부(Culture, Heritage & Languages Division)의 커뮤니티프로그램실(Community Programs Office)은 예술, 문화, 유산관련 활동을 하고 있는 개인 및 기관들을 위한 전문서비스를 제공한다.

(2) 보존(Conservation)

노스웨스트자치령기록관은 역사적인 기록물의 완전한 보존과 훼손 예방
을 위하여 다음과 같은 관련 활동을 전개하고 있다.

- 예방보존(Preventive Conservation)
- 처리보존(Treatment Conservation)

(3) 문화명소프로그램(Cultural Places Program)

노스웨스트 자치령의 '문화명소프로그램'은 노스웨스트 자치령 내의 중
요한 문화적 장소에 대한 보호, 조사, 해석, 기념화를 촉진한다. 문화명
소프로그램 활동의 기본적인 목적 달성을 위하여 고고학적 장소의 문서
화, 관리 및 보호를 위한 프로그램 제공과 공식 커뮤니티 관리를 추진하
고 있다.

(4) 교육 및 확장서비스(Education & Extension Services)

노스웨스트자치령기록관은 일반 대중의 기록 및 기록관리에 대한 인식
제고를 위하여 대중 및 교육기관을 위한 교육 및 확장 프로그램을 개발
하여 제공한다.

② 정보원

1) 정보원 열람 및 배포 정책

노스웨스트자치령기록관(NWTA: Northwest Territories Archives)의 음성기
록물에서부터 원문기록·사진기록물 등에 대한 목록이 홈페이지에서 검색가
능토록 다양한 방법을 제공하고 있다. 특히 사진정보는 브라우징을 통해 검

색이 가능하며, 그 외의 정보는 데이터베이스나 컬렉션을 통한 일반검색으로 목록 열람이 가능하다. 한편, 노스웨스트자치령기록관의 주요 기록물과 관련 기록물의 경우 '프린스오브웨일즈북부유산센터(Prince of Wales Northern Heritage Center)' 홈페이지에서도 분류별 검색이 제공되고 있다.

2) 소장기록물

구술기록물 등을 포함한 노스웨스트 자치령의 역사를 문서화한 기록들을 주로 소장하고 있다. 1967년 노스웨스트 자치령 정부 활동기록들부터 현재까지의 기록들을 포함한다. 형태별로 구분하면 다음과 같다.

(1) 음성기록물

음성기록물에는 인터뷰, 구술역사, 음악관련 기록물을 포함한다.

(2) 원문기록

원문기록에는 일기, 서신, 정부기록물 등을 포함한다.

(3) 신문기록

이는 노스웨스트자치령신문으로 기본적인 종이형태 또는 마이크로필름 형태로 보존되어 있다.

(4) 대출불가기록

노스웨스트 자치령의 현안이나 역사관련 서적 또는 연속간행물의 경우 기본적으로 관내열람은 가능하나 관외대출은 불가하다.

(5) 희귀본컬렉션

북부지역의 1800년대 후반 및 1900년대 초반 문서 또는 문헌의 경우 희
귀본으로 분리 보관하고 있다.

(6) 사진기록물

사진기록물로 장소묘사, 북부지역의 사람들 및 생활 등을 싣고 있는 사
진 약 400점을 소장하고 있다.

(7) 영화기록

역사 및 현재의 노스웨스트 자치령 모습을 다루고 있는 영화류의 기록들
을 소장하고 있다.

3) 검색수단(Resources to Aid in Research)

노스웨스트자치령기록관 소장기록물 및 정보원은 다음과 같은 다양한 방법으
로 검색 및 열람이 가능하다.

- 대부분의 컬렉션에서 검색도구 이용
- 열람실에서 문헌검색용 컴퓨터를 이용한 목록 검색
- 기록관의 카드 목록 이용
- 연락처 브라우징(Rolodexes)
- 열람실에서의 일반적인 문헌자료 열람
- 특정 주제별, 장소 또는 사람별 등의 내용을 담고 있는 참고파일의 이용
- 열람실에서 마이크로피시를 이용한 열람

4) 분류별 검색

프린스오브웨일스북부유산센터(Prince of Wales Northern Heritage Center) 홈페이지(http://www.pwnhc.ca)를 통해 다음과 같은 분류별 검색 또한 제공하고 있다.

- 사진컬렉션의 디지털화된 이미지
- 노스웨스트 자치령의 공식적 그리고 전통적인 장소명칭
- 소장기록의 컬렉션 설명
- 음성기록 선택
- 특정컬렉션의 검색도구

PANB
Provincial Archives of New Brunswick
뉴브런즈윅지방기록관

1 기록관

1) 소재사항

주   소   Bennett Building 23 Dineen Drive UNB Campus Fredericton, NB
전   화   ＋1 506 453 2122
전   화   ＋1 506 453 3288
홈페이지   http://archives.gnb.ca/Archives/Default.aspx?culture＝en－CA

2) 성격

뉴브런즈윅지방기록관(PANB: Provincial Archives of New Brunswick)은 뉴브런즈윅 역사에 관한 연구, 도큐먼트 및 기록의 이용이 가능하도록 다양한 기록의 수집 및 보존에 대한 활동을 전개하는 공공기관이다.

3) 설립연혁

뉴브런즈윅지방기록관은 1967년에 설립되어 이 지방의 주민, 기관, 정부의 도큐먼트를 수집 및 보존한다. 대부분의 소장기록물과 자료들은 1784년부터의 자료들을 대상으로 한다.

4) 임무

뉴브런즈윅지방 법률에 의거하여 본 기록관은 뉴브런즈윅 역사를 담고 있는 기록물 및 문헌을 수집·관리하고 대중들이 이용 가능하게 할 의무를 수행하고 있다.

5) 주요행사

다음과 같은 다양한 주제하에 뉴브런즈윅 지방의 기록 및 기록관리 관련 행사를 전개하고 있다.

① 기록포트폴리오(Archival Portfolio)
② 뉴브런즈윅의 역사적 이미지(Historical Images of New Brunswick)
③ 전쟁 속의 뉴브런즈윅(New Brunswick at War)
④ 직장에서의 여성(Women at Work)

6) 주요활동

(1) 기록정보관리(Recorded Information Management)
뉴브런즈윅지방기록관의 기록정보관리팀은 모든 정부부처, 기관, 법인 및 위원회 기록 및 정보관리에 관한 조언 및 지원을 제공한다. 지방 법률에 의거하여 기록관리정책과 절차는 모든 기록에 적용된다.

(2) 기록관리프로그램(Records Management Program)
기록관리프로그램을 통해 정기적인 기록의 이관과 법적 그리고 역사적 가치를 영구적으로 지닌 현재 이용하고 있지 않은 정부기록의 유지를 확실시하고 있다.

7) 보존(Conservation)

보존측정은 기록관 운영에 있어서 매우 중요하다. 이 측정은 새로 입수된 기록물의 물리적 상태 평가, 보존을 위한 기록물 관리, 연구 및 전시를 위한 준비, 도큐먼트를 위한 특별보관장치 설비, 기록관 표준에 의거한 보존 환경 상태 유지 등을 포함한 활동을 수행한다.

② 정보원

1) 정보원 열람 및 배포 정책

뉴브런즈윅지방기록관(PANB: Provincial Archives of New Brunswick)은 소장기록물에 대한 검색도구를 이용한 정보검색을 제공하고 있으며, 공휴일을 제외한 월요일부터 금요일 및 토요일에도 기록물의 관내 열람을 제공하고 있다. 홈페이지를 통하여 각 기록그룹으로 분류되어 있는 기록물들의 관련 항목별 검색 또한 제공되고 있다.

2) 소장기록물

온라인 데이터베이스에서 제공되고 있는 소장기록물은 약 1,713,032점이다. 특히 5,500점의 사진기록물과 56,591점의 도큐먼트도 포함된다.

3) 건축기록물

건축기록물은 '건축설계도(Architectural Drawings)' 난을 통하여 관련 정보를 제공하고 있으며, 구체적으로 다음과 같다.

- 두 세기가 넘는 가정, 대중, 기관 건축에 대한 **250,000점** 이상의 기록물이 보관되고 있다. 이 기록들은 보통 역사연구 및 전시의 용도로 이용된다.
- 지방공공사업 기록의 대부분은 **1950년대** 것부터 보존되고 있으며, 건축물 종류와 장소 그리고 디자이너 및 설계자의 이름으로 검색이 가능하다.

4) 정부기록물(Government Records)

- **1784년**부터 정부기록은 해당 정부의 기록관에 보존되도록 규정되어 있다. 정부 및 지방 주민들과의 의사소통관련 기록들도 여기에 포함된다.
- 뉴브런즈윅지방기록관은 현재 약 **8,000미터** 이상의 정부기록을 소유하고 있다. 이 정보들은 지방 및 지방자치법, 입법행정, 토지기록, 자연자원의 이용 및 관리, 수입 및 지출, 공공사업, 사회서비스, 교육, 보건, 농업, 회사규정 등을 포함한다.

5) 지도기록물

지도기록물은 '지도 및 평면도(Maps and Plans)' 난을 통하여 관련 정보를 제공하고 있으며, 구체적으로 다음과 같다.

- 이 도큐먼트들은 이 지역의 첫 탐험가 시절부터 현재까지의 도식적 지방개발을 엿볼 수 있도록 하고 있다. 일부 초기의 기록들은 불분명한 것들도 있다.
- 약 **50,000점**의 지도 및 평면도를 소유하고 있다.
- 이 기록들은 카테고리 또는 목적별, 지리학적 위치 또는 제작자의 이름별로 분류되어 있다.

6) 사진기록물(Photographs)

- 약 175,000점의 사진이 약 300개 컬렉션으로 구분되어 있다. 19세기 중 반부터 이 지방 사람들에 대한 사진이 주종을 이루고 있다. 이러한 사진 기록들은 일상 및 특별한 사건에 대한 기록이다.
- 이 컬렉션들은 발간서적, 전시회, 강연, 교육프로그램, 집 인테리어, 공공 빌딩 등에 활발하게 이용되고 있다.

7) 민간기록물(Private Records)

약 2,000건에 달하는 컬렉션이 뉴브런즈윅과 지방 사람들에 대한 내용을 담 고 있다. 이 도큐먼트들은 개인, 가족, 교회, 기억, 협회 및 다른 보관소로부 터 받은 기록들이다. 편지 및 일기부터 재정 및 통계자료까지 다양한 내용을 담고 있다.

8) 음성 및 동영상기록물(Sound and Moving Images)

이 기록물들은 그 규모 및 중요성에 있어서 급격하게 증가하고 있으며 구체 적으로 다음과 같다.

- 전문적으로 제작된 다큐멘터리, 기행영화, 판촉기획물, 가정영화 등이 포함 된다. 조용한 영화에서 흑백영화, 현대영화 등 다양한 종류를 담고 있다.
- 주제별로는 상업 및 스포츠 낚시, 공공사업, 전쟁, 여행, 투자촉진, 선거 캠페인 등을 포함한다.
- 음성기록물은 산업, 비즈니스, 노동, 군사, 정부, 정치, 인종그룹 등에 대한 정보를 포함한다. 이 기록물은 대부분 개인 및 지역방송국 등을 통해 입 수된다.

2. 아시아 및 태평양

2.1 일본

DROMFA
The Diplomatic Record Office of the Ministry of Foreign Affairs of Japan
外交史料館
외교사료관

① 기록관

1) 소재사항

주   소   〒106 - 0041 東京都港區麻布台 1 - 5 - 3
전   화   +3 3585 4511
팩   스   +3 3585 4514
홈페이지   http://www.mofa.go.jp/mofaj/annai/honsho/shiryo/

2) 성격

외교사료관(DROMFA: The Diplomatic Record Office of the Ministry of Foreign Affairs of Japan, 外交史料館)은 일본 외무성(外務省) 산하 기관으로서 막부(幕府) 이래 일본의 외교기록을 수집 · 정리 · 보관하며, 일반인의 열람에 봉사하는 공공기관이다.

3) 설립연혁

- 외교사료관은 외무성 산하 기관의 하나로 소화(昭和) 46(1971)년 4월 15일에 개관하였다. 이는 명치(明治) 초년 이래 성내(省內) 모든 기록을 망라하여 수집·분류·보존하고, 문서류의 편찬과 간행을 담당하는 사무를 중시하였기 때문이다.
- 1936년 이래 소장기록물 중에서 중요한 문서를 정리 및 편찬하여 일본외교문서(日本外交文書)를 공식적으로 간행하고 있다.
- 1988년 7월에는 전시실과 수장고를 구비하고 별관(別館)을 증설하였다.

4) 주요활동

(1) 사료의 열람

'외무성외교사료관이용규칙(外務省外交史料館利用規則)'에 의거하여 소장사료와 기록물 중 외무성관련 기록의 열람·복사를 제공한다.

(2) 사료관련 참고서비스

국내외의 연구자에게 일반적인 소장사료와 외교사관련 질문에 대한 참고서비스를 제공하고 있다.

(3) 사료의 전시

(4) 편찬과 간행

외교상의 주요문서를 종합하고 정리 및 편찬한 일본외교문서(日本外交文書)를 연간으로 간행하고 있다.

(5) 정보의 공개

'정보공개법(情報公開法)'에 의거하여 특정 개인 및 단체에 공개된 문서인 개시문서(開示文書)로서 필사본의 역사적 가치가 있는 문서는 일반에게 공개한다.

(6) 사료의 조사 및 수집

(7) 강연회와 연구회의 실시

2009년 현재 홈페이지에 평성 17(2005)년도 외교사료관강연회에 관한 개최보고(平成17年度外交史料館講演會について開催報告)의 내용이 제공되고 있다.

5) 관련기관

- 국립공문서관(國立公文書館)
  홈페이지 http://www.archives.go.jp/

- 아시아역사자료센터(アジア歷史資料センター)
  홈페이지 http://www.jacar.go.jp/

- 역사공문서탐구사이트(歷史公文書探究サイト『ぶん藏』)
  홈페이지 http://bunzo.jp/

- 궁내청서릉부(宮內廳書陵部)
  홈페이지 http://www.kunaicho.go.jp

- 방위성방위연구소(防衛省防衛研究所)
  홈페이지 http://www.nids.go.jp/

② 정보원

1) 정보원 열람 및 배포 정책

외교사료관(DROMFA: The Diplomatic Record Office of the Ministry of Foreign Affairs of Japan, 外交史料館)은 제2차대전 종결까지의 외무성(外務省) 기록은 책자목록으로 검색에 제공하고 있으며, 전쟁 후기 기록은 마이크로형태의 검색부를 비치해 두고 있다. 공식적인 간행물인 일본외교문서(日本外交文書)의 경우 디지털화하여 홈페이지를 통한 검색 및 열람이 제공되고 있으며, 연속간행물 외교사료관보(外交史料館報)의 목록 및 간략 내용이 홈페이지에 무료로 제공되고 있다. 대부분의 소장기록물 열람은 관내열람으로 18세 이상으로 제한되어 있으며, 신분증을 통한 증명절차가 요구된다. 신분확인 후 이용신청서 및 열람신청서를 제출 후 열람 가능하다.

2) 소장사료

(1) 막부시기(幕府期)
- 정·속통신전람(正·續通信全覽)
  막부시기의 외교사료집으로 통신전람(通信全覽)과 속통신전람(續通信全覽)의 개요이다.

(2) 전쟁전기(戰前期)
- 외교성기록(外務省記錄)
  명치(明治) 시기부터 제2차대전 종결까지의 외무성기록파일(外務省記錄ファイル) 개요와 해설이다.
- 외교사료(外交史料)

상기 외무성기록(*外務省記錄*) 이외의 외교사료 일람과 개요이다.

- 개인문서 및 서간류(書簡類)

  개인문서와 서간류의 일람과 개요이다.

- 조약서(條約書)

  약 600건의 전쟁 전기 조약서 개요이다.

- 국서(國書)와 친서(親書)

  약 100건의 전쟁전기 국서와 친서 개요이다.

(3) 전쟁후기(戰後期)

- 전후외교기록
- 제1회에서부터 제5회, 제7회, 제8회 외교기록
- 기타 소장자료

3) 간행물

외교사료관은 외교상의 주요 문서를 종합, 정리 및 편찬하여 일본외교문서(*日本外交文書*)를 공식적으로 간행하고 있다. 이는 홈페이지(http://www.mofa.go.jp/mofaj/annai/honsho/shiryo/archives/index.html)를 통하여 디지털화된 내용의 검색 및 열람이 제공되고 있다.

4) 연속간행물

외교사료관보(*外交史料館報*)는 소화(昭和) 63(1988)년 3월에 창간되어 연간으로 간행되고 있다. 주요내용은 외교사료관 주최의 강연회와 연구회, 사료소개, 연구논문, 일본외교문서(*日本外文書*) 개요, 각종 보고 등을 다루고 있다. 2009년 현재 홈페이지에 창간호부터 제21호까지의 목록과 간략한 내용소개 원문이 제공되고 있다.

TMA
Tokyo Metropolitan Archives
東京都公文書館
동경도공문서관

① 기록관

1) 소재사항

주   소   〒105－0022 東京都港區海岸1丁目13番17号

전   화   ＋3 5470 1334

홈페이지   http://www.soumu.metro.tokyo.jp/01soumu/archives

2) 성격

동경도공문서관(TMA: Tokyo Metropolitan Archives, 東京都公文書館)은 동경도 지역의 역사적 자료에서부터 중요한 가치가 있는 공문서 등을 수집, 보존 및 이용토록 봉사하는 과거와 미래의 교량 역할을 한다.

3) 설립연혁

동경도공문서관의 실제적인 기록관 기능은 소화(昭和) 43(1968)년 10월 1일에 '도정사료관(都政史料館)'과 '총무국총무부문서과(總務局總務部文書課)'의 기능을 통합하여 시작되었다. 구체적으로 다음과 같다.

- 명치(明治) 35(1902)년 4월 동경시회(東京市會)에서 '동경시사편찬건(東

京市史編さんの件)'을 가결하고 시편사사업에 착수

- 1907년 4월 시편사사업계획을 확정, 1911년에 동경시사고 황성편 제일 (*東京市史稿 皇城篇 第一*)을 간행
- 소화 27(1942)년 11월의 사료 편찬업무를 주체로 하고 도정(都政)관련 문서의 보존업무를 통합하여 '도정사료관(都政史料館)'을 설치
- 1968년 10월 '도정사료관'과 '총무국문서과(總務局文書課)'의 일부 기능을 통합하여 '동경도공문서관(東京都公文書館)'을 설치
- 동경부(東京府)와 동경시(東京市) 시대의 공문서 공개 시작
- 소화 63(1985)년 6월에 '공문서관법(公文書館法)' 실시
- 평성(平成) 6(1994)년 4월에 이르러 소화 18(1943)년 7월 동경도제(東京都制) 실시 후 공문서로서 작성 후 30년이 경과된 문서 공개 시작
- 평성 16(2004)년 3월 '동경부 및 동경시관련 행정문서(東京府及び東京市關連行政文書)'를 동경도지정유형문화재(東京都指定有形文化財)로 지정

4) 주요사업

동경도공문서관은 다음과 같은 다양한 사업을 전개하고 있다.

① 공문서의 인수 · 정리 · 보존관리
② 도청내간행물(都廳內刊行物) · 도서 · 자료류의 접수
　동경도에서 작성된 간행물을 접수하고, 국가 · 지방공공단체 및 민간 등에서 발행한 강호(江戶) 그리고 동경에 관한 자료를 수집한다.
③ 보수 · 수선 · 복각(復刻) 및 제본
④ 마이크로형태화 사업
⑤ 공문서 등의 열람
⑥ 참고서서비스의 제공

공문서와 자료 등에 대한 내용 및 강호(江戶) 및 동경에 관한 사항에 대한 이용자의 다양한 질문에 답을 제공한다.

⑦ 사료편찬

동경도(東京都)에 관한 사료편찬 사업은 명치시대 이래의 역사적 사업으로 2009년 현재 동경시사고(*東京市史稿*), 도사자료집성(*都史資料集成*)을 편찬하고 도사기요(*都史紀要*), 사료복간(*史料復刻*) 등을 출판하였다.

⑧ 행정자료의 조사 · 집록(集錄)

동경도행정자료집록(*東京都行政資料集錄*)을 편집 · 간행하였다.

⑨ 전시 및 강연회

5) 조직

동경도공문서관은 관장 이하 다음과 같은 조직으로 구성되어 있다.

(1) 서무계(庶務係)

인사, 급여, 예산, 계약, 문서사무 등을 담당하고 있다.

전화번호 ＋3 5470 1333

(2) 정리열람계(整理閱覽係)

공문서의 인수, 수집, 선별 및 보존, 열람 등을 담당하고 있다.

전화번호 ＋3 5470 1334

(3) 사료편찬계(史料編さん係)

동경도(東京都)의 역사편찬사업 및 조사 등을 담당하고 있다.

전화번호 ＋3 5470 1336

6) 관련기관

(1) 국립의 공문서관 및 관련 기관

- 독립행정법인국립공문서관(獨立行政法人國立公文書館)
  주   소   東京都千代田區北の丸公園
  전화번호   ＋３ ２ ３ 3214 0621
  홈페이지   http://www.archives.go.jp/

- 아시아역사자료센터(アジア歷史資料センター)
  주   소   東京都千代田區平河町2－1－2 住友半藏門ビル別館４階
  전화번호   ＋3 3556 8801
  홈페이지   http://www.jacar.go.jp/

- 궁내청서릉부(宮內廳書陵部)
  주   소   東京都千代田區千代田1－1
  전화번호   ＋3 3213 1111
  홈페이지   http://www.kunaicho.go.jp/syoryobu/eturanriyouannai.html

- 방위성방위연구소도서관(防衛省防衛研究所図書館)
  주   소   東京都目黑區中目黑
  전화번호   ＋2 ２ 1 03 5721 7005
  홈페이지   http://www.nids.go.jp/

- 국문학연구자료관(國文學硏究資料館)
  주   소   東京都立川市綠町
  전화번호   ＋10 3 050 55332900
  홈페이지   http://www.nijl.ac.jp/index.html

(2) 협의회 및 학회

- 전국역사자료보존이용기관연락협의회(全國歷史資料保存利用機關連絡協議會)
  홈페이지   http://www.jsai.jp/

- 전사료협관동부회(全史料協關東部會)
  홈페이지   http://www.edu.gunma‒u.ac.jp/~shozawa/zensikan.html

- 일본아카이브스학회(日本アーカイブズ學會)
  홈페이지   http://www.jsas.info/

② 정보원

1) 정보원 열람 및 배포 정책

동경도공문서관(TMA: Tokyo Metropolitan Archives, 東京都公文書館)은 관내의 데이터베이스와 '동경도공문서관장서목록(*東京都公文書館藏書目錄*)' 그리고 '명치기행정문건명목록학사편(*明治期行政文書件名目錄學事編*)' 등 으로 소장 주요 기록물의 검색을 제공하고 있다. '신착정보(新着情報)' 난을 통하여 동경도공문서관의 최근 기록 및 자료 관련 소식을 업로드하여 제공하 고 있다. 제공되는 관련 자료와 문헌의 경우 인쇄물이나 DVD 등 전자매체 로 발간하여 유료로 제공되고 있으며, 각 구입방법은 홈페이지에 제공되고 있다. 원자료는 마이크로 형태와 DVD 등의 전자형태로 열람에 제공된다. 다만 '동경도공문서관의 공문서 등의 이용에 관한 취급 및 규정(東京都公文

書館における公文書等の利用に關する取扱規程)' 제2조 제2항 및 제3항에
의하여 제한적인 열람 외에 복사와 사진촬영이 제공된다. 기본적으로 관외
대출은 불가능하다.

2) 소장기록물

동경도공문서관은 동경도의 공문서, 동경도의 전신인 동경부(東京府)와 동경
시(東京市)의 공문서, 동경도 · 동경부 · 동경시에서 발행한 행정간행물(行政
刊行物, 즉 廳內刊行物) 그리고 강호(江戶) 및 동경에 관한 역사자료와
도서, 지도 등을 소장하고 있다. 그중 공문서는 다음과 같이 분류되어 있다.

(1) 동경부문서(東京府文書)

동경부(東京府)에서 인수한 문서로서 경응(慶応) 4 (1868)년에서부터 소
화(昭和) 18(1943)년까지 포함하고 있다. 이는 동경도지정문화재로 지정
되어 있다. 약 22,400책(冊)으로 주로 부회(府會), 부참사회(府參事會),
지방행정, 권업(勸業), 학사(學事), 사사(社寺), 병서(兵事), 토목, 지리관계
등 내용이다. 관내의 데이터베이스와 동경도공문서관장서목록 1 · 2(東京
都公文書館藏書目錄 1 · 2) 그리고 명치기행정문서건명목록 학사편(明
治期行政文書件名目錄 學事編) 등으로 검색가능하다.

(2) 동경시문서(東京市文書)

동경시(東京市)에서 인수한 문서로서 명치(明治) 22(1889)년에서부터
소화 18(1943)년까지 포함하고 있다. 이는 동경도지정문화재로 지정되어
있다. 약 12,100책(冊)으로 주로 시회(市會), 시참사회(市參事會), 지진
부흥(震災復興), 학사(學事), 하암지(河岸地), 공원, 묘지, 토지관계 등
내용이다. 관내의 데이터베이스와 동경도공문서관장서목록 3(東京都公

文書館藏書目錄 3) 그리고 명치기행정문서건명목록 학사편(*明治期行
政文書件名目錄 學事編*) 등으로 검색가능하다.

(3) 동경도문서(東京都文書)

동경도가 인수한 문서로서 소화 18(1943)년 7월 도제(都制) 시행에서부
터 현재까지를 대상으로 한다. 약 127,600책(冊)으로 주로 조례입안(條
例立案), 청의(廳議), 올림픽동경대회(オリンピック東京大會), 토지관계
등을 대상으로 한다. 관내 데이터베이스로 검색가능하다.

3) 주요기록물

동경도공문서관의 주요 소장기록물은 다음과 같이 분류되어 있다. 상세설명
이 제공되고 있으며, 그중 일부 설명은 PDF로 제공되고 있다.

(1) 에도(江戸)시기 기록물
- 어부내연혁도서(御府內沿革図書)
  1670년대 연보(延宝)에서부터 1860년 문구(文久)까지 약 180년간의
  에도시(江戸市) 무가옥수(武家屋敷), 정옥(町屋), 사사(寺社), 도로,
  다리, 하천 등 지역 변천도를 수집해 놓은 귀중한 사료이다. 전 43책
  이며, 어부내연혁도서회도(御府內沿革図書繪図)와 같은 부록도(附錄
  図) 42매도 포함된다.
- 어부내비고(御府內備考)
  에도막부관선(江戸幕府官選)의 에도지지(江戸地誌)이다. 147권 외
  에 부록 1권이다.
- 신견문서(新見文書)
  기본신견가(旗本新見家)에 일부 전해지는 기록물로 주로 관직에 관

한 기록류 354점이다.

- 찬요영구록(撰要永久錄)

  이는 고야가문서(高野家文書)로서 고야신우위문가(高野新右衛門家)에서 편집한 사료이다. 전 163책이며, 일부 사본(寫本)도 포함되어 있다.

- 고송가문서(高松家文書)

  고송가(高松家)에 전해져 내려온 문서로서 1,100여 점이다. 원록(元祿) 2(1689)년에서부터 메이지(明治) 29(1896)년까지의 문서이다.

- 등강옥일기(藤岡屋日記)

  신전어성도(神田御成道) 등강옥(藤岡屋)의 주인이 소장하였던 기록물이다. 막부(幕末) 에도(江戶)에 관한 정보를 수집해 놓은 사료이다. 원본은 동경대학(東京大學)에 소장되어 있었으나 관동대지진(關東大震災)으로 소실되고, 동경시사편찬실(東京市史編纂室)이 필사한 것은 본 문서관의 사본으로 전한다. 전체 152책이다.

- 팔장실기(八丈實記)

  근등부장(近藤富藏, 1805~1887)이 저술한 것이다. 명치 2(1869)년 동경부가 구입하여 동경부문고(東京府文庫)로 소장하게 되었으며, 동경부문화재로 지정되었다.

(2) 명치(明治)시기 기록물

- 순립장(順立帳)

  동경부(東京府) 문서로서 명치(明治) 원(1868)년에서부터 4(1871)년까지의 기록물 156책이다. 명치 초년에 동경의 도시행정을 담당한 동경부상무방(東京府常務方)인 상무국(常務局), 서무본과(庶務本課)에서 작성한 공문서이다.

- 부치류찬(府治類纂)

동경부 문서로서 명치 원년에서부터 5(1872)년까지의 공문서 37책이다. 당시 동경부 행정 조사에 필수적이었던 기본기록물이다. 상세한 해설이 PDF로 제공되고 있다.

- 고권지도(沽券地図)

  명치 6(1874)년 12월에 동경부지권과(東京府地券課)에서 작성한 동경 시가지 지적도(地籍図) 76매이다. 상세한 해설이 제공되고 있다.

- 은좌련와가건설관계문서(銀座煉瓦街建設關係文書)

  동경부 문서로서 명치 5(1873)년 이래 관련 문서 100책이다.

- 소립원도일지(小笠原島日誌)

  소립원도(小笠原島) 동경부출장소(東京府出張所)가 작성한 일지(日誌)를 동경부서무과(東京府庶務課)에서 철한 문서들이다. 명치 14(1881)년 10월부터 명치 19(1886)년 10월까지 13책으로서 명치 전기(明治前期) 소립원도의 상황을 알려주는 기본적인 자료이다.

- 동경부문헌총서(東京府文獻叢書)

  지지편찬사업(地誌編纂事業)의 일환으로 명치 11(1878)년부터 20(1887)년까지 수집 및 편찬한 것이다.

(3) 대정(大正) 및 소화(昭和) 전쟁전기 기록물

- 대정박람회관계문서(大正博覽會關係文書)

  동경시(東京市) 문서로서 대정 2(1913)년부터 3(1914)년까지 7책이다. 특히 대정 3년에 개최된 동경대전박람회에 관한 문서를 대상으로 하고 있다.

- 관동대지진·제도부흥관계문서 및 자료(關東大震災·帝都復興關係文書·資料)

  동경부(東京府) 및 동경시(東京市) 문서로서 대정(大正) 12(1923)년 9월 1일에 발생한 관동대지진(關東大震災)과 그 후 복구사업 등에 관한 공문서이다. 공문서 약 1,000책과 도서 및 연속간행물 약 1,200책이다.
- 동경시역확장관계문서(東京市域擴張關係文書)
  소화 6(1931)년에서부터 11(1936)년까지의 동경시 영역 확장관련 문서 약 100책이다.
- 학동소개관계문서(學童疎開關係文書)
  동경도(東京都) 교육국(敎育局) 교육제일과(敎育第一課)가 작성 및 접수한 관련 문서들이다. 소화 19(1944)년부터 21(1946)년까지 전 4책이다. 이는 수선 복제 후 5책으로 분책되었다. 이후 평성(平成) 8(1996)년에 동경부의 학동소개자료(*東京都の學童疎開資料*)로 번각(翻刻)되었다.

(4) 전후(戰後) 및 현대 기록물
- 섭외 및 GHQ관계문서(涉外 · GHQ關係文書)
  소화 21(1946)년부터 22(1947)년까지의 85책이다. 당시 일본을 점령하였던 연합국총사령부(GHQ)에 대한 상세한 설명이 포함되어 있다.
- 농지개혁관계문서(農地改革關係文書)
  소화 21년부터 41(1966)년까지의 기록물 약 70책이다. 경제국(経濟局, 현재의 산업노동국(産業勞働局)) 농무과(農務課)가 작성 및 접수한 농지개혁 등 관련 문서들이다.
- 동경올림픽관계문서 및 자료(東京オリンピック關係文書 · 資料)
  1964년에 개최된 제18회 동경올림픽 개최에 이르기까지의 관련 공문서, 간행물 등이다.

4) 연보(年報)

동경도공문서관의 연보인 동경도공문서관연보(*東京都公文書館年報*)가 홈페이지에 PDF 형식으로 제공되어 무료 열람이 가능하다. 현재 2007년의 연보가 업로드되어 있다.

5) 신착정보(新着情報)

2007년 6월 1일부터 현재 2009년까지 신착정보를 홈페이지를 통하여 제공하고 있다. 신착정보에서 제공되는 관련 자료와 문헌의 경우 인쇄물이나 DVD 등 전자매체로 발간되어 유료로 구입가능하다. 가장 최근의 신착정보는 다음과 같다.

- *史料復刻「幕末江戸町人の記録　鈴木三右衛門日記」を刊行しました.* (2009年 1月 16日)
- *古文書解読チャレンジ講座を更新しました.* 第6回「明治の『言上帳』を讀もう その4」. (2008年 12月 15日)
- *古文書解読チャレンジ講座を更新しました.* 第5回「明治の『言上帳』を讀もう その3」. (2008年 11月 7日)
- *ロビー展示"東京府の開庁: 町奉行所・市政裁判所・東京府"開催のご案内(2008年 10月 28日～)所蔵文化財を展示.* (2008年 10月 10日)
- *「公文書館だより」13号を掲載しました.* (2008年 10月 3日)
- *ロビー展示 "江戸の地誌編さん: 地域史の発見"開催のご案内.* (2008年 8月 25日)

2.2 중국

BMA
Beijing Municipal Archives
北京市檔案館
북경시당안관

☐ 기록관

1) 소재사항

주   소   北京市丰台區蒲黃楡路42号   郵政編碼: 100078
전   화   +86 10 6764 5511
홈페이지   http://www.bjma.org.cn/Default.ycs

2) 성격

북경시당안관(BMA: Beijing Municipal Archives, 北京市檔案館)은 중국의
종합당안관이자 시급(市級)당안관으로 북경시 전체의 관련 기록물과 기록관
리를 책임지는 기관이다. 행정기구인 북경시당안국(北京市檔案局)과 함께
운영되고 있다.

3) 조직

북경시당안관은 여러 위원회 등이 설치되어 있는 것 외에 다음과 같이 구성
되어 있다.

(1) 종합연구처(綜合硏究處)

업무의 조정, 전체 북경시 기록물관련 사업 계획 기안서 등 종합적인 문서 업무와 기록물 홍보, 통계, 정보업무 등을 책임진다. 그 외에 기록물 이론과 정책 연구 등을 담당하고 있다.

(2) 시직단위업무처(市直單位業務處)

시급(市級) 기관, 단체, 기업, 사업체 및 기타 조직기록물관련 업무의 감독과 지도 등을 담당하고 있다.

(3) 구현업무처(區縣業務處)

북경시 지역의 구(區)와 현(縣)의 기록물관련 업무 감독과 지도 등을 담당하고 있다.

(4) 법규처(法規處)

기록물관련 법규 집행과 감독 그리고 집행 상황 등을 담당하고 있다.

(5) 과연교육처(科硏敎育處)

북경 전체 기록물의 과학적 연구관리와 업무지도 등을 책임지며, 시(市) 전체의 기록물관련 교육과 업무지도 그리고 기록물관련 전문기술과 직무 자격 심사 등을 담당하고 있다.

(6) 정보화처(信息化處)

북경시 전체와 본 당안관의 기록물 정보화 계획, 표준화 및 규범적 문서의 초안 등을 책임지며, 북경시 전체의 기록물 정보화 감독과 지도 등을 담당하고 있다.

(7) 홈페이지관리처(网絡管理處)

본 북경시당안관의 홈페이지 구축, 운행, 유지 및 관리 등을 책임지며, 북경시의 기록관련 정보 제공 홈페이지와 시스템의 구축, 유지 및 관리 등을 담당하고 있다.

(8) 수집처(收集處)

이관(移管) 기관의 기록물과 자료를 접수하고 사회의 진귀한 기록물 수집 등을 담당하고 있다.

(9) 정리편목처(整理編目處)

소장기록물과 자료의 정리 · 감정을 책임지며, 정부의 공개정보 검색시스템 구축 등을 담당하고 있다.

(10) 기술복제처(技術夏制處)

소장기록물의 마이크로형태화와 디지털화 등을 책임지며, 시급(市級) 주요활동의 지도와 음성 및 영상기록물 제작작업 등을 담당하고 있다.

(11) 기술보호처(技術保護處)

기록물 서고의 온 · 습도 감측 지도와 소방 및 방재 기술 그리고 손상 기록물의 유지 · 보수 등을 담당하고 있다.

(12) 보관처(保管處)

기록물의 서고 관리 등을 담당하고 있다.

(13) 이용처(利用處)

소장기록물과 자료의 이용, 서비스 업무 그리고 정부정보 공개열람서비스 등을 담당하고 있다.

(14) 당안문헌편연부(檔案文獻編硏部)

소장문헌의 연구와 학술교류를 책임지며, 문헌편집 규정 초안과 편집, 출판 및 간행 외에 ‘당안문화유산공정(檔案文化遺産工程)’ 관련보고 업무 등을 담당하고 있다.

(15) 북경당안사료(北京檔案史料) 편집부

소장사료의 연구와 학술교류 등을 책임지며, 본 당안관의 연속간행물인 북경당안사료(*北京檔案史料*)와 당안적보(*檔案摘報*)의 편집과 간행 등을 담당하고 있다.

(16) 전람진열처(展覽陳列處)

소장기록물의 연구와 전람회의 개최, 교육 등을 담당하고 있다.

(17) 행정관리처(行政管理處)

직원의 복지 등을 담당하고 있다.

(18) 설비처(設備處)

각종 설비의 유지 · 보수 등을 담당하고 있다.

(19) 보위처(保衛處)

소방 및 치안 등을 담당하고 있다.

(20) 인사처(人事處)

기구설치, 인사편제 등을 담당하고 있다.

4) 기록물의 수집

북경시당안관은 일반적인 공공기록물의 접수 및 이관 외에 기록물의 수집에 주의하고 있다. 이는 수집처(收集處) 증집과(征集科)에서 책임지고 있다.

(1) 수집범위

주요 수집범위는 다음과 같다.

- 신중국건설 전의 역대 정권, 기구, 일반단체, 사회조직 형성관련 기록물
- 북경지역 행정구획, 도시풍경, 계획건설, 미풍양속 관련 기록물과 자료
- 북경시의 각종 중대 활동과 중요 사건관련 기록물
- 저명한 인사관련 기록물
- 기타

(2) 시행법규

- 征集办(2006년 2월 8일 제정)

(3) 관련법규와 규정

- 北京市建国後档案全宗概览 · 案卷级目錄和文件级目錄採集方案
- 北京市建国後档案全宗概览 · 案卷级目录和文件级目錄採集方案
- 北京市建国後档案全宗概览数据採集标准
- 北京市建国後档案案卷级目錄数据採集标准
- 北京市建国後档案文件级目錄数据採集标准

5) 조직

북경시당안관은 홈페이지를 통한 활발한 전시회 개최를 주관하고 있다. 최근
에 개최된 전시회는 다음과 같다.

- 북경당안진품전(北京檔案珍品展)
- 중국공산당재문두구(中國共産党在門頭溝)
- 한묵란태문두구(翰墨蘭台門頭溝)
- 통주관장정품전(通州館藏精品展)
- 통주명인전(通州名人展)
- 잊을 수 없는 기억: 기념항전70주년(不能忘却的記憶: 紀念抗戰70周年)
- 옛적의 이야기: 옛 북경의 맛(曾經的故事: 老北京的味道)
- 쇄편 · 북경 · 1906(碎片 · 北京 · 1906)
- 기념손중산탄진140주년: 손중산과 북경(紀念孫中山誕辰140周年: 孫中山与北京)
- 패루(牌樓)

② 정보원

1) 정보원 열람 및 배포 정책

북경시당안관(BMA: Beijing Municipal Archives, 北京市檔案館)은 관내
열람과 전시회 및 사료출판, 온라인검색 등을 통하여 소장기록물과 정보원의
열람과 검색에 적극적으로 봉사하고 있다. '당안전문검색열람시스템(檔案全
文檢索閲覽繼統)'으로 구축된 6개 주요 데이터베이스를 통하여 각종 기록

물의 원문검색 및 열람이 제공되고 있으며, 그 외 연속간행물의 기사색인을
제공하고 있다. 기록물 열람의 경우 공개기록물에 대하여 내국인은 소개서
또는 합법적 신분증이 필요하며, 외국인의 경우 국내관련 기관의 소개서 외
에 본 당안관의 동의를 거쳐야 한다. 한편 미공개기록물에 대하여 내국인은
해당 기관의 소개서가 필요하며, 특수기록물의 경우 본 당안관의 관련 규정
에 따라야 한다.

2) 소장기록물

북경시당안관은 2009년 현재 190여만 건의 종이기록물, 음성 및 영상기록물
과 사진기록물 등 각종 매체 기록물을 소장하고 있다.

3) 간행물

- *北京地坛史料*(2006)
- *北京辉煌的五十年*(2006)
- *杨度日记*
- *北京市人民代表大会文献资料汇编*
- *北京会馆档案史料*
- *北京寺庙历史资料*
- *民国时期北平市工商税收*
- *北平历届市政府市政会议决议录*
- *北平的新生*

4) 연속간행물

북경시당안관은 북경시중요문헌선편(*北京市重要文獻選編*), 북경당안사료(*北*

京檔案史料), 북경당안(北京檔案)과 같은 공식적인 연속간행물을 발간하고 있다. 그중 북경시중요문헌선편은 1948년부터 1964년까지, 북경당안사료는 2001년 제1집(輯)에서부터 2008년 제3집까지의 기사색인이 홈페이지에 제공되고 있다.

- ***北京市重要文献选编***
- ***北京档案史料***
- ***北京档案***

5) 기록물 검색

북경시당안관은 기록물의 검색을 위하여 현재 6개 주요 데이터베이스를 구축하고 있다. 이는 '당안전문검색열람시스템(檔案全文檢索閱覽繼統)'을 기반으로 총 796,686조(條)의 주요기록물 검색을 제공하고 있다. 구체적으로 다음과 같다.

- 민국시기당안목록데이터베이스(民國時期檔案目彔數据庫)(447,711조)
- 중화인민공화국시기당안목록데이터베이스(中華人民共和國時期檔案目彔數据庫)(73,390조)
- 당안자료목록데이터베이스(檔案資料目彔數据庫)(22,647조)
- 북경시노동모범당안목록데이터베이스(北京市勞動模范檔案目彔數据庫)(40,290조)
- 소송당안목록데이터베이스(訴訟檔案目彔數据庫)(104,477조)
- 공상세무당안목록데이터베이스(工商稅務檔案目彔數据庫)(108,171조)

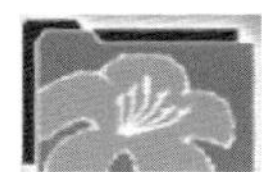

GRSHK
Government Records Service of Hong Kong
香港政府檔案處
홍콩정부당안처

① 기록관

1) 소재사항

주　　소　13 Tsui Ping Road, Kwun Tong, Kowloon, Hong Kong

전　　화　+852 2195 7700 / 7728

팩　　스　+852 2804 6413

전자우편　proinfo@grs.gov.hk

홈페이지　http://www.grs.gov.hk/ws/english/index.htm

2) 성격

홍콩정부당안처(GRSHK: Government Records Service of Hong Kong, 香港政府檔案處)는 홍콩특별행정지역정부(Hong Kong Special Administrative Region Government)를 위한 기록관으로서 해당 정부의 기록 및 기록정보 관리에 있어 중추적인 역할을 하고 있다. 기록유지 프로그램뿐 아니라 정보자원 관리에 대한 책임 또한 지고 있다.

3) 설립연혁

1972년 홍콩의 정부기록관으로서 '공공기록실'이 설립되었다. 그 후 1989년 공공기록실이 '정부기록서비스부(Government Records Service Division)'로 흡수되고, 실제적인 기록유지를 위하여 기록관리를 담당하는 부서가 되었다.

4) 조직

홍콩정부당안처는 기록시스템개발실(Record Systems Development Office), 기록관리행정실(Records Management and Administration Office), 보존서비스실(Preservation Service Office) 그리고 공공기록실(Public Records Office)로 구성되어 있다. 그중 특히 공공기록실의 경우 홍콩기록관의 대중이용 임무를 맡고 있다.

5) 주요행사

홍콩정부당안처는 홍콩 지역의 기록 및 기록관리 관련 업무를 적극적으로 수행하기 위하여 다양한 온라인 전시회(Online Exhibitions)를 개최하고 있다. 구체적으로 다음과 같다.

① 1841~1997년 완차이 전시회(Display Wan Chai: 1841~1997)
② 정부포스터(Government Posters)
③ 1870~1930년대 기록을 통한 야우마떼개발의 자취 찾기(Tracing the Development of Yau Ma Tei through Archives: 1870s~1930s)

6) 프로그램

홍콩정부당안처는 홍콩 지역의 기록 및 기록관리 관련 이해와 이용 등을 적극적으로 촉진하기 위하여 '대중프로그램(Public Programs)'을 실시하고 있다. 본 프로그램을 통하여 지역 기록유산의 이해 및 이용의 촉진을 위한 정기적인 전시회, 세미나, 워크숍, 그룹견학 및 그 외의 교육활동을 주최한다. 대부분의 프로그램들은 무료로 제공되며, 자세한 사항은 홈페이지를 통해 제공되고 있다.

7) 관련기관

홍콩정부당안처는 홍콩지역의 기록 및 기록관리 관련 업무의 원활한 수행을 위하여 다음과 같은 기관과 협력관계에 있다.

(1) 정부기구

- 행정실실장(Chief Secretary for Administration's Office)
  홈페이지 http://www.admwing.gov.hk/

(2) 홍콩기록관

- 홍콩가톨릭교구기록관(Hong Kong Catholic Diocesan Archives)
  홈페이지 http://archives.catholic.org.hk/

- 포러웅국박물관(Po Leung Kuk Museum)
  홈페이지 http://www.poleungkuk.org.hk/museum/index.htm

- 홍콩과학기술연합대학원대학교대학기록관(University Archives, HK University of Science and Technology)
  홈페이지 http://library.ust.hk/archives/

(3) 전문기구

- 국제아카이브스협의회(ICA: International Council on Archives)
  홈페이지 http://www.ica.org/

- 홍콩기록협회(Hong Kong Archives Society)
  홈페이지 http://www.archives.org.hk/archives/index.html

- 미국기록전문가협회(Society of American Archivists)
  홈페이지 http://www.archivists.org/

- 호주기록전문가협회(Australian Society of Archivists)
  홈페이지 http://www.archivists.org.au/

② 정보원

1) 정보원 열람 및 배포 정책

홍콩정부당안처(GRSHK: Government Records Service of Hong Kong, 香港政府檔案處)는 19세기 중반부터 현재까지 홍콩 정부 정부기록물과 공공기록물 등을 소장하고 있으며, 국제표준에 의한 분류를 실시하고 있다. 기록물은 '홍콩기록시리즈'와 '홍콩매뉴스크립트시리즈'라는 두 종류의 기록그룹으로 분류하고 있다. 즉 각 기록그룹인 시리즈(Series)별로 구분하여 간편 및 상세검색을 제공하고 있다. 한편, 특별소장기록물인 '칼스미스컬렉션(Carl Smith Collection)'은 홍콩, 마카오 및 중국 연안도시의 중요 정보원으로 홈페이지상에 색인이 제공되고 있다.

2) 소장기록물

800,000점 이상의 기록물 및 도서관 정보원을 소장하고 있다. 기록관 소장자료는 중앙보존도서관(Central Preservation Library)에 보존되며, 정부 출판물, 보고서, 인쇄자료, 모노그래프 그리고 홍콩신문이 주를 이루고 있다. 그중 대부분이 정부기록들로 300개 이상의 정부기관, 민간기관 및 개인들의 재정, 상업, 교육, 교통, 토지개발, 법적 이슈 및 사회적 이슈에 관한 내용들을 담고 있다.

3) 기록그룹

홍콩정부당안처는 다음과 같은 홍콩기록시리즈와 매뉴스크립트시리즈 두 개 기록그룹으로 분류하고 있다.

(1) 홍콩기록시리즈(HKRS: Hong Kong Record Series)

- 이 기록시리즈는 홍콩정부당안처의 주요 기록그룹의 하나로서 특정 기능 또는 활동별로 분류되어 있다. 이 기록들은 '출처존중의 원칙'에 입각하여 보통 동 기관 또는 같은 개인에 의해 형성된 자료들이다. 홍콩기록시리즈는 정부기관에 의해 제작되었거나 정부기관에 의해 입수된 정부기록 중 선출하여 구성된다. 일반적으로 정부기록은 공공기록실로 이관되고, 공공기록실은 정부기록들을 기록시리즈로 분류한다.

- 공공기록실은 약 1,000점의 홍콩기록시리즈를 다양한 형태로 보유하고 있다. 그중 300점 이상은 정부기관으로부터 입수된 자료들이다.

(2) 홍콩매뉴스크립트시리즈(HKMS: Hong Kong Manuscript Series)
    홍콩정부당안처의 또 다른 하나의 주요 기록그룹인 홍콩매뉴스크립트시리즈는 개인기록 및 개인서신 등 민간기록물로 이루어지며, 주로 민간기관 및 개인으로부터 기증받은 자료들이다.

4) 컬렉션

홍콩정부당안처는 기록물 외에 다음과 같은 도서관컬렉션과 칼스미스컬렉션 두 종류의 특별컬렉션을 두고 있다.

(1) 도서관컬렉션(Library Collection)
    정부출판물을 위한 중앙보존도서관(Central Preservation Library for Government Publications)이다. 이 도서관은 출판물, 보고서, 위원회문서, 팸플릿, 포스터, 지도 등 1840년대부터 현재까지 이르는 정부부처에 의해 제작된 정보원들을 소장하고 있다.

(2) 칼스미스컬렉션(Carl Smith Collection)
    - 이 컬렉션은 홍콩, 마카오 및 중국의 연안도시의 19세기 중반 이후 개인, 기관, 빌딩, 도로, 토지 및 중요한 행사에 대한 기본적인 데이터 및 정보자원을 검색하고자 하는 연구원들에게 매우 유용한 도구가 되고 있다.
    - 이 컬렉션은 139,922개의 양면으로 된 데이터카드로 구성되어 있으며, 칼스미스(Reverend Carl Smith)에 의해 25년에 걸쳐 정리된 자료들이다.
    - 1995년 이 컬렉션은 유타계보학협회(Genealogical Society of Utah)에

의해 마이크로필름화되었으며, 같은 해 스미스에 의해 공공기록실에 기증되었다.

- 개인자료의 보호를 위해 홈페이지상에서는 색인 열람만이 제공되고 있다.

中華人民共和國外交部檔案館
중화인민공화국외교부당안관

① 기록관

1) 소재사항

홈페이지 http://dag.fmprc.gov.cn/chn/

http://big5.fmprc.gov.cn:89/gate/big5/dagfmprc.gov.cn/chn/

2) 성격

중화인민공화국외교부당안관(中華人民共和國外交部檔案館)은 중화인민공화국 성립 이래 형성된 외교관련 기록물(外交檔案)을 영구 보관하기 위한 중요 국가 기구이다.

3) 기능

외교부당안관의 기능은 기본적으로 외교관련 기록물의 수집 및 관리를 포함하여 외교부 내와 부속 및 주외(駐外) 외교대표기구의 기록물관련 업무 등을 지도 및 감독하는 것이다. 한편 본 당안관에 소장되어 있는 기록물과 자료에 대한 감정을 책임지고 이용서비스를 제공하며, 외교부 내의 각 기구와 주외 기구를 위하여 각종 업무관련 서적과 기록물 및 자료 선정을 책임지고 있다.

4) 주요활동

외교부당안관 주요활동의 하나로서 온라인상의 전시회 외에도 다음과 같은
전시회를 개최하고 있다.

- 외교부당안관소장장서 중 중국·러시아관계문헌 및 사진(그림)전시(外交
  部檔案館館藏部分中俄關係文獻圖片展示)

5) 관련법률

외교부당안관은 다음과 같은 관련 법률에 의거하여 활동한다.

- 中華人民共和國檔案法
- 外交部檔案館開放檔案暫行辦法

② 정보원

1) 정보원 열람 및 배포 정책

중화인민공화국외교부당안관(中華人民共和國外交部檔案館) 소장기록물은 홈
페이지상에서 기본적인 검색을 제공하고 있다. 아직 구축 중에 있는 부분이 대
부분이어서 구체적인 기록물관련 정보의 검색은 미흡한 상태이다. 한편 공개
기록물의 목록과 외교부당안관의 최신소식이 제공되고 있다.

2) 기록의 검색

중화인민공화국외교부당안관의 소장기록물은 당안번호(檔號), 표제(標題), 관

련국가(相關國家), 개시시간(開始時間), 종결시간(結束時間) 등의 항목으로
검색가능하다.

3) 공개기록물 목록

외교부당안관의 1949년부터 1955년까지 소장기록물 중에서 공개된 기록물
의 목록을 홈페이지에 제공하고 있다. 일부 중국어가 아닌 러시아어 기록물,
초안(草案) 등의 기록물도 있으며, 해당되는 경우 특기하고 있다. 그중 가장
최근에 공개된 기록물의 목록은 다음과 같다.

- *中國人民解放軍電影工作代表團參加捷克斯洛伐克軍隊電影節和第七屆國際電影節的有關文件*
- *關於華東工業部向捷克斯洛伐克聘請蒸汽透平發電機設備設計專家的有關文件*
- *關於中國是否參加過君士坦丁堡公約問題*
- *周恩來總理和埃及駐華大使拉加卜談話摘要*
- *中國保加利亞建交兩國外長互致賀電等*
- *我國政府接管原國民黨駐蘇聯使館的指示*
- *關於捷克斯洛伐克任命駐華大使的函電*
- *送國旗圖樣給蘇聯外交部*(러시아어)
- *周總理致信黎巴嫩總理*
- *黎巴嫩基本情況和我駐黎商代處方針任務*(草案)

4) 최근소식

외교부당안관의 최근소식관련 목록이 홈페이지에 제공되고 있으며, 목록과
함께 제공 연월일이 밝혀져 있다. 가장 최근의 소식은 다음과 같다.

- 吳紅波部長助理出席 '紀念中國和葡萄牙建交30週年檔案史料展' 開幕式(2009. 02. 06.)
- 外交部1961～1965年解密檔案對外開放(2008. 11. 12.)
- 檔案館董薔副館長出席中俄檔案工作小組第五次會議(2008. 06. 23.)
- 郭崇立館長會見美國中國問題專家代表團(2008. 06. 16.)
- 檔案館舉行慶祝三八婦女節活動(2008. 03. 11.)
- 檔案館幹部職工踴躍為受災地區捐款(2008. 02. 02.)
- 檔案館召開2008年迎新春聯歡會

湖北省檔案館
호북성당안관

① 기록관

1) 소재사항

주   소   武漢市水果湖洪山路87号(430071)

전   화   +86 27 8723 8187

전자우편   hbdakj@yahoo.com.cn

홈페이지   http://www.hbda.gov.cn

2) 성격

호북성당안관(湖北省檔案館)은 중국의 종합당안관이자 일급(一級), 즉 성급(省級) 당안관으로 호북성 전체의 중요 관련 기록물과 기록관리 그리고 관련 교육을 책임지는 기관이다. 행정기구인 호북성당안국(湖北省檔案局)과 함께 운영되고 있다.

3) 설립연혁

- 호북성당안관의 전신은 1954년 9월 7일 성립된 국무원(國務院) 비서청(秘書廳) 지도하에 있던 '중남구임시당안보관처(中南區臨時檔案保管處)'이다.
- 1959년 6월 '호북성당안관리국(湖北省檔案管理局)'과 '호북성당안관(湖

北省檔案館)'으로 설치되었다.

- 1998년 호북성당안국과 호북성당안관이 합병되어 하나의 기구로 전체 성
(省) 기록물 업무관련 행정관리와 기록물의 보관·이용이라는 두 가지 직
능을 수행하고 있다.

4) 임무

- 전체 성(省)의 기록물 사업의 총체적인 계획 및 전반적인 관리의 책임
- 법에 의거하여 전체 성의 각급 및 각종 당안관과 각급 기관, 단체, 기업
체 및 기타 조직의 기록물 업무에 대한 감독과 지도의 실시
- 성(省) 직속기관, 단체, 기업체 및 기타 직속기구의 중요 기록물과 자료
에 대하여 집중적·통일적으로 보관하고 완전하며 안전하게 유지 보호
- 기록물 정보자원 이용 개발
- 효과적으로 전체 성(省)의 경제 건설과 사회발전에 봉사

5) 조직

호북성당안관은 여러 위원회 등이 설치되어 있는 것 외에 다음과 같이 구성
되어 있다.

(1) 당안관실업무지도처(檔案館室業務指導處)
성(省) 직속기관, 단체, 사업체 및 직속기구 및 시(市)·주(州)·현(縣)
의 국가종합당안관 그리고 국가부문기관당안실 및 인민자치조직의 기록
물관련 업무의 지도 및 감독 업무 등을 담당하고 있다.

(2) 경제과기당안업무지도처(經濟科技檔案業務指導處)

성 전체의 기업, 과기업체, 고등교육기관과 중등 및 초등교육기관 그리고 건설부문, 민영기업, 과기(科技)사업체 등의 기록물관련 업무의 지도 및 감독 업무 등을 담당하고 있다.

(3) 법규표준처(法規標准處)

지방의 기록물관련 법규, 규장(規章) 및 규범적인 문건의 연구 및 기안 업무를 담당하고 있다. 그 외에 기록물관련 법률 제정 및 법규의 홍보 등을 담당하고 있다.

(4) 과기처(科技處)

성 전체의 기록물 정보화 구축관련 지도 및 관리를 책임지며, 성 전체의 기록물 정보화 구축관련 발전 계획 및 기술규범 등을 담당하고 있다. 성 전체의 당안관 소장기록물의 보호, 수선, 음성 및 영상기록물 복제 및 호북성당안관 홈페이지의 기술적 관리 등을 담당하고 있다.

(5) 당안자료보관처(檔案資料保管處)

보존가치가 있는 전문주제 분야의 기록물자료와 성(省) 직속기관·단체·사업체 및 기타 조직의 기록물자료 수집을 담당하고 있다. 국내외에 산재된 진귀한 기록물자료를 수집하고, 호북성 내 기관·단체·사업체 및 개인에 의하여 생성되었으나 각급 국가당안관 수집 범위에 해당되지 않는 각종 매체의 기록물자료 기증 및 기탁을 접수·처리한다. 본 당안관 소장의 기록물자료의 보존, 정리, 편복, 감정, 선별, 통계 및 서고의 관리 그리고 기록물자료의 완전하고 안전한 유지 및 보호 등을 담당하고 있다.

(6) 당안정보개발이용처(檔案信息開發利用處)

대중의 기록물자료 검색 접수, 이미 공개된 현행 문건의 수집·정리 및 이용 공표, 소장기록물 자료의 이용 진행 효율성 분석 등을 담당하고 있다. 법에 의거하여 기록물의 사회로의 개방 등을 담당하고 있다.

(7) 행정보위처(行政保衛處)

본 당안관과 기관의 안전과 보안을 담당하고 있다. 기록물 서고의 온·습도 조절 및 안전과 소방 방재 업무 등을 담당하고 있다.

(8) 인사교육처(人事敎育處)

본 호북성당안관과 당안국의 인사 및 교육관련 제반 업무를 담당하고 있다.

(9) 홍보센터(宣傳中心)·호북당안(*湖北檔案*) 편집부

전체 성의 기록물 홍보와 본 당안관의 홍보 업무를 담당하며, 호북당안(*湖北檔案*) 편집·발행 등을 담당하고 있다. 그 외 호북성당안지(*湖北省檔案志*)의 편찬 업무를 담당한다.

(10) 성당안간부훈련센터(省檔案干部培訓中心)

현직 기록물관련 업무 종사자의 훈련 및 기록관리 관련 기술 및 교육 업무를 담당하고 있다.

(11) 성당안기술참고센터(省檔案技術咨詢中心)

전체 성의 기록물 부문과 사회 각계에게 기록물 관련 기술에 대한 참고 서비스를 제공하고 있다. 구체적으로 기록물참고서비스, 기록물 정리, 기록물의 기증·기탁 참고서비스, 기록물디지털화, 기록물과기(科技) 분야의 확충을 대상으로 한다.

6) 주요활동

최근 들어 호북성당안관은 다음과 같은 여러 가지 주요활동을 전개하여 왔다.

- '우수한 양질의 서비스 해' 활동
- '기록물업무의 선진 시스템 구축' 활동
- 기록물과기의 해 활동
- 20세기 고별기념 진귀한 기록물자료 수집 활동

7) 전시회

호북성당안관은 다음과 같은 전시회 활동 또한 전개하고 있다.

- 내 마음속의 호북: 호북해방50주년당안사료전(湖北在我心中: 湖北解放
  50周年檔案史料展)
- 호북성기념중국공산당성립80주년사진(그림)전(湖北省紀念中國共産党成立
  80周年圖片展)
- 건국55주년호북성건설화발전성취사진(그림)전(建國55周年湖北省建設和發
  展成就圖片展)

2 정보원

1) 정보원 열람 및 배포 정책

호북성당안관(湖北省檔案館)은 소장기록물에 대한 기본적인 방문을 통한
관내 열람 외에 편지 및 전화 그리고 온라인으로 검색 및 참고서비스를 제

공하고 있다. 특히 1999년 홈페이지 구축 이후 2003년 5월 28일에 정식으로 '호북당안정보네트워크(河北檔案信息网)'를 개설하여 홈페이지를 통한 소장기록 정보원의 디지털 검색을 제공하고 있다.

2) 소장기록물

호북성당안관은 남명(南明, 1651년)에서부터 현재에 이르기까지 각종 기록물과 자료 약 54만 권(책, 건), 총 784개 기록그룹(全宗)을 소장하고 있다. 구체적으로 종이기록물, 과기(科技)기록물, 재회(財會)기록물, 음성 및 영상기록물, 사진기록물, 실물기록물 등 여러 부분의 기록물을 소장하고 있다. 중요기록물은 역사적 시기와 내용에 따라 다음과 같이 분류하고 있다.

(1) 구정권당안(旧政權檔案)

이는 주로 청대(清代), 민국(民國), 일본·위만주국(日僞檔案) 시기 기록물을 대상으로 한다.

- 청대당안(清代檔案, 1658～1910)

  총 2,000여 권(卷)으로 주로 획록현(獲鹿縣), 정정현(正定縣), 정경현(井陘縣), 임유현(臨楡縣) 등의 전량책(錢粮冊), 호적(戶籍), 지세민사소송(地契民事訴訟) 등과 관련한 기록물이 포함되어 있다.
- 민국당안(民國檔案, 1911～1949)

  주로 국민당(國民党) 하북정부당무(河北政府党務), 정무기관, 군경사법, 재정금융, 문화교육 등 방면의 기록물들이 포함되어 있다.
- 일본·위만주국당안(日僞檔案)

  주로 위만주국하북공서(僞河北公署), 화북(華北)물자물가위원회, 식량관리 등 방면의 기록물들이 포함되어 있다.

- 장호염무국당안(長芦鹽務局檔案)

  주로 1911~1949년 장호염업(長芦鹽業) 생산 등 방면의 기록물들이 포함되어 있다.

(2) 혁명역사당안(革命歷史檔案)

  대부분 중공순직성위원회(中共順直省委), 중공하북성위원회(中共河北省委), 중앙북방국(中央北方局), 각 근거지의 혁명 투쟁 등 방면의 기록물들이 포함되어 있다.

(3) 현행당안(現行檔案)

  대부분 건국 후 중공하북성위원회(中共河北省委)와 하북성인민정부(河北省人民政府) 및 그 소속기관 형성과 관련된 기록물을 대상으로 하고 있다. 그 외에 건국 초기에 폐지된 찰합이성(察哈爾省), 열하성(熱河省) 및 통현전구(通縣專區), 정현전구(定縣專區)에 관한 기록물이다.

3) 소장정보원

총 4만 책(冊)으로 대부분 연속간행물, 사지(史志), 도서자료 세 종류로 구분된다.

(1) 연속간행물

  1902년부터 1997년까지의 각종 연속간행물 257종 7,094책을 소장하고 있다. 그중 구(舊) 정권의 연속간행물 23종 341책과 혁명역사 연속간행물 209종 3,657책, 건국 후 연속간행물 25종 1,293종을 소장하고 있다.

(2) 사지(史志)

1645년부터 1994년까지 사지류 5,460책을 소장하고 있다.

(3) 도서자료

건국(1949년) 전에 출판된 자료 9,311책으로 경제, 정치, 문화, 군사, 과학 등 방면의 내용을 포함하고 있다. 건국 후에 출판된 자료는 15,918책으로 주로 중앙, 국무원(國務院), 화북국(華北局), 하북성위원회(河北省委), 성정부(省政府) 및 성 직속의 각 기관에서 편인(編印)된 자료 등을 포함하고 있다.

4) 정보원 관련서비스

현재 호북성당안관은 열람 및 검색서비스를 제공하고 있다. 정보원 검색은 방문, 편지 및 전화 그리고 온라인검색 세 가지 방식으로 제공되고 있다. 즉 기록물의 검색은 카드 목록과 온라인 목록으로 제공되며, 이외 기록물자료와 현행문건의 경우 온라인상에서 검색이 가능하다.

2.3 한국

AUMC
Archives of Ulsan Metropolitan City
울산광역시기록관

① 기록관

1) 소재사항

주 소	울산광역시 남구 중앙로 182
전 화	+52 229 2000
팩 스	+52 271 8201
홈페이지	http://archives.ulsan.go.kr/

2) 성격

울산광역시기록관(AUMC: Archives of Ulsan Metropolitan City)은 울산광역시의 가치 있는 역사기록물과 공공기록물 등에 대한 수집·정리·보존·관리 및 이용을 위하여 봉사하는 지방기록물관리기관이다.

3) 설립연혁

- 1962년 6월 1일~2001년 5월 16일 총무계에서 기록관리 관련 업무 시작
- 1997년 7월 15일 훈령 제13호 '울산광역시행정자료실 운영규정' 마련

- 1998년 8월 6일 규칙 제121호로 '울산광역시 정보공개규칙' 제정
- 2000년 9월 '울산광역시자료관' 설치, 운영계획 수립
- 2001년 4월 6일 행정자료실·행정정보공개·전자문서관리시스템 통합 운영, 울산광역시행정기구설치 규칙 개정
- 2001년 5월 17일 민원봉사실 및 의사동 지하 2층 자료관 개관
- 2004년 10월 7일 규칙 368호 부분 개정
- 2007년 4월 5일 기록물관리법 부칙 제4조 경과 규정에 의거하여 자료관에서 기록관으로 명칭 변경
- 2007년 7월 1일 문서자료담당에서 기록관리담당으로 조직 명칭 변경

4) 목표

- 기록유산의 안전한 보존
- 기록문화의 전통 계승 발전
- 시민의 알권리 보장
- 행정의 투명성 확보
- 기록관리의 선진화
- 기록관리의 자치화

5) 주요업무

- 공공기관의 기록관리에 관한 기본계획 수립 시행
- 공공기관의 기록물 수집 관리 및 활용
- 기록관이 설치되지 아니한 관할 공공기관의 기록물관리
- 영구기록물 관리관으로의 기록물 이관
- 공공기관의 기록물에 대한 정보공개청구 접수

- 관할 공공기관의 기록물관리에 대한 지도 감독 및 지원
- 행정 자료실 업무
- 그 밖에 기록물관리에 관한 사항

6) 추진사항

- 안정된 기록물관리
- 기록관리 표준화
- 기록관리시스템의 현대화
- 기록물 재난 및 보완 대책 강구

7) 조직

① 기록관리실
② 행정자료실
③ 정보공개
④ 발간실

8) 관련법률

- 공공기관의 정보공개에 관한 법률
- 공공기관의 정보공개에 관한 법률 시행령
- 공공기관의 정보공개에 관한 법률 시행규칙
- 공공기록물 관리에 관한 법률
- 공공기록물 관리에 관한 법률 시행령
- 공공기록물 관리에 관한 법률 시행규칙

② 정보원

1) 정보원 열람 및 배포 정책

울산광역시기록관(AUMC: Archives of Ulsan Metropolitan City)의 소장기
록물 중 특히 행정자료는 모든 서지사항이 홈페이지에 제공되어 있다. 행정
자료실은 공공기관 발행 간행물 및 보고서·논문 등 행정자료와 각종 전문
서적·교양서적 등 일반도서를 비치하여 시 공무원은 물론 시민과 학생에게
도 개방하고 있다. 단 자료의 관외 대출은 시(市) 소속직원에게만 제한적으
로 허가되고 있다. 주요 시정자료의 경우 대부분 엑셀 또는 한글 파일로 원
문을 제공하고 있어 홈페이지상에서 무료 열람이 가능하다.

2) 소장기록물

행정자료실은 전체 20,875권의 도서와 30여 종의 연속간행물을 소장하고 있
다. 기록물 형태별로 보면 2009년 현재 총 118,300(권, 매)를 소장하고 있다.
구체적으로 일반문서 90,793권, 카드류 4,887매, 도면류 2,560권, 시청각기
록물 16,960매를 소장하고 있다. 그중 각 기록물 형태별로 살펴본 30년 이
상 된 기록물자료의 소장사항은 다음과 같다.

① 일반문서

　보존기간 30년의 대장류 3권, 보존기간 준영구의 일반문서 232권, 보존
　기간 영구의 일반문서 1,229권을 소장하고 있다.

② 대장류

　보존기간 준영구의 도면류 8권, 보존기간 영구의 대장류 109권을 소장하
　고 있다.

③ 도면류

보존기간 준영구의 도면류 12권, 보존기간 영구의 도면류 4권을 소장하고
있다.

④ 카드류

보존기간 영구의 카드류 1,688매를 소장하고 있다.

⑤ 사진 및 필름류

보존기간 영구의 사진 및 필름류 3,703매를 소장하고 있다.

3) 기록의 검색

기록물의 검색은 철제목, 생산연도, 기록물형태 그리고 생산부서 항목을 통하
여 검색가능하다. 그중 생산연도는 1950년부터 1980년까지이며, 보존기간은
1년 · 3년 · 5년 · 10년 · 20년 · 준영구 및 영구를 검색 기준으로 하고 있다.
기록물형태는 일반문서 · 도면류 · 사진 및 필름류 · 녹음 및 동영상류 · 카드
류 · 대통령관련기록물 · 간행물 · 대장 · 특수 · 기타 · 시청각기록물 · 행정박물
등으로 분류되어 있다.

4) 행정자료

2009년 현재 19,124건의 행정자료를 제공하고 있으며, 가장 최근의 행정자
료는 다음과 같다.

- 울산광역시중구. *제10회 통계연보 2007*. 울산광역시중구, 2003.
- 안동대학교박물관. *울산우정혁신도시 개발지역마을문화 조사보고서*. 안동
  대학교, 2008.
- 안동대학교박물관. *울산우정혁신도시 개발지역마을문화 조사보고서*. 안동

대학교, 2008.

- 울산광역시. *사업체기초통계조사보고서: (2005. 12.) 2004년 기준*. 울산
  광역시, 2005.
- 울산문화예술진흥회. *제1회 울산전국서예문인화대전*. 울산서화예술진흥회, 2004.
- 김동욱. *處容研究論叢*. 울산문화원, 1989.
- 한국경제신문. *회계정보 10*. 한국경제신문, 2007.

5) 시정 주요자료

울산광역시기록관은 시정 주요자료를 홈페이지에 제공하고 있으며, 대부분 엑셀 또는 한글 파일의 형태로 해당 원문을 업로드하고 있다. 2009년 1월 현재 총 16개의 시정 주요자료를 제공하고 있으며, 그중 가장 최근의 시정자료는 다음과 같다.

- *울산의 경제규모 변화*(2009. 02. 11.)
- *새벽을 여는 문화*(2009. 01. 06.)
- *한시기구 폐지 현황*(2008. 12. 30.)
- *정종합일지(2007년도)*(2008. 12. 29.)

BMCOEA
Busan Metropolitan City Office of Education Archives
부산광역시교육청기록관

① 기록관

1) 소재사항

전　　화　+51　860　0114

홈페이지　http://open.pen.go.kr/

2) 성격

부산광역시교육청기록관(BMCOEA: Busan Metropolitan City Office of Education Archives)은 부산광역시 교육청의 각종 공공기록물과 교육관련 기록물을 수집·정리·관리 및 보존하고 이용서비스를 제공하는 공공기관이다.

3) 설립연혁

- 2000년 6월 자료관 설치계획 수립
- 2001년 자료관 개관
- 2004년 2월 자료관 기록관리시스템 구축, 12월 부산광역시교육청 자료관 운영규정 제정
- 2005년 4월 교육정보통합시스템(즉 교육정보디지털도서관) 구축, 9월 자료관 운영 전담기구 신설 및 총무과 내 자료관리팀 신설

- 2006년 3월 고등학교 학적부 원본 전산화 시작, 7월 부산광역시교육청자료관 홈페이지 구축
- 2007년 3월 자료관리팀 소속 및 명칭을 변경하여 총무과 자료관리팀으로, 다시 행정관리과 기록관리팀으로 변경, 4월 공공기록물 관리에 관한 법률 개정에 따른 자료관 명칭을 변경하여 기록관으로 변경

4) 주요기능

부산광역시교육청기록관의 주요기능은 다음과 같다.

- 부산광역시교육청 및 소속기관 기록물의 관리ㆍ기본계획 수립 및 시행
- 부산광역시교육청 및 소속기관 기록물의 수집ㆍ관리
- 부산광역시교육청 및 소속기관의 기록물관리에 대한 지도ㆍ감독 및 지원
- 소속 교직원 기록물 관리 교육
- 주요 기록물의 전산화 작업
- 전자문서시스템 및 기록관리시스템, 기록관홈페이지 관리ㆍ운영
- 기록물평가심의회, 정보공개심의회 구성ㆍ운영
- 보존서고 관리 및 검색ㆍ열람 환경 제공

5) 관련법률

- 공공기관의 정보공개에 관한 법률
- 공공기관의 정보공개에 관한 법률시행령
- 공공기관의 정보공개에 관한 법률시행규칙
- 공공기록물 관리에 관한 법률
- 공공기록물 관리에 관한 법률 시행령

- 공공기록물 관리에 관한 법률 시행규칙
- 교육관련 기관의 정보공개에 관한 특례법
- 교육관련 기관의 정보공개에 관한 특례법 시행령

② 정보원

1) 정보원 열람 및 배포 정책

부산광역시교육청기록관(BMCOEA: Busan Metropolitan City Office of Education Archives)의 소장기록물 중 공개기록물에 대한 목록 검색만이 제공되고 있다. '발간간행물'과 '학교교육계획서' 및 '기록관리자료실' 난을 통하여 발간간행물과 학교교육계획서 및 기록관리자료실 원문이 PDF 또는 한글파일 등으로 제공되고 있어 홈페이지상에서 자유로운 검색 및 열람이 가능하다.

2) 소장기록물

부산광역시교육청기록관의 소장기록물 현황은 다음과 같다. 이는 2007년 12월 31일까지 부산광역시 교육청 본청 및 소속기관에서 생산한 기록물 총 현황이다.

① 문서

총 188,714건으로 보존기간 영구 문서 9,813건, 준영구 문서 8,515건 등을 소장하고 있다.

② 카드

총 1,251(733,650)매로 보존기간 영구의 카드 160(1,063)매, 보존기간 준영구의 카드 921(720,756)매 등을 소장하고 있다.

③ 도면

총 145(2,958)매로 보존기간 영구의 도면 133(1,398)매, 보존기간 준영구의 도면 10(1,507)매 등을 소장하고 있다.

3) 기록물 검색

기록물 검색은 '기록물철 검색'과 '기록물건 검색'으로 구분되어 철 또는 건별로 검색이 가능하다. 그중 담당부서와 철제목 외에 전체·영구·준영구·30년·20년 및 10년으로 구분된 보존기간 항목이 제공되고 있다.

4) 발간간행물

총 653개 발간간행물 목록과 PDF 파일 원문이 제공되고 있다. 가장 최근의 대표적인 발간간행물은 다음과 같다.

- *학교교육계획 도움자료*
- *환경교육자료 개발 및 활용방안*
- *화학과 중·고 연계 학력신장 방안*
- *현장체험 학습을 통한 문학 활동*
- *해양자료 개발 및 활용 방안*
- *학교도서관 활용 수업 길라잡이*

5) 학교교육계획서

총 666개의 학교교육계획서의 목록과 PDF 파일 원문이 제공되고 있다. 가장 최근의 대표적인 학교교육계획서는 다음과 같다.

- *2008학년도교육계획서(금정고)*
- *대진정보통신고등학교 2008학년도 학교교육계획서*
- *양정고등학교 교육계획서*
- *2008학년도 학교교육계획서 부산산업과학고등학교*
- *2008학년도 알로이시오전자기계고*
- *2008 교육계획서(경성전자고)*

6) 기록관리자료실

총 63개 기록관관리자료실 목록과 PDF, 한글 또는 엑셀 파일 등 원문이 제공되고 있다. 가장 최근 대표적인 관련자료는 다음과 같다.

- *2009년도 기록물관리지침*
- *시청각기록물 관리 실무매뉴얼*
- *생산현황보고 서식(2009년도)*
- *기록생산 의무이행 지침*
- *기록물의 공개 여부 구분번호*

CHNK
Cultural Heritage of North Korea
북한문화재자료관

① 기록관

1) 소재사항

주   소   서울시 중구 서소문동37(덕수궁길 15)

전   화   +82 2 3707 9871

팩   스   +82 2 3707 9879

전자우편   yjlee@nricp.go.kr

홈페이지   http://north.nricp.go.kr/nrth/kor/inx/index.jsp

2) 성격

북한문화재자료관(CHNK: Cultural Heritage of North Korea)은 국민의 '북한문화재 바로알기'를 위해 운영하는 사이트로서 북한문화관련 자료와 기록물을 수집, 보존 및 이용에 봉사한다.

3) 설립연혁

- 문화관광부에서 운영해 온 '남북통합문화관'이 국립문화재연구소로 이관되어 '북한문화재자료관'으로 변경되었다.
- 1998년 문화관광부가 주관이 되어 제작, 운영하였던 '남북통합문화관'을 문화재청 국립문화재연구소에서 이관을 받아 내용을 수정·보완하여 일반에게 공개하고 있다.

4) 비전 및 임무

- 통일을 대비하여 남북한민족의 동질성 회복
- 민족문화유산의 공동보존 대비
- 지속적으로 수집해 온 북한문화재관련 자료들의 데이터베이스 구축

5) 주요행사

북한문화재자료관은 다음과 같은 행사들을 주최해 왔다.

① 고구려벽화 남북 공동 보존작업 실시
② 북한문화재그리기 미술공모전(국립문화재연구소 개최)
③ 한·러 공동발굴 특별전 '아무르·연해주의 신비' 개최

6) 특별전시관

(1) 세계유산 고구려 고분벽화

고대 동북아 최대강국으로 위상을 드높였던 고구려는 유례없는 다채로운 고분벽화를 남겼다. 고대의 역사자료가 많지 않은 상황에서 고구려 고분

벽화는 고구려인의 기질과 기상, 미의식과 색채감각, 생활모습과 풍습, 종교관과 우주관에 걸친 사상, 외국과의 교류 모습에 이르기까지 고대 고구려의 생생하고 다양한 문화적 양상에 대한 단서를 제공해 주고 있다. 고구려 고분벽화는 전기, 중기, 후기로 변천해 가면서 벽화의 주제도 인물풍속 계열, 인물풍속과 사신이 혼합된 계열, 사신도 계열로 구성되어 있다.

(2) 고구려 궁성의 자취를 찾아서

추모왕에 의해 기원전 37년에 건국된 고구려는 668년 그 운을 다할 때까지 만주 전역과 한반도 중부지방을 지배하였던 동북아 최대 강국이었다. 추모왕이 홀본에 최초로 도읍한 이후 전개되는 영토 확장과 천도 과정에서 보여 주는 국가 발전의 모습을 고구려의 궁성 유적을 통해 살펴볼 수 있도록 해 주고 있다.

(3) 북한의 문화유산

북한의 명산, 문화유적, 공예, 유물 등을 동영상으로 확인할 수 있다.

(4) 북한의 옛 사찰

북한 사찰 중 국보급으로 지정된 사찰을 중심으로 사찰의 연혁과 설화, 기행문, 건축물 등에 관한 정보를 종합적으로 살펴볼 수 있도록 구성하여 전시하고 있다.

(5) 개성의 문화유적

개성과 관련된 테마를 네 분야로 분류·구성하고 있어 고려의 과거와 현재 모습을 살펴보고 개성에 분포한 북한문화재를 체험해 볼 수 있다.

7) 관련법률

- 공공기관의 정보공개에 관한 법률
- 공공기관의 정보공개에 관한 법률 시행령
- 공공기관의 정보공개에 관한 법률 시행규칙
- 공공기록물 관리에 관한 법률
- 공공기록물 관리에 관한 법률 시행령
- 공공기록물 관리에 관한 법률 시행규칙

8) 관련기관

북한문화재자료관은 다음과 같은 기관과 협력관계에 있다.

- 통일부
  홈페이지 http://www.unikorea.go.kr

- 민족화해협력범국민협의회
  홈페이지 http://www.kcrc.or.kr

- 통일연구원
  홈페이지 http://www.kinu.or.kr/main

- 고구려연구회
  홈페이지 http://www.koguryo.org

- 경남대학교극동문제연구소
  홈페이지 http://ifes.kyungnam.ac.kr

- 사이버통일교육센터
  홈페이지 http://www.uniedu.go.kr

② 정보원

1) 정보원 열람 및 배포 정책

북한문화재자료관(CHNK: Cultural Heritage of North Korea)에 소장되어 있는 주요 북한문화재자료에 대하여 전체 키워드 검색과 유물, 유적 등을 유형별 · 재질별 · 시대별 · 지역별로 검색할 수 있도록 제공하고 있다. 그 외 '대표검색' 난을 통하여 시대별 주요문화재를 검색 및 열람할 수 있도록 제공하고 있으며, '지도검색' 난을 통하여 각 시대별 지도검색 또한 제공하고 있다.

2) 연표검색

연표검색은 원하는 시대를 선택한 후, 온라인상에서 화면을 이동시킨 뒤 주요문화재를 선택하면, 해당 문화재 정보를 보여 준다. 한반도의 주요유물, 유적과 역사적인 주요사건을 연결하여 온라인상 열람이 가능하도록 하였다.

3) 지도검색

구석기 · 신석기시대, 청동기 · 철기시대, 삼국시대, 통일신라시대, 고려시대, 조선시대의 지도를 온라인상으로 검색할 수 있다.

4) 자료실

자료실을 통해 다음과 같은 북한관련 자료에 대한 안내를 열람할 수 있다.

- 북한문화재그리기 미술공모전 수상작(초등부)
- 북한문화재그리기 미술공모전 수상작(유치부)
- **북한의 명승지 목록**(일부)
- **북한의 국보유적 목록**
- **북한의 천연기념물 목록**
- **북한문화재해설집 Ⅰ : 석조물 편**
- **북한문화재해설집 Ⅱ : 사찰건축 편**
- **북한문화재해설집 Ⅲ : 일반건축 편**
- **북한문화재도록**
- **북한문화재자료목록**
- **북한문화재유적발굴개보**(1991)
- **북한문화재관계문헌휘보**(1990)
- **북한문화재실태와 현황**(1985)

DA
Diplomatic Archives
외교사료관

1 기록관

1) 소재사항

주　　소　서울 서초구 서초2동 1376 - 1
전　　화　＋2 3497 8730
팩　　스　＋2 2577 9213
전자우편　archives@mofat.go.kr
홈페이지　http://cafe.naver.com/diplomaticarchives/

2) 성격

외교사료관(DA: Diplomatic Archives)은 외교통상부 산하 기관으로 외교통
상부에서 생산·접수한 모든 문서를 보존 및 관리하고 있는 특수기록관이다.
특히 재외 공관기록물을 전체적으로 관리하는 기록관이다.

3) 설립연혁

외교통상부는 1981년 '외교사료과'를 설치하여 본격적으로 외교기록물을 관
리해 왔다. 2006년 4월 '외교사료과'는 현재의 외교사료관으로 개명·승격
하여 개관하였다.

4) 목적

- 외교기록의 과학적·체계적 보존 및 관리체제의 구축
- 일반인의 열람을 위한 외교문서열람실 운영
- 박물관 기능을 포함한 외교사전시실 운영

5) 주요 업무

외교사료관의 주요업무는 다음과 같다.

① 외교문서의 수집·보존·관리·활용

외교통상부 생산기록물의 수집과 첨단장비를 이용한 외교기록물의 효율적인 보존·관리 및 활용을 위한 업무를 수행한다.

② 외교문서의 공개편찬

외교통상부령인 '외교문서공개에 관한 규칙(1993)'을 제정하여 생산 또는 접수된 후 30년이 경과한 외교문서를 1994년 1월부터 일반에게 연례적으로 공개하는 제도를 도입 및 시행하고 있다.

③ 외교문서의 전시홍보

한국 외교사를 정리하여 대국민 외교활동 홍보 및 차세대 학습장으로 활용하기 위해 주요 외교관련 문서와 기념품 등을 시대별로 전시하고 견학 프로그램을 운영하고 있다.

6) 구성

외교사전시실(1층), 외교문서열람실(1층), 서고(2~3층)와 문서소독 및 탈산설비실(지하 1층)로 운영되고 있다.

7) 관련법률

- 공공기관의 정보공개에 관한 법률
- 공공기관의 정보공개에 관한 법률 시행령
- 공공기관의 정보공개에 관한 법률 시행규칙
- 공공기록물 관리에 관한 법률
- 공공기록물 관리에 관한 법률 시행령
- 공공기록물 관리에 관한 법률 시행규칙
- 외교문서공개에 관한 규칙(1993)

② 정보원

1) 정보원 열람 및 배포 정책

외교사료관(DA: Diplomatic Archives)은 현재 외교사료관의 공개 외교문서목록을 홈페이지를 통해 게시하고 있다. 따라서 먼저 관심 있는 주제와 관련된 내용 유무를 목록을 통해 확인한 후, '외교문서공개열람실'로 방문하여 마이크로필름으로 열람 가능하다. 다만 정보공개법 및 동 시행령 제17조, 시행규칙 제7조에 의해 공개문서목록 이용에 따른 소정의 수수료가 있으며, 복사수수료와 운송료(우편송부의 경우)를 부담하면 복사서비스를 제공받을 수 있다.

2) 소장기록물

2009년 현재 약 80,000권의 기록물철을 보유, 관리하고 있다. 특히 외교사료관은 재외공관기록물을 전체적으로 관리하는 기록관이다. 외교사료관 기록물 관리법령에 의거하여 매년 본부 및 재외공관의 기록물 정리 실시 결과를 제출받고 있다. 특히, 각 재외공관은 매년 전년도에 생산된 기록물철의 목록을 정리하여 외교부 인트라넷 DB에 입력하여 관리하고 있다.

3) 기록물의 분류

기록물은 현재 단위업무에 따른 분류기준표 또는 공문서분류번호 및 보존기간표에 따라 분류하고 있다.

DMOERC
Daejeon Metropolitan Office of Education Records Center
대전광역시교육청기록관

1 기록관

1) 소재사항

주   소   대구광역시 서구 향촌길 63
전   화   +42 480 7891
홈페이지   http://rec.dje.go.kr/

2) 성격

대전광역시교육청기록관(DMOERC: Daejeon Metropolitan Office of Education Records Center)은 대전광역시 교육청의 각종 공공기록물과 교육관련 기록물을 수집·정리·관리 및 보존하고 이용서비스를 제공하는 공공기관이다.

3) 주요 업무

대전광역시교육청기록관의 주요 업무와 상세 업무 내용은 다음과 같다.

(1) 기록물관리
- 기록관 운영 계획 수립
- 기록물분류기준표 운영

- 기록물관리 실태점검 및 지도
- 기록물평가심의회 운영
- 기록물 정리, 평가, 보존, 폐기, 이관
- 보존서고 관리
- 기록관리기준 수립 및 전파
- 공문서 수신자 기호 및 기관코드 관리

(2) 기록자료실 운영
- 자료수집 및 전산화
- 간행물발간등록 및 납본
- 자료열람 및 대출
- 이용자 정보검색서비스
- 통합기록관리시스템 운영
- 도서요약전자도서관 운영

(3) 정보공개제도 운영
- 정보공개청구서 접수 및 배부
- 정보공개심의회 운영
- 정보공개 실태점검 및 지도
- 열린정부 연계 및 업무지원
- 정보목록 공개 및 공표제도 운영

(4) 기록관리시스템 관리운영
- 전자문서시스템 관리 및 운영
- 기록관시스템 관리 및 운영

- 기록관홈페이지 관리 및 운영

4) 조직

대전광역시교육청기록관은 관장 이하 도서 및 간행물, 보존서고, 전자시스템, 정보공개의 네 개 업무팀으로 조직되어 있다.

5) 관련법률

- 공공기관의 정보공개에 관한 법률
- 공공기관의 정보공개에 관한 법률 시행령
- 공공기관의 정보공개에 관한 법률 시행규칙
- 공공기록물 관리에 관한 법률
- 공공기록물 관리에 관한 법률 시행령
- 공공기록물 관리에 관한 법률 시행규칙
- 교육관련 기관의 정보공개에 관한 특례법
- 교육관련 기관의 정보공개에 관한 특례법 시행령

② 정보원

1) 정보원 열람 및 배포 정책

대전광역시교육청기록관(DMOERC: Daejeon Metropolitan Office of Education Records Center)의 소장자료 중 교육학 · 문학 · 교양 및 청소년도서 등 일반 도서의 경우 관외 대출이 가능하다. 다만 학회지, 교육잡지, 교양잡지 등은 자료관 내에서의 제한적인 열람 및 복사가 제공되고 있다. 특징적으로 일부 소장도서 구입을 원하는 경우 신청서의 작성 및 제출을 통해 구입가능하다. 데이터베이스화한 대전광역시교육청에서 보존하고 있는 준영구 이상 기록물과 선별된 중요기록물을 대상으로 검색이 제공되고 있으며, 공개목록에 한하여 목록검색도 제공되고 있다. 한편, 온라인 목록을 통하여 교육인적자원부와 시·도 교육청 자료실 소장자료의 실시간 통합 정보검색과 대전광역시교육청 소장자료 검색도 제공되고 있다.

2) 소장기록물

대전광역시교육청기록관의 소장기록물 현황은 다음과 같다.

① 문서

총 77,761권으로 보존기간 영구의 문서 1,077권, 준영구 823권, 기타 75,861권을 소장하고 있다.

② 도면

총 24,553매로 보존기간 준영구 이상의 도면들을 소장하고 있다.

③ 카드

총 229,212매로 보존기간 준영구 이상의 카드들을 소장하고 있다.

④ 시청각

총 538점으로 필름 483매, CD 47매, 비디오테이프 8개를 소장하고 있다.

3) 소장자료

대전광역시교육청기록관의 기록물 이외 도서 및 간행물의 소장 현황은 다음
과 같다.

① 교육학 문학 교양 청소년도서 등 일반도서 총 14,000책을 소장하고 있으
  며, 이는 관외 대출이 가능하다.
② 교육청 및 소속기관 발행의 간행물 총 2,000책을 소장하고 있다.
③ 공공기관 발행의 간행물 총 2,000책을 소장하고 있다.
④ 학회지, 교육 및 교양관련 연속간행물 총 80여 종을 소장하고 있으며, 다
  만 자료관 내에서만 열람 및 복사가 가능하다.

4) 기록의 검색

(1) 소장기록물의 검색

대전광역시교육청에서 보존하고 있는 준영구 이상 기록물과 중요기록물
을 선별, 데이터베이스화하여 검색에 제공하고 있다. 한편, 공개목록에
한하여 목록검색 가능하다.

(2) 소장자료의 검색

교육인적자원부와 시·도 교육청 자료실 소장자료의 실시간 통합 정보검색
과 대전광역시교육청 소장자료 검색의 경우 홈페이지(http://library.moe.go.kr)
를 통하여 제공되고 있다.

(3) 디지털 원문정보 검색

국회전자도서관, 한국교원대학교 교육연구서비스(ERIS), 한국교육학술정

보원(KERIS), 한국학술정보(KISS) 등에서 제공하는 원문정보 이용이 가능하다. 그 외 연구논문, 석·박사논문 작성 시 참고자료의 이용도 가능하다.

5) 정보공개 목록

대전광역시교육청기록관의 소장기록물 중 공개된 기록물 정보 목록이 홈페이지에 제공되고 있다. 2009년 현재 8,103개의 정보공개 목록 중 대표적인 예는 다음과 같다.

- 용역계약서: 외국어교육원 신축예정부지 도시관리계획 변경 결정 용역
- 계약서 – 대전외국어고등학교 기숙사 증축 정보통신공사
- 제1차 시도 업무용 소프트웨어 실무위원회 참석 복명
- 2009년도 공공도서관 협력사업 활성화 지원 계획 및 국고보조금 신청 안내
- 2008년 공공도서관 개관시간 연장사업 국고보조금 실적 및 정산보고서 제출

SCRC
Seoul City Reference Center
서울특별시종합자료관

1 기록관

1) 소재사항

주   소   서울시 중구 서소문동 37(덕수궁길 15)

전   화   +2 3707 9871

팩   스   +2 3707 9879

홈페이지   http://src.seoul.go.kr/

2) 성격

서울특별시종합자료관(SCRC: Seoul City Reference Center)은 서울시청 서소
문 별관1동에 위치한 서울특별시의 시정(市政)관련 자료 종합관이다. 즉 서울
시정에 관련된 자료는 물론 역사, 문화, 교통, 도시계획, 환경, 행정 등 다양한
분야의 자료와 해외여행보고서, 연구논문, 영상자료 등을 수집, 보존 및 이용
토록 봉사하고 있다.

3) 설립연혁

- 1971년 4월 2일 도시개발 자료센터 설립
- 1980년 5월 1일 서울특별시 종합자료실로 개칭

- 1991년 10월 8일 서울특별시 청사 내 시정자료실 개관
- 1997년 9월 20일 을지로별관으로 이전 서울특별시종합자료관으로 개관
- 2007년 9월 20일 서소문 별관1동 다산플라자 지하로 이전

4) 자료의 기증

서울특별시종합자료관은 시정관련정보제공은 물론 소속 공무원의 업무수행을 지원하기 위해 다양한 자료를 수집하여 제공하고 있다. 특히 일반인이 소장하고 있는 서울시정연구에 도움을 줄 수 있는 자료나 시정책 결정에 기여할 수 있는 자료를 기증받아 공무원은 물론 보다 많은 시민들에게 정보를 제공하고 있다. 기증대상자료와 기증방법은 다음과 같다.

(1) 기증대상자료
- 서울시정에 관련된 전문도서
- 정부 및 지방자치단체 간행물

(2) 기증방법

서울특별시종합자료관으로 전화나 이메일로 연락하면 직원이 출장 수집을 원칙으로 한다. 그 외 우편 또는 택배 송부도 가능하며, 종합자료관 직접 방문을 통한 기증도 가능하다.

5) 관련법률

- 공공기관의 정보공개에 관한 법률
- 공공기관의 정보공개에 관한 법률 시행령
- 공공기관의 정보공개에 관한 법률 시행규칙

- 공공기록물 관리에 관한 법률
- 공공기록물 관리에 관한 법률 시행령
- 공공기록물 관리에 관한 법률 시행규칙

② 정보원

1) 정보원 열람 및 배포 정책

서울특별시종합자료관(SCRC: Seoul City Reference Center)은 서울시 공무원의 경우 열람 및 대출(대출시 공무원증 제시)서비스가 제공되며, 일반시민의 경우 열람 및 스캔서비스(보관함 이용 시 신분증 제출)가 제공되고 있다. 특히 대출의 경우 영상자료는 3개 5일까지, 도서자료는 5권 10일까지 가능하다. '원문검색'을 통한 기록물의 서지사항을 포함한 원문은 홈페이지를 통하여 열람 가능하며, 다운로드서비스 또한 제공되고 있다.

2) 소장기록물

(1) 소장내용

2008년 12월 말 현재 총장서량 109,511(권)을 소장하고 있다. 정기간행물 321종으로 국내 정기간행물 277종(구입 21종 · 기증 256종)과 국외 정기간행물 44종을 소장하고 있다. CD, DVD, 비디오 등 영상자료 외에 지도, 팸플릿 등의 비도서자료 등도 소장하고 있으며, 소장내용은 다음과 같다.

① 행정 및 연구자료
- 서울시 및 정부기관 행정자료와 연구기관 자료(1990년도 이후 간행물 중심)

- 참고자료 및 학위논문
- 사전, 통계, 연감류를 중심으로 각종 참고도서와 행정관련 학위논문
- 일반자료
- 소설 · 시집 등 문학 · 예술 자료

② 정기간행물

- 국내외 학술잡지, 관보, 시보, 대학연구논문집, 학술보고서 등 정기간행물 소장(1995년도 이후 간행물 중심)
- 영상자료 시정홍보, 교양 및 영화 비디오테이프(1일 2시간)

③ 전자도서(e - book) 서비스 제공

- 국회도서관 및 국립중앙도서관 자료 공유: 학술정보 상호협력 협정체결을 통한 석 · 박사논문 등 원문 DB를 인터넷을 활용해 자료 공유

(2) 소장량

각 기록그룹의 구분과 기록그룹별 구체적인 소장량은 다음과 같다.

- 서울시: 19,676건
- 정부기관: 22,131건
- 시정참고자료: 42,02건
- 문학예술: 8,382건
- 해외: 3,892건
- 영상: 3,171건
- 비도서자료: 47건
- 논문: 5,670건
- 기타(귀국보고서): 4,517건

3) 기록의 검색

소장정보원은 비디오와 DVD, 서울시발간자료, 정부기관발간자료, 일반도서, 동양서 학위논문, 서양서, 제본도서 CD-ROM, 시민기증도서, 비도서자료 등으로 구분하여 관리하고 있으며, 형태별로 일반적인 검색이 제공되고 있다. 한편, 이외에도 주제별, 자료유형별, 출판연도, 언어별 등으로 제한적인 검색이 가능하다.

2.4 호주

NSWSR
New South Wales State Records
뉴사우스웨일스주정부기록국

① 기록관

1) 소재사항

주　　소　PO Box 516 Kingswood NSW 2747

전　　화　＋61 2 9673 1788

팩　　스　＋61 2 9833 4518

전자우편　info@records.nsw.gov.au

홈페이지　http://www.records.nsw.gov.au/staterecords

2) 성격

뉴사우스웨일스주정부기록국(NSWSR: New South Wales State Records)은 뉴사우스웨일스 주정부의 역사적 기록물과 공공기록물 및 관련 기록관리를 위한 행정기구이자 실제적인 공공기록물의 수집, 보존 및 이용 등을 위한 전문적인 공공기관이다.

3) 설립연혁

뉴사우스웨일스주정부기록국은 1998년의 주정부기록법에 의거하여 설립되었으며, 무역부(**Department of Commerce**) 산하 기관이다.

4) 비전 및 임무

뉴사우스웨일스 정부 및 주민 역사를 반영하고 커뮤니티를 통한 삶을 풍요롭게 하며, 양질의 책임 있는 정부 지원을 위한 기록 이용이 가능하도록 하는 것이 그 임무라 할 수 있다. 구체적으로 다음과 같다.

① 뉴사우스웨일스 공공부문의 사업이 적절하게 문서화되고, 공공기록이 효율적이며 효과적으로 관리될 수 있도록 보증
② 뉴사우스웨일스 주민 및 커뮤니티의 풍요로움을 위해 문화 및 정보자원으로서의 주정부기록관 컬렉션의 개발, 문서화, 보존 및 이용이 가능하도록 봉사

5) 조직

주정부기록국은 1인의 위원장(**Executive, Comprising the Director**) 외에 2인의 부위원장과 부장(**Manager**) 그리고 관리팀에 의해 경영된다. 각 부위원장은 다양한 프로그램 및 일상의 업무에 대한 경영책임을 진다.

6) 기능

- 주정부기록물의 생성 · 관리 · 폐기를 위한 표준 제정 및 감독
- 기록관리 모든 면에 있어서의 뉴사우스웨일스 공공부문기관에 대한 실질

적 지원

- 공공부문기관의 비사용 중인 기록에 대한 중앙집중적이며 비용효과적인 보존소와 복구서비스 제공
- 주정부기록관에 유지되어야 하고 폐기되어서는 안 되는 주정부기록물의 식별
- 주정부기록관의 기능 및 행정내용별 문서화 및 목록화
- 주정부기록관의 적절한 환경에서의 보관 및 다른 보관소들의 표준환경 유지 확보
- 주정부기록관의 보존을 위한 미시적 및 거시적 방법의 이용
- 30년 이상 된 주정부기록의 대중이용 보장
- 각 공공부문기관이 책임지고 있는 주정부기록의 대중이용 경영에 관한 안내
- 주정부기록관 컬렉션의 해석, 증진 및 대중이용 강화
- 기록관의 서비스 및 운영 향상을 위한 정보통신기술의 최상화

7) 관련법률

- 1998년의 주정부기록법

8) 관련기관

뉴사우스웨일스주정부기록국의 기록관리 업무의 효율적인 수행을 위하여 다음과 같은 다양한 기구와 기관 등과 협력관계에 있다.

- 호주기록관(Archives of Australia)
  홈페이지 http://www.archivenet.gov.au/archives.html

- 호주기록관 디렉터리(Directory of Archives in Australia)
  홈페이지 http://www.archivists.org.au/directory

- 호주국가기록관(National Archives of Australia)
  홈페이지 http://www.naa.gov.au/

- 타스마니아기록관실(Archives Office of Tasmania)
  홈페이지 http://www.archives.tas.gov.au/

- 호주수도자치령기록실(Australian Capital Territory Records Office)
  홈페이지 http://www.territoryrecords.act.gov.au/

- 북부자치령기록관서비스(Northern Territory Archives Service)
  홈페이지 http://www.nt.gov.au/nreta/ntas/

- 빅토리아공공기록실(Public Record Office of Victoria)
  홈페이지 http://www.prov.vic.gov.au/

- 퀸즐랜드주정부기록관(Queensland State Archives)
  홈페이지 http://www.archives.qld.gov.au/

- 호주남부주정부기록국(State Records of South Australia)
  홈페이지 http://www.archives.sa.gov.au/

- 호주서부주정부기록실(State Records Office of Western Australia)
  홈페이지 http://www.sro.wa.gov.au/

② 정보원

1) 정보원 열람 및 배포 정책

뉴사우스웨일스주정부기록국(NSWSR: New South Wales State Records)의
사건기록물을 포함한 대부분의 소장기록물은 온라인인덱스를 통해 그룹별로
분류되어 검색가능하도록 제공되고 있다. 특히 연속간행물인 *Vital Signs
Magazine*은 PDF로 제공되고 있어 온라인상으로 무료 열람이 가능하다.

2) 온라인인덱스(Indexes Online)

뉴사우스웨일스주정부기록국의 주요 소장기록물 중 온라인상에 목록이 제공
되는 기록물자료들은 다음과 같은 기록그룹으로 분류되어 있다. 구체적으로
다음과 같다.

(1) 인구조사기록(Census Records)
- 1841 Census
- 1891 Census
- 1901 Census

(2) 식민성장관(Colonial Secretary) 기록
- Colonial Secretary Papers, 1788~1825
- Letters Relating to Land
- Main Series of Letters Received, 1826~1982

(3) 죄수(Convicts) 기록

- Certificates of Freedom, 1823~1869
- Convict Bank Accounts, 1837~1870
- Convict Exiles, 1846~1850
- Pardons, 1791~1825, 1837~1847
- Tickets of Exemption from Government Labor, 1827~1832
- Tickets of Leave, Certificates of Emancipation and Pardons, 1810~1819
- Tickets of Leave
- Ticket of Leave Passports, 1835~1869
- Tasmanian Convicts, 1804~1853

(4) 법원, 경찰, 감옥(Court, Police & Prison) 기록

- Bench of Magistrates, 1788~1820
- Court of Civil Jursidiction 1799~1814
- Criminal Court Records, 1788~1833
- Criminal Depositions Received, 1849~1921
- Divorce, 1873~1930
- Gaol Photographs, 1870~1930
- Police Service Registers
- Quarter Sessions Cases, 1824~1837

(5) 고인의 토지 및 관련기록(Deceased Estates and Related Records)

- Deceased Estate Files, 1880~1923
- Intestate Estate Case Papers

- Probate - Early Records

(6) 교육 및 아동복지(Education and Child Welfare) 기록

- Mittagong Farm Home for Boys, 1907~1921
- Orphan Schools, 1817~1833
- Randwick Asylum for Destitute Children, 1852~1915
- Schools and Related Records, 1876~1979

(7) 이민 및 선적(Immigration and Shipping) 기록

- Assisted Immigrants
- Other Shipping Indexes
- Unassisted Immigrants 1842~1855
- Unassisted Passenger and Crew Arrivals, 1854~1900
- Ships' Musters, 1816~1825
- Vessels Arrived in Sydney, 1837~1925

(8) 호주소수민족(Indigenous Australians) 기록

- Aboriginal Colonial Court Cases, 1788~1838
- Aboriginal People in the Register of Aboriginal Reserves, 1875~1904
- Documents Relating to Aboriginal People and the Law, 1797~1840

(9) 채무(Insolvency) 기록

- Insolvency Records, 1842~1887

(10) 토지기록(Land records) 기록

- Colonial Secretary' s Letters Relating to Land
- Closer Settlement and Returned Soldier' s Transfer Files, 1907~1936, 1951
- Court of Claims Relating to Land, 1833~1835
- Registers of Settlement Purchase, 1905~1929
- Returned Soldier Settlement Miscellaneous Files
- Surveyor General' s Maps and Plans, 1792~1886
- Surveyors' Field Books, 1794~1860
- Surveyors' Letters, 1822~1855

(11) 귀화(Naturalization) 기록

- Naturalization, 1834~1903

(12) 철도직원(Railway Employees) 기록

- Railway Employees: Nominal Roll of the First Railway Section (AIF), 1917~1920
- Railway Supply Detachment
- Railway Employment Records
- NSW Government Railways and Tramways Roll of Honour, 1914~1919

(13) 기업등록(Registers of Firms) 기록

- Registers of Firms, 1903~1922

(14) 도로이름(Street Names) 기록

- Sydney Street Names, 1903~1984

3) 연속간행물(Magazine)

뉴사우스웨일스주정부기록국은 연속간행물 생명기록매거진(*Vital Signs Magazine*)을 발간하고 있다. 이는 반년 간격으로 가족 및 지역역사협회, 지역도서관, 문화기구, 미디어 등의 기구에 무료로 제공되고 있다. 한편 홈페이지지상에 PDF로 제공되고 있어 무료 열람이 가능하다. 현재 홈페이지에 제공되고 있는 색인의 예는 다음과 같다.

- *Introduction to In Living Memory Exhibition*
- *Catalogue of Text and Images from the Exhibition*
- *Interview with Indigenous Photographer Mervyn Bishop*
- *School Records of Interest to Indigenous Researchers*
- *On the Road with the Exhibition Team*

4) 사진기록물(Photo Investigator)

뉴사우스웨일스주정부기록국은 19세기 후반부터 현재까지 뉴사우스웨일스와 관련된 수많은 사진기록물을 수집·보존하고 있다. 현재 홈페이지지상에 약 20여 종이 제공되고 있으며 대표적으로 다음과 같다.

- *State Rail Authority: Glass Plate Negatives NRS 18526*
- *Photographs of National Parks NRS 10738*
- *Photographs Taken During Cleansing Operations in Quarantine Areas, Sydney NRS 12487*

- *State Rail Authority Archives Photographic Reference Print Collection, c1850~c1988 NRS 17420*
- *Franco-British Exhibition, 1908 NRS 14086*
- *Government House Stables, 1913 NRS 1728*

5) 출판물(Publications)

뉴사우스웨일스주정부기록국은 다양한 관련 출판물을 발간하고 있으며, 홈페이지에 제공되고 있는 목록은 다음과 같다.

- *The Administration of New South Wales Vol.1~2*
- *Guide to NSW State Archives Relating to the Teaching of English to Post WWII Migrants*
- *Guide to NSW State Archives Relating to Responsible Government*
- *Guide to NSW State Archives Relating to Convicts and Convict Administration*
- *A Guide to NSW State Archives Relating to Aboriginal People*
- *Using the Archives Resources Kit*
- *The First Fleet*
- *Generation Family Tree Chart*

PROV
Public Record Office Victoria
빅토리아공공기록실

① 기록관

1) 소재사항

주	소	PO Box 2100 North Melbourne, VIC 3051
전	화	+61 3 9348 5600
팩	스	+61 3 9348 5656
전자우편		ask.prov@prov.vic.gov.au
홈페이지		http://www.prov.vic.gov.au/

2) 성격

빅토리아공공기록실(PROV: Public Record Office Victoria)은 빅토리아 주
정부의 가치 있는 역사기록물과 공공기록물의 수집·보존·관리 및 이용을
위하여 봉사하는 공공기록관이다.

3) 비전 및 임무

빅토리아 주민이 신뢰하는 주정부가 될 수 있도록 빅토리아 지역의 주요 역

사기록물과 공공기록물에 대한 기록관리 업무를 통하여 주정부를 지원하는 것이 본 기록관의 임무이다. 빅토리아공공기록실은 기록관리의 모범기록관이 되기 위해 최선을 다하고 있다.

4) 주요행사

빅토리아공공기록실은 빅토리아 주의 기록 및 기록관리 관련 업무의 적극적 실행을 위하여 다음과 같은 주요행사를 개최하고 있다.

① 보존 및 보전: 사진과 사진미디어(Preservation and Conservation: Photographs and Photographic Media)
② 빅토리아공공기록실의 온라인정보 활용하기(Using PROV's Online Resources)
③ 빅토리아공공기록실의 가족사정보(Family History Resources at PROV)

5) 프로그램

빅토리아공공기록실은 빅토리아 주의 기록 및 기록관리 업무와 관련하여 다음과 같은 주요프로그램을 계획 및 실천하고 있다.

(1) 대표단프로그램(Delegation Program)

빅토리아공공기록실은 본 기록관 및 기록관리 프로그램에 관심이 있는 많은 대표단의 방문을 위한 주요프로그램으로 '대표단프로그램'을 실시하고 있다. 이 프로그램은 정부 간 및 국제기구들의 기록관리 프로그램을 지원하고 있는 것으로 대표단 방문 시 제공하는 활동 및 발표 주제들은 다음과 같다.

- 빅토리아공공기록실 소개 및 비전과 목표
- 빅토리아전자기록전략(VERS: Victorian Electronic Records Strategy)
- 빅토리아 대중부문에서의 전자기록전략 촉진 및 이행 사례
- 빅토리아공공기록실이 온라인 서비스를 통하여 사용하고 있는 기술 소개
- 빅토리아 정부기관의 기록관리 실제 향상 및 규정이행을 지원하기 위한 이니셔티브 및 활동
- 자문서비스

(2) 자원봉사프로그램(Volunteer Program)

빅토리아공공기록실은 빅토리아기록센터(Victorian Archive Centre)를 통한 자원봉사프로그램을 오랫동안 운영해 오고 있다. 자원봉사자들의 활동을 통하여 빅토리아공공기록실의 중요한 역사적 도큐먼트의 광범위한 대중이용이 가능하도록 하고 있다. 자원봉사자들을 위한 현재 진행 중인 프로젝트들은 다음과 같다.

① 이관(移館)할 기록의 목록화
② 전시회를 위한 원본 도큐먼트의 사본제작
③ IT 프로젝트
④ 디지털기록의 전산작업
⑤ 빅토리아기록센터 견학의 진행

6) 주요활동

본 기록실은 빅토리아 주정부 및 빅토리아 주민이 관련 기록물을 이용 가능하도록 관리한다. 이를 위해 본 기록실은 다음과 같은 주요활동을 전개하고 있다.

(1) 기록활동(Records)

방대하고 다양한 빅토리아정부기록의 관리 및 이용을 위하여 봉사한다.
정보의 대중이용은 열람실을 통해 무료로 할 수 있다.

(2) 표준화 활동(Standards)

기록관련 표준을 제공함으로써 빅토리아 정부가 양질의 기록을 생산하고
원활한 기록관리를 할 수 있도록 돕는다.

(3) 교육 및 자문(Training and Advice)

교육 및 자문서비스를 통해 기록유지 표준을 촉진하고 정부기관을 지원
한다.

7) 관련기관

빅토리아공공기록실은 기록 및 기록관리를 위하여 다음과 같은 주요 관련 프
로그램 및 기관 등과의 협력관계에 있다.

- 호주디지털기록유지이니셔티브(Australian Digital Recordkeeping Initiative)
  홈페이지 http://www.adri.gov.au/

- 호주기록전문가협회(Australian Society of Archivists)
  홈페이지 http://www.archivists.org.au

- 호주기록 및 레코드당국협의회(Council of Australian Archives and Records
  Authorities)
  홈페이지 http://www.caara.org.au

- 뉴질랜드기록관(Archives New Zealand)

  홈페이지 http://www.archives.govt.nz/index.php

- 타스마니아기록실(Archives Office of Tasmania)

  홈페이지 http://www.archives.tas.gov.au/

- 호주국가기록관(National Archives of Australia)

  홈페이지 http://www.naa.gov.au/

- 북부지역준주(準州)기록서비스(Northern Territory Archives Service)

  홈페이지 http://www.nt.gov.au/nreta/ntas/

- 뉴사우스웨일스주정부기록(State Records New South Wales)

  홈페이지 http://www.records.nsw.gov.au/staterecords/welcome_to_state
  _records_nsw_1556.asp

- 남부호주주정부기록(State Records of South Australia)

  홈페이지 http://www.archives.sa.gov.au/

- 서부호주주정부기록실(State Records Office of Western Australia)

  홈페이지 http://www.sro.wa.gov.au/

- 준주(準州)기록실(Territory Records Office – ACT)

  홈페이지 http://www.territoryrecords.act.gov.au/

- 퀸즐랜드주정부기록관(Queensland State Archives)

  홈페이지 http://www.archives.qld.gov.au/

② 정보원

1) 정보원 열람 및 배포 정책

빅토리아공공기록실(PROV: Public Record Office Victoria)에 소장되어 있는 공공기록물은 원칙적으로 공개 열람을 제공하고 있으며, 기본적인 열람실 방문을 통한 무료 이용이 가능하다. 홈페이지상에서 제공되는 정보원은 크게 'Publications'와 'Newsletters' 두 부분으로 구성되어 있다. 출판물은 직접 구매해야 하며, 홈페이지상에서 구매가능한 서적 및 가격정보를 제공하고 있다. 뉴스레터의 경우 각 간기별 색인 정보를 브라우징을 통해 열람 가능하다.

2) 출판물(Publications)

빅토리아공공기록실에서 출판된 주요출판물은 다음과 같다.

- *Private Lives Public Records: Family History Resources at Public Record Office Victoria*
- *My Heart Is Breaking: A Joint Guide to Records about Aboriginal People in the Public Record Office and the National Archives, Victorian Regional Office*
- *Coming South: Victorian Archives of Immigration 1839 – 1923. A Guide*
- *Footprints: The Journey of Lucy and Percy Pepper*
- *Private Lives, Public Records*
- *Finding Your Story: A Resource Manual to the Records of the Stolen Generations in Victoria*

- *A Matter of Record: A History of Public Record Office Victoria*
- *Eureka: From the Official Records*
- *Ten Victorian Women*

3) 뉴스레터(Newsletters)

빅토리아공공기록실은 다양한 뉴스레터를 발간하고 있으며, 홈페이지지상에서 뉴스레터의 열람서비스를 제공하고 있다. 각 뉴스레터는 간기별 기사색인의 브라우징 검색을 통해 열람이 가능하다. 구체적인 빅토리아공공기록실의 발간 뉴스레터는 다음과 같다.

- *rEsearch*
- *PROactive*
- *PROfile*
- *PROgress & More PROgress*
- *POD Newsletter*
- *KRU Newsletter*

QSA
Queensland State Archives
퀸즐랜드주정부기록관

① 기록관

1) 소재사항

주　　소　435 Compton Road Runcorn, Queensland 4113
전　　화　+61 7 3131 7777
팩　　스　+61 7 3131 7764
전자우편　info@archives.qld.gov.au
홈페이지　http://www.archives.qld.gov.au/

2) 성격

퀸즐랜드주정부기록관(QSA: Queensland State Archives)은 퀸즐랜드 지방
의 공공기록에 대한 수집, 이용 및 관리와 보존을 위한 공공기관이다. 특히
퀸즈랜드주정부기록관은 호주공공기관 중 기록관리를 위한 선두적인 기관으
로서 퀸즐랜드의 가장 큰 단위이며 가장 주요한 문서유산 컬렉션의 보호역할
을 한다. 본 기록관은 주정부기록관 소장기록을 관리하며 주정부의 문화 및
역사기록의 대중이용을 촉진하기 위하여 노력하고 있다.

3) 설립연혁

퀸즐랜드주정부기록관은 2002년 공공기록법 제21조에 의거하여 주정부기록 관이자 기록관리 행정기구로 설립되었다.

4) 비전 및 임무

퀸즐랜드주정부기록관은 공공기관의 적절한 정보관리원칙과 실제의 이행을 장려하며 정책을 개발하고 정부 및 정부기관에 자문서비스를 제공한다. 본 기록관의 주요 임무는 다음과 같다.

① 효과적이고 책임성 있는 정부행정의 효과성 및 책임성 지원
② 기록의 역할 촉진
③ 퀸즐랜드 주민과 정부 간 소통 문서의 보존
④ 주 및 지방정부의 현용 기록이 아닌 공공기록물(비현용기록) 이용서비스 제공

5) 주요업무

퀸즐랜드주정부기록관은 퀸즐랜드 지방의 적극적인 기록 및 기록관리 관련 업무수행을 촉진하면서 다음과 같은 업무수행 전개에 주력하고 있다.

- 영구적 가치가 있는 공공기록 관리에 관한 정부로의 정책규정 자문
- 적절한 기록보유 및 폐기스케줄 개발에 관한 정부기관으로의 조언 및 지원
- 2002년 공공기록법 제26항에 의거한 기록폐기 권한의 실시
- 보존기간의 최대화를 위한 물리적 환경에 관한 규정의 제정
- 정부기관을 대신하여 영구적인 마이크로필름으로의 전환, 보관 및 보존
- 정부기록의 대중이용을 가능하게 하기 위한 설비 및 서비스 규정의 제정

- 서적 출판 및 세미나, 워크숍, 전시회와 같은 다양한 활동의 전개
- 정부에 관한 정보의 이용촉진을 위한 프로젝트 실시

6) 위원회

퀸즐랜드주정부기록관의 공공기록검토위원회(PRRC: Public Records Review Committee)는 퀸즐랜드의 공공기록물관리를 강화하기 위하여 다양한 활동을 전개하고 있다. 2003년 3월 총 9인의 구성원으로 조직된 이 위원회는 퀸즐랜드의 650개가 넘는 공공기관이 2002년 공공기록법의 이행을 보장하도록 촉구하고 있다. 본 위원회의 기능은 다음과 같다.

- 주정부 기록전문가 및 공공사업, 주거 및 정보통신부 장관(Minister for Public Works, Housing and Information and Communication Technology)에게 공공기록법의 이행과 관련된 자문 제공
- 공공기록법 제19조 제4항과 관련하여 반론 제기
- 특정 공공기록의 폐기 또는 공공기록 분류와 관련하여 주정부 기록전문가의 결정 검토

7) 관련법률

- 2002년의 공공기록법(Public Records Act 2002)

8) 주요행사

퀸즐랜드주정부기록관은 현재 역사기록의 대중이용 촉진을 위하여 다음과 같은 행사를 전개하고 있다.

① 주정부 기록전문가와의 모닝 티 마시기(Morning Tea with the State Archivist)
② 퀸즐랜드 이미지(Image Queensland)
③ 기록유지 포럼(Record keepers' Forum)

9) 프로젝트

퀸즐랜드주정부기록관은 현재 '퀸즐랜드주정부기록관 확장프로젝트(QSA Expansion Project)'를 계획·실행 중에 있다. 현재 퀸즐랜드주정부기록관 빌딩은 1992년에 지어졌으며, 이는 기록보관의 물리적 수용 정도가 포화상태이므로 앞으로 입수되는 기록들을 위해 현 건물의 확장이 불가피하게 되었기 때문이다. 이는 총 10년에서 15년 동안 퀸즐랜드의 약 600개 이상 공공기관 기록을 보관 및 수용할 수 있는 크기이다. 이는 또한 퀸즐랜드의 미래 디지털기록관을 고려한 결과이다.

10) 주요서비스

퀸즐랜드주정부기록관은 현재 주요 서비스의 일환으로 '보존서비스(Preservation Services)'를 적극적으로 추진하고 있다. 즉 보존서비스팀(Preservation Services Branch)의 역할은 미래세대의 퀸즐랜드정부기록 이용을 위한 기록보존에 있다. 이를 위해 다음과 같은 보존전략을 제시하고 있다.

- 보존 및 처리: 보존포장 및 디지털화와 마이크로필름화 포함
- 환경적 감시(Monitoring)
- 재난복구 및 대비
- 자문 및 교육

11) 관련기관

퀸즐랜드주정부기록관은 기록 및 기록관리 관련 업무수행을 위하여 다음과 같은 기록관과 도서관을 포함한 다양한 기관과 협력관계에 있다.

- 호주기록게이트웨이(Archives of Australia Gateway)
  홈페이지 http://www.archivenet.gov.au/

- 타스마니아기록실(Archives Office of Tasmania)
  홈페이지 http://www.archives.tas.gov.au/

- 오스트랄라시아디지털기록유지이니셔티브(Australasian Digital Recordkeeping Initiative)
  홈페이지 http://www.adri.gov.au/

- 호주기록협의회(Australian Council of Archives)
  홈페이지 http://www.archivenet.gov.au/aca/aca.htm

- 호주기록전문가협회(Australian Society of Archivists)
  홈페이지 http://www.archivists.org.au/

- 호주기록디렉터리(Directory of Archives in Australia)
  홈페이지 http://www.archivists.org.au/directory-of-archives

- 민주주의 문서화(Documenting a Democracy)
  홈페이지 http://www.foundingdocs.gov.au/

- 호주국가기록관(National Archives of Australia)
  홈페이지 http://www.naa.gov.au/

- 북부자치령기록서비스(Northern Territory Archives Service)
  홈페이지 http://www.nt.gov.au/nreta/ntas/

- 빅토리아공공기록실(Public Record Office of Victoria)
  홈페이지 http://www.prov.vic.gov.au/

- 오스트랄라시아기록관리협회(Records Management Association of Australasia)
  홈페이지 http://www.rmaa.com.au/

- 호주기록 및 매뉴스크립트등록(Register of Australian Archives and Manuscripts)
  홈페이지 http://www.nla.gov.au/raam/

- 호주남부주정부기록물(State Records of South Australia)
  홈페이지 http://www.archives.sa.gov.au/

- 호주서부주정부기록실(State Records Office of Western Australia)
  홈페이지 http://www.sro.wa.gov.au/

- 뉴사우스웨일스주정부기록당국(The State Records Authority of New South Wales)
  홈페이지 http://www.records.nsw.gov.au/staterecords/welcome_to_state_records_nsw_1556.asp

- 호주저작권협의회(Australian Copyright Council)
  홈페이지 http://www.copyright.org.au/

- 호주문화네트워크(Australia's Cultural Network)
  홈페이지 http://www.acn.net.au/

- 정보산업국(Information Industries Bureau)

  홈페이지 http://www.industry.qld.gov.au/dsdweb/v4/apps/web/content.cfm?id
  =4971

- 정부정보기술상황(Government Information Technology Conditions)

  홈페이지 http://www.gitc.qld.gov.au/

② 정보원

1) 정보원 열람 및 배포 정책

퀸즐랜드주정부기록관(QSA: Queensland State Archives)의 일부 기록들은 디지털화되어 웹페이지상으로 그 목록을 확인할 수 있다. 기본적으로는 홈페이지 상의 일반적인 브라우징을 이용한 정보 검색이 가능하다. '출판물(Publications)' 난을 통하여 퀸즐랜드주정부기록관의 다양한 출판물 목록이 홈페이지에 제공되고 있으며, 특히 정부를 위한 출판물은 PDF 등 다양한 형태로 홈페이지에 제공되어 있어 무료 열람 또는 구입 열람이 가능하다.

2) 소장기록물

비록 퀸즐랜드주정부기록관이 1859년 뉴사우스웨일스에서 퀸즐랜드로 독립되기 이전의 몇몇 기록을 소장하고 있기는 하나 대부분 기록은 1859년 이후에 형성된 것들이다. 대부분 주정부부서, 주정부법원, 지방정부당국 등에서 생성·수집된 역사적으로 영구적 가치를 지닌 기록들이다.

3) 출판물(Publications)

퀸즐랜드주정부기록관은 다음과 같은 다양한 종류의 출판물을 발간하고 있다.

(1) 법인출판물(Corporate Publications)

퀸즐랜드주정부기록관 총회보고서(*Annual Report*)는 2002년 공공기록법 제56항에 의해 매해 출판되고 있다. 현재 홈페이지상에 2002~2003년부터 2006~2007년까지 총 5회의 총회보고서가 업로드되어 있다.

(2) 연구원들을 위한 출판물(Publications for Researchers)

① 커뮤니티 역사 팸플릿(Community History Booklets)
- *Boonah and its Northern District*
- *Mary River Valley*

② 주제별 출판물
- *QSA Bulletin*
- *Runcorn Record*
- *Search Tools and Finding Aids*
- *Treasure Chest*
- *Public Art Brochure*
- *Interview with Jennifer Harrison*

4) 정부를 위한 출판물(Publications for Government)

정부를 위한 출판물은 PDF, MS 워드, MS 엑셀의 형태로 온라인상에 종류별로 구분되어 있다. 이들은 무료 열람이 가능하거나 또는 구입에 의해 열람이 가능한 서적으로 구분된다.

(1) 정보표준(Information Standards)

- *IS31: Retention and Disposal of Public Records*
- *IS40: Recordkeeping*

(2) 법안(Legislation)

- *Public Records Act 2002*

(3) 정책(Policy)

- *Digitisation Disposal Policy*
- *Managing Emails that are Public Records Policy and Guideline*
- *Managing Records of Online Resources and Services*
- *Microfilming Disposal Policy*

(4) 안내서(Guidelines and Tools)

- *Best Practice Guide to Recordkeeping*
- *Glossary of Archival and Recordkeeping Terms*
- *Guideline for Best Practice Microfilming of Public Records*
- *Guideline for the Development of Retention and Disposal Schedules*
- *Guideline for the Digitisation of Paper Records*
- *Guideline for the Implementation of Retention and Disposal Schedules*
- *Guideline for the Planning of an eDRMS*
- *Guideline on the Disposal and Transfer of Public Records*

- *How to Set Restricted Access Periods*
- *IS40 Compliance Attachments*
- *IS40 Compliance Guideline*
- *IS40 Self-assessment Checklist*
- *Keyword AAA*
- *Keyword for Councils*
- *Management of ASIO Documents in Queensland Public Records*
- *Managing Records of Online Resources and Services Guideline*
- *Operational Recordkeeping Implementation Plan Workbook and Template*
- *Plain English Guide to the Public Records Act 2002*
- *Queensland Recordkeeping Metadata Standard and Guideline*
- *Strategic Recordkeeping Implementation Plan(SRIP) Workbook and Template*
- *IS40 Compliance Survey 2007*

(5) 공공기록물 개요(Public Records Briefs and Alerts)

공공기록물 개요의 경우 현재 홈페이지상에 총 53종이 업로드 되어 있으며, 그중 대표적인 것은 다음과 같다.

- *Advice for Local Governments on Managing Diaries of Mayors and Councillors*

- *Advice on the Destruction of Public Records*
- *Business Classification Schemes and Thesauri*
- *Local Government Records*
- *Local Government Reforms and Recordkeeping Responsibilities: Advice for Chief Executive Officers*
- *Local Government Reforms and Recordkeeping Responsibilities: Advice for Records Managers*
- *Management of Back-up Tapes*
- *Managing Emails that are Public Records-Policy and Guideline Overview*
- *Managing Records of Online Resources and Services Policy and Guideline Overview*
- *Implementation of Information Standard 40: Recordkeeping(IS40) for State Government Departments and Local Government*
- *Implementation of Information Standard 40: Recordkeeping(IS40) for State Government Departments and Local Government: Part 2*

(6) 보존서비스자문(Preservation Services Advice)

- *Guide to Paper Selection for Permanent and Temporary Retention Public Records*
- *Integrated Pest Management(IPM)*
- *Online Disaster Planning and Response Resources*
- *Online Preservation Resources*

- *Storage Standards for Queensland Public Records*
- *Suppliers List*

(7) 양식(Forms)

- *Access Authorisation Form*
- *Access to Restricted Records Form*
- *File Issue Request Form*
- *Item List Template*
- *Restricted Access Period(RAP) Notice: Accrual Series*
- *Restricted Access Period(RAP) Notice: New Series*
- *Restricted Access Period(RAP) Notice: Request for change*
- *Transfer Proposal Form*

(8) 기타(Other)

- *Capacity Development Framework and Strategy*
- *Developing an e-Government Policy Framework for Electronic Records Management Discussion Paper*
- *FAQs: Managing Emails that are Public Records*
- *Managing Electronic Messages as Records: Online Training Module*
- *Managing Public Records Responsibly: Joint Publication with QSA and the CMC*
- *Report on Skill Levels in the Recordkeeping Industry 2004*
- *Stakeholder Engagement Framework*

(9) 스케줄(Schedules)

- *General Retention and Disposal Schedule for Administrative Records*
- *Existing Retention and Disposal Schedules*
- *Local Government Sector Retention and Disposal Schedule*

5) 보도자료(Media Releases)

퀸즐랜드주정부기록관 보도자료는 홈페이지(http://www.publicworks.qld.gov.au/about/news.cfm)를 통해 열람할 수 있다. 현재 홈페이지에 30여 종의 보도자료가 제공되고 있으며, 대표적인 목록은 다음과 같다.

- *Thiess to Take on Correctional Centre*
- *Suggestions Flood in for Bridge*
- *New Queensland Government Architect Appointed*
- *Claim the Name of Tank Street Bridge!*
- *Public Works Celebrates NAIDOC Week*
- *Public Works Welcomes CorpTech*
- *ICT Submissions Now Online*
- *Government Building to Set New Energy Standards*
- *1977 Queensland Cabinet Minutes Released*

SRO
State Records Office of Western Australia
호주서부주정부기록실

① 기록관

1) 소재사항

주   소   Alexander Library Building, James Street West Entrance,
Perth Cultural Centre, Perth WA 6000

전   화   +61 8 9427 3360

팩   스   +61 8 9427 3368

전자우편   sro@sro.wa.gov.au

홈페이지   http://www.sro.wa.gov.au/

2) 성격

호주서부주정부기록실(SRO: State Records Office of Western Australia)은 호주서부 주정부기록물의 관리와 보존 그리고 이용제공을 책임지고 있는 행정기구이자 주정부기록관이다. 특히 호주서부 주정부기록실은 주정부 및 지방정부기관들에게 기록관리서비스에 관한 최상의 업무처리 관련 모범사례를 제공하며, 또한 대중에게 주정부기록관으로서의 이용서비스를 제공하고 있다.

3) 설립연혁

- 호주서부주정부기록실의 핵심컬렉션은 1903년에 최초로 입수된 기록인 식민성장관실(Colonial Secretary's Office) 기록이며, 그 후 다양한 기록들이 기록실에 입수되기 시작하였다.
- 가치 있는 기록의 파괴에 대한 염려를 바탕으로 하여 1923년 공공기록위원회(Public Records Committee)가 설립되었으며, 이 위원회는 1929년 주정부기록관위원회(State Archives Board)로 1943년까지 이어졌다.
- 정부기록관의 역할과 책임에 대한 관심 증가의 결과로 1988년 독립기관인 주정부기록관이 설립되었다. 1990년 주정부기록관은 기록관리부서(Records Management Branch)를 설립하였으며, 현재 이 부서는 기록유지서비스팀(Recordkeeping Services)으로 불리고 있다.
- 좀 더 나은 기록유지와 기록관 서비스를 위해 주정부기록관은 1995년 지금의 공공기록실로 명칭을 변경하였다.

4) 비전 및 임무

호주서부주정부기록실은 주정부 및 식민정부 그리고 지방정부에 의해 형성된 역사적 자료와 호주서부 주민들에게 쉽고 효과적인 기록관련 이용서비스를 제공하고자 한다.

5) 조직

기록관서비스팀(Archival Services Team)과 기록유지서비스팀(Record keeping Service Team)으로 구성되어 있다.

(1) 기록관서비스팀

기록관서비스팀은 기록관기록의 문서화 및 보존에 대한 업무를 맡고 있다.

(2) 기록유지서비스팀

기록유지서비스팀은 공공분야의 기록관리자들에게 자문서비스를 제공한다. 본 팀은 기록유지에 관한 모범사례 증진과 기록유지 표준촉진을 목표로 삼고 있다.

6) 주요행사

호주서부주정부기록실은 매해 '조프리볼튼강연(Geoffrey Bolton Lecture)'을 주최하고 있다. 이 행사를 통하여 해마다 각기 다른 저명인사를 초청해 대중의 기록관련 관심과 전문성을 높일 수 있도록 하고 있다.

7) 디지털기록이니셔티브(DRI: Digital Records Initiative)

디지털기록이니셔티브는 주정부기록실, 주정부기록위원회(SRC: State Records Commission) 그리고 문화예술부장관(Minister of Culture and the Arts)의 새로운 이니셔티브이다. 이 이니셔티브는 호주서부 정부기관의 디지털 기록유지 모범사례를 증진시키고, 주정부기록관 기록물에 대한 전자적·영구적인 체제를 제공하고자 마련되었다. 본 이니셔티브는 전자정부와 함께 주정부기록실의 중요한 토대 역할을 제공하고 있다.

8) 관련기관

호주서부주정부기록실은 전문적인 주정부기록관으로서의 원활한 업무수행을 위하여 다음과 같은 호주 및 전 세계의 다양한 기구 및 기관 등과 협력관계에 있다.

(1) 호주 기록관련 기구(Australian Archival Institutions)

- 호주국가기록관(National Archives of Australia)
  홈페이지 http://www.naa.gov.au

- 뉴사우스웨일스주정부기록당국(State Records Authority of New South Wales)
  홈페이지 http://www.records.nsw.gov.au

- 북부자치령기록관서비스(Northern Territory Archives Service)
  홈페이지 http://www.nt.gov.au/nta

- 퀸즐랜드주정부기록관(Queensland State Archives)
  홈페이지 http://www.archives.qld.gov.au

- 호주남부주정부기록국(State Records of South Australia)
  홈페이지 http://www.archives.sa.gov.au

- 타스마니아기록관실(Archives Office of Tasmania)
  홈페이지 http://www.archives.tas.gov.au

- 빅토리아공공기록실(Public Record Office of Victoria)
  홈페이지 http://www.prov.vic.gov.au

(2) 호주 기록관련 기구 디렉터리(Directories of Australian Archival Institutions)

- 호주기록관게이트웨이(Archives of Australia Gateway)
  홈페이지 http://www.archivenet.gov.au/archives.html

- 호주역사기록등록부(Australian Historic Records Register)
  홈페이지 http://www.nla.gov.au/ahrr

- 호주기록관디렉터리(Directory of Archives in Australia)
  홈페이지 http://www.archivists.org.au/directory/

- 호주기록관 및 매뉴스크립트등록부(Register of Australian Archives and Manuscripts)
  홈페이지 http://www.nla.gov.au/raam

(3) 호주 전문 기록관련 기구(Australian Professional Recordkeeping & Archival Organisations)

- 호주기록관협의회(ACA: Australian Council of Archives)
  홈페이지 http://www.archivenet.gov.au/aca/aca.htm

- 호주도서관정보협회(ALIA: Australian Library and Information Association)
  홈페이지 http://www.alia.org.au

- 호주기록전문가협회(ASA: Australian Society of Archivists Inc)
  홈페이지 http://www.archivists.org.au

- 오스트랄라시아기록 및 레코드협의회(CAARA: Council of Australasian Archives and Records Authorities)
  홈페이지 http://www.caara.org.au/

- 정부관리연구소(IIM: Institute of Information Management)
  홈페이지 http://www.iim.org.au

- 호주기록관리협회(RMAA: Records Management Association of Australia)
  홈페이지 http://www.rmaa.com.au

(4) 세계 기록관련 기구(International Archival Institutions)

- 뉴질랜드기록관(Archives New Zealand)
  홈페이지 http://www.archives.govt.nz

- 잉글랜드 및 웨일즈 국가기록관(National Archives – England and Wales)
  홈페이지 http://www.nationalarchives.gov.uk

- 아일랜드국가기록관(National Archives of Ireland)
  홈페이지 http://www.nationalarchives.ie

- 스코틀랜드기록관(National Archives of Scotland)
  홈페이지 http://www.nas.gov.uk

- 캐나다국가기록관(National Archives of Canada)
  홈페이지 http://www.archives.ca

- 미국국립기록청(National Archives and Records Administration – US)
  홈페이지 http://www.nara.gov

(5) 세계 기록관련 기구 디렉터리(Directories of International Archival Institutions)

- 호주기록관게이트웨이: 국제기록관(Archives of Australia Gateway: International Archives)
  홈페이지 http://www.archivenet.gov.au/archives/archives_inter.htm

- ARCHON 역사매뉴스크립트위원회(ARCHON Historical Manuscripts Commission)
  홈페이지 http://www.hmc.gov.uk/archon

(6) 세계 전문기록관련 기구(International Professional Recordkeeping & Archival Organisations)

- 국제정보관리전문가협회(ARMA International: The Association for Information Management Professionals)
  홈페이지 http://www.arma.org

- 국제정보및이미지관리협회(Association for Information and Image Management International)
  홈페이지 http://www.aiim.org

- 코먼웰스기록전문가및기록관리자협회(Association of Commonwealth Archivists and Records Managers)
  홈페이지 http://www.acarm.org

- 국제아카이브스협의회(ICA: International Council on Archives)
  홈페이지 http://www.ica.org

- 국제기록관리기금(International Records Management Trust)
  홈페이지 http://www.irmt.org

- 미국정부기록전문가및기록행정가국가협회(National Association of Government Archivists and Records Administrators – US)
  홈페이지 http://www.nagara.org

- 국제기록관협회태평양지부(PARBICA: Pacific Regional Branch International Council on Archives)
  홈페이지 http://www.archivenet.gov.au/archives/parbica/parbica_main.htm

- 영국기록관리협회(Records Management Society of Great Britain)
  홈페이지 http://www.rms – gb.org.uk

(7) 기타

- 호주저작권협의회(Australian Copyright Council)
  홈페이지 http://www.copyright.org.au

- 호주전문역사가협의회협회(Australian Council of Professional Historians Associations Inc)
  홈페이지 http://www.historians.org.au

- 호주문화및여가활동포털(Australian Culture and Recreation Portal)
  홈페이지 http://www.cultureandrecreation.gov.au

- 오스트랄라시아법률정보연구소(AUSTLII: Australasian Legal Information Institute)

홈페이지 http://www.austlii.edu.au

- 호주도서관게이트웨이(Australian Libraries Gateway)
  홈페이지 http://www.nla.gov.au/libraries

- 문화유산포털(Cultural Heritage Portal)
  홈페이지 http://chp.library.uwa.edu.au

- 호주코먼웰스정부(Commonwealth Government of Australia)
  홈페이지 http://www.australia.gov.au

- 호주서부역사위원회(History Council of Western Australia)
  홈페이지 http://www.historycouncilwa.org.au/

② 정보원

1) 정보원 열람 및 배포 정책

호주서부주정부기록실(SROWA: State Records Office of Western Australia)은 행정기구이자 주정부기록관으로서 서부의 다양한 공공기록물과 관련기록물을 소장하고 있다. 특히 15개 기록그룹으로 분류하여 홈페이지의 브라우징 검색 방법을 통하여 탐색할 수 있도록 모든 목록을 제공하고 있다. 일부기록물의 경우 CD-ROM 또는 마이크로폼의 형태로 제작되어 있어 관내열람에 제공하고 있다.

2) 소장기록물

소장기록물은 약 1,300건 이상의 개별 주정부 및 지방정부 기관 등의 기록들로 구성되어 있다. 가장 많이 열람되는 정보들을 기준으로 기록그룹별로 분류하고 있다. 해당 기록물의 목록을 모두 온라인상에서 열람할 수 있도록 제공하고 있으며, 그중 각 기록그룹별로 대표적인 목록은 다음과 같다. CD-ROM 또는 마이크로폼 형태 기록물의 경우 명기되어 있다.

(1) 원주민기록(Aboriginal Records)
- Broome "Native Court", Evidence Book, 1947~1952, Series 564, Consignment 4108.
- Busselton Courthouse, Legal Memoranda, 1830~1834 & 1852~1854, Acc 594, Item 2, AN 17.
- Rottnest Prison, Commitment Book, 1886~1900, Series 844, Consignment 1156, Item OCC 25.
- Fremantle Prison, Medical Certificates of Cause of Death of Prisoners at Rottnest, 1895~1899, Series 764, Consignment 4356.

(2) 출생, 사망, 혼인(Births, Deaths and Marriages)
- Records of Shipping Casualties, 1905~1916, Series 1618, Consignment 1056, Item 61.
- Returns Respecting Seamen: Discharged, Deserted, Dead, 1914~1966, Acc 1316, Item 5, AN 16.
- Supreme Court of WA, Rough Index of Deaths, 1918~1924, Series 219, Consignment 3596, Item 2.
- Colonial Secretary's Office. Register Marriage Declaration 1843~

1854, Series 735, Consignment 939.

- Derby Cemetery Trustees, Register of Burials in Derby Cemetery, 1909～1972, Series 733, Consignment 4291.

- Geraldton Cemetery Board, Index to Geraldton Burials 1930～1990, Series 772, Consignment 4416.

(3) 식민성장관실기록(Colonial Secretary's Office Records)

- Files: Censorship, 1948～1985, Series 995, Consignment 4569.

- Files: Unregistered, 1870～1964, Series 949, Consignment 1175.

- Register: Marriage Declarations, 1943～1954, Series 735, Consignment 939.

- Letterbooks: Defence Matters, 1889～1900, Series 1412, Consignment 5046.

(4) 죄수기록(Convict Records)

- Convict Lists and Registers, 1850～1868, Acc 128, AN 358.

- Lists: Convicts, 1850～1853, Series 691, Consignment 4285.

- List: Convicts of Good Conduct, 1856, Series 1138, Consignment 929.

- Letter and Memoranda Books, 1850～1920, Series 1818, Consignment 1156, Items C01－C66 & F20～F24.

- Correspondence: Comptroller General to the Perth Police Magistrate, 1855～1877, Acc 3290, AN 17.

(5) 법원기록(Court Records)

- Cause Lists of Appeals, 1919～1940, Series 189, Consignment 3593.

- Appeals Files, 1867~1945, Series 202, Consignments 3677, 4491 & 5679.
- Register: Appeals from other Courts, 1903~1931, Series 190, Consignment 3594.
- Insolvency Files, 1858~1871, Series 52, Consignment 3429.
- Perth Police Court, Applications: Bastardy Laws Act, 1881~1916, Consignment 3296, AN 17.
- Fremantle Court of Petty Sessions, Evidence Books, 1911~1923, Acc 2952, AN 17.

(6) 교육 및 학교기록(Education and School Records)
- Record of Service Registers: Teaching Staff, 1892~1915, Acc 1036, Items 1~12, AN 45.
- Record of Service Registers: Non－Teaching Staff, 1894~1935, Acc 1036, Item 17, AN 45.
- Teaching Staff Registers, 1952~1954, Acc 1036, Item 18, AN 45/6.
- Commencement Books, 1934~1937, Acc 1036, Item 13, AN 45/6.
- Resignation Books; Teaching and Non－Teaching Staff, 1940~1946, 1951~1954, Acc 1036, Item 15, AN 45.

(7) 항구 및 선적기록(Harbour and Shipping Records)
- Harbour Master's Journals: Fremantle, 1860~1909, Series 1615, Consignment 1056, Items 49~52.
- Logbooks, 1876~1947, Series 1539, Consignment 726, Items 1~26.
- General Files, 1894~1983, Series 2357, Acc 1066, 5970, 5972, & 6654.

- Monthly Summary: Shipping, 1945～1970, Series 574, Consignment 4068.
- Correspondence Files: Ships, 1912～2000, Series 1720, Consignments 5237 & 5238.

(8) 병원 및 건강기록(Hospitals and Health Records)

- Files: General, 1897～1990, Series 268.
- Files: Hospitals, 1955～2001, Series 2523, Consignment 6460 & 6704.
- Royal Perth Hospital, Plans, 1852～1908, Acc 1635, AN 4/1.
- Blackboy Hill Hospital, Admission Register: Pneumonic Influenza Epidemic, 1919～1920, Series 2398, Consignment 1090.
- Public Health & Medical Department, Files: General, 1900～1972, Acc 1003, AN 120/4.
- Public Health & Medical Department, Files: General, 1934～1979, Acc 1595, AN 120/18.
- Hospital Laundry and Linen Service, Files: General, 1974～1993, Series 1982, Consignment 5696.
- Medical Registration Board, Minutes of Meetings, 1873～1896, Acc 539, AN 32.

(9) 지방정부기록(Local Government Records)

- Busselton Municipal Council, Minutes(Includes Minutes of Busselton Water Board 1925～1929), 1871～1895 & 1925～1951, Acc 2876, AN 36.
- Shire of Yilgarn, Minutes: Local Board of Health, 1901～1918,

Series 2565, Consignment 6550.

- City of Belmont, Minutes: Town Planning Committee, 1970~1979, Series 255, Consignments 3646, 4432 & 6262.
- Shire of Coolgardie－Lands and Boundaries: District Boundaries, 1972~1980, Series 2, Consignment 3371, Item CG 4~2.
- Town of Cottesloe: By－Laws; Dogs, Series 2, Consignment 6279, Item CT7~15V1.

(10) 광업기록(Mining Records)
- General Files, 1892~1992, AN 350 & Series 20.
- Mining Tenement Nominal Indexes, 1892~1909, Series 1028, Consignment 4603, Items 6 and 7.
- Subject Files: History of Gold Mining Vols.2~5, 1881~1980, Acc 2507, Items 3350/1970~3353/1970, AN 350.
- Mining Registrar Cue, Leaseholders Quarterly Returns, 1897~ 1899, Series 1524, Consignment 5172, Item 1.

(11) 탑승자리스트 및 이민기록(Passenger Lists and Immigration Records)
- Passenger Arrivals into Western Australia, 1839~1890.[CD－ROM]
- Passenger Arrivals into Western Australia, 1898~1925.[CD－ROM]
- Shipping Passenger Arrivals from Overseas, Albany, Western Australia, 1873~1925.[microfiche]
- Convict Establishment, Lists: Convicts, 1850~1853, Series 691, Consignment 4285.
- Convict Establishment, List: Convicts of Good Conduct, 1856, Series

1138, Consignment 929.

- Albany Police Station, Occurrence Books, 1863∼1902, Acc 364, Items 1∼45, AN 5.

(12) 경찰기록(Police Records)

- General Files, 1876∼1971, Series 76, Consignment 430.
- Files: General Administration, 1900∼1994, Series 488.
- Early Police Department Records, c.1859∼1883, Series 2126, Consignment 1295.
- Applications to Join the Police Force, 1866∼1948, Series 333, Consignments 949 & 3749.

(13) 수상·내각·국회기록(Premier, Cabinet and Parliamentary Records)

- Cabinet Minutes and Decisions, 1903∼1914 & 1948∼1985, Acc 1703, 1819, 2843 & 2884, AN 2.
- General Files, 1894∼1961, AN 2 & Series 36.
- State's Centenary Celebration: Files, 1926∼1937, Acc 1685, AN 2.
- State Coat of Arms: Files, Acc 1495, 1920∼1961, AN 2.
- Bestowal of Honours: Files, 1908∼1969, Acc 1704, AN 2.

(14) 감옥 및 교도소 기록(Prison and Gaol Records)

- Prisons Department: Functional Files, 1889∼1972, Acc 968 & 1350, AN 123.
- Gaols Department, Register: Prisoners, 1902∼1932, Series 1727, Consignment 1325.

- Gaols Department, Records of Rations and Luxury Issues, 1879~ 1936, Series 1821, Consignment 1156, Items F 7~10.
- Comptroller－General of Prisons, Letter and Memorandum Books, 1905~1916, Series 1818, Consignment 1156, Items F 20~24 & F26.

(15) 철도기록(Railway Records)

- WAGR Staff Records Index, 1879~1911, Acc 1752, 1749, 1747, 1750, AN 262.
- Personal Records, 1876~1946, Acc 1746~1754, 2628 & 2629, AN 260/A/2.
- Record of Service Cards, 1900~1980, Series 23, Consignments 3393, 5660, 5661, 5662 & 5663.
- Record of Service Cards: Temporary Staff, 1948~[1988], Series 2171, Consignments 5673 & 5674.
- Record of Service Cards: Midland Workshops, 1900~1990, Series 1762, Consignment 5268.
- Registers: Employment, 1933~1950, Series 491, Consignment 4300.

3) 주요서비스

호주서부주정부기록실의 기록 및 기록관리 관련 서비스는 크게 '커뮤니티를 위한 서비스'와 '정부를 위한 서비스'로 구분되어 제공되고 있다.

(1) 커뮤니티를 위한 서비스(Services to the Community)

호주서부주정부기록실은 열람실 운영과 전문기록자문서비스를 통한 양질의 문헌서비스를 커뮤니티에 제공해 오고 있다. 주정부기록실 열람실은 매일 운영을 통해 기록서비스팀(Archival Services Team)의 임무를 다하고 있다.

(2) 정부를 위한 서비스(Services to Government)

호주서부주정부기록실은 주정부 및 지방정부기관에 기록 및 기록관리서비스를 제공한다. 이 서비스는 기록서비스팀(Archival Services Team)과 기록유지서비스팀(Record-keeping Services Team)이 책임을 맡고 있다.

4) 온라인기록관

'온라인기록관(AEON: Archives Explored Online)'은 주정부기록실의 온라인 데이터베이스로서, 주정부기록관, 정부기관 및 기록시리즈의 리스트를 제공한다. 온라인기록관은 현재 2만 점 이상의 정부기록에 대한 정보를 제공하고 있다. 온라인기록관의 기록리스트는 주정부기록실 열람실에서 이용 가능하다.

SRSA
State Records of South Australia
호주남부주정부기록국

① 기록관

1) 소재사항

주   소   GPO Box 1072, Adelaide SA 5001

전   화   +61 08 8204 8791

팩   스   +61 08 8204 8777

전자우편   srsaGeneralEnquiries@saugov.sa.gov.au

홈페이지   http://www.archives.sa.gov.au/

2) 성격

호주남부주정부기록국(SRSA: State Records of South Australia)은 호주 남부의 주정부기록관으로서 주정부의 공식적인 문서유산의 가장 큰 분량을 소장하고 있다. 역사적 기록물을 포함하여 공공기록물 등에 대한 수집과 보존 및 이용을 위해 봉사한다.

3) 설립연혁

- 호주 남부의 주정부기록관부(State Archives Department)는 1919년 호주 최초의 주정부기록관으로서 설립되었다.

- 1920년 일반 연구원들의 이용이 가능하게 공개하였으며, 정부 및 민간기록들도 소장하기 시작하였다.
- 1925년에 제정된 법에 의해 호주남부도서관위원회(Libraries Board of South Australia)의 승인 없는 문서폐기는 금지되었다.

4) 비전 및 임무

① 영구적 보존가치가 있는 공공기록물의 보관 및 보존
② 주정부기록협의회(State Records Council)의 동의하에 공공기록물의 폐기 관련 평가 및 결정
③ 공공기록물을 위한 인덱스, 안내, 검색도구의 출판
④ 정부 각 기관기록의 대중이용 관리
⑤ 두 곳에 위치한 열람실과 홈페이지를 통한 대중 및 정부기관을 위한 이용서비스 및 안내 제공
⑥ 정부 간 기록관리 표준 및 안내 제공
⑦ 자문, 교육프로그램, 감사, 부적합한 실행보고 등을 통한 정부기관의 기록관리 모범사례 촉진 지원

5) 관련법률

- 1997년 주정부기록법(*State* Records *Act*)

6) 주요행사

호주남부주정부기록국은 주요행사로 전시회(Exhibits)를 주최하고 있다. 즉 1840년부터 1990년까지의 정부관련 아동들의 경험을 위해 '스카비 무릎, 희망과 꿈(Scabby Knees, Hope and Dream)'이라는 전시회를 주최하고 있다.

7) 관련기관

호주남부주정부기록국은 효과적인 기록관리를 위하여 호주 및 주변국가의 기록 및 기록관리 관련 기구 및 기관 등과 협력관계에 있다.

- 뉴질랜드기록관(Archives New Zealand)
  홈페이지 http://www.archives.govt.nz/index.php

- 호주기록관(Archives of Australia)
  홈페이지 http://www.archivenet.gov.au/archives.html

- 타스마니아기록관실(Archives Office of Tasmania)
  홈페이지 http://www.archives.tas.gov.au/

- 호주자치령기록실(Australian Capital Territory: Territory Records Office)

- 오스트랄라시아기록협의회(CAARA: Council of Australian Archives and Records Authorities)
  홈페이지 http://www.caara.org.au/

- 호주국가기록관(National Archives of Australia)
  홈페이지 http://www.naa.gov.au/

- 북부자치령기록관서비스(Northern Territory Archives Service)
  홈페이지 http://www.nt.gov.au/nreta/ntas/

- 빅토리아공공기록실(Public Record Office of Victoria)
  홈페이지 http://www.prov.vic.gov.au/

- 퀸즐랜드주정부기록관(Queensland State Archives)

홈페이지 http://www.archives.qld.gov.au/

- 뉴사우스웨일스주정부기록당국(State Records Authority of New South Wales)
  홈페이지 http://www.records.nsw.gov.au/staterecords/welcome_to_state_
  records_nsw_1556.asp

- 호주서부주정부기록실(State Records Office of Western Australia)
  홈페이지 http://www.sro.wa.gov.au/

② 정보원

1) 정보원 열람 및 배포 정책

호주남부주정부기록국(SRSA: State Records of South Australia)은 소장기록물의 대부분을 온라인을 이용하여 검색할 수 있도록 구축하고 있다. 다만 회원으로 가입한 후 제한적으로 검색 및 이용이 가능하도록 하고 있다. 홈페이지상 '출판물' 난을 통하여 목록을 제공하고 있으며 브로슈어의 경우 온라인상으로 다운로드를 통하여 무료 열람이 제공되고 있다. 한편 정간된 기존의 뉴스레터인 *Pathways*의 경우 홈페이지를 통하여 기간호의 내용이 제공되고 있으며, 이는 유료 열람으로 제공되고 있다.

2) 소장기록물

소장기록물은 대부분 호주남부주정부 및 지방정부의 기록들이다. 주정부기록실의 컬렉션은 많은 종류의 지도, 계획서, 등록부, 영상물, 사진을 포함한 도큐먼트를 포함한다.

3) 출판물(Publications)

호주남부주정부기록국은 다양한 출판물을 발간하고 있다. 이들 출판물은 기본적으로 직접구매 후 열람이 가능하며, 온라인상으로 각 자료별 안내를 제공하고 있다. 출판물 검색을 위한 자료 분류는 다음과 같다.

- 원주민역사와 관련된 출판물(Publications Related to Aboriginal History)
- 가족사와 관련된 출판물(Publications Related to Family History)
- 정보의 자유와 관련된 출판물(Publications Related to Freedom of Information)
- 개인정보보호와 관련된 출판물(Publications Related to Privacy)
- 기록관리와 관련된 출판물(Publications Related to Records Management)
- 회의자료 및 보고서(Meetings and Reports)

4) 뉴스레터(Newsletter)

- 호주남부주정부기록국의 공식 뉴스레터 표제는 *Pathways*이나 현재 정간된 상태이다. 뉴스레터 대신 주정부기록국의 정보 및 활동에 대한 내용을 전자매체의 뉴스레터가 홈페이지상에 제공하고 있다.
- *Pathways*는 계간지, 주정부뿐 아니라 비정부 기관 및 일반대중을 위해 제작되었다. 현재 홈페이지에 제공되고 있는 열람 가능한 뉴스레터는 2005년 2월호, 7월호와 2006년 5월호이다.
- *Pathways* 이전의 공식 뉴스레터는 *RecordsArchives*로 대체적으로 부정기적이나 계간으로 간행되었다. 현재 홈페이지에 제공되고 있는 열람 가능한 기간의 뉴스레터는 1999년(9월호), 2002년(4월호, 6월호, 10월호, 12월호), 2001년(2월호, 4월호, 6월호, 10월호), 2002년(3월호, 4월호, 7월호, 11월호), 2003년(3월호)이다.

5) 주정부기록컬렉션(State Records Archival Collection)

주정부기록국은 호주남부 정부로부터 다양한 기록들을 제공받고 있다. 주정부기록국이 소장하고 있는 자료는 주정부기관, 헌법당국, 지방정부의 기록들이다. 또한 이 기록들은 도큐먼트, 시리즈, 사진, 영상물, 비디오, 테이프, 역사적 가치를 지닌 자료 등을 포함하며, 일부 자료는 웹사이트상에서 이미지로 열람할 수 있다.

6) 기록통제시스템(Archival Control Systems at State Records)

주정부기록국의 기록은 주정부기관으로부터 기록을 입수한 날짜별로 정리되어 있다. 이는 기록관리의 '원질서존중의 원칙'에 입각하여 기관별 기록발생 날짜별로 정리하고 있기 때문이다. 이러한 소장기록물은 다음의 두 개 시스템에 의해 관리된다.
① 기록그룹시스템(Record Group System)
② 기록시리즈시스템(Record Series System)

7) 주요서비스

주정부기록국은 브로슈어, 원주민을 위한 서비스, 온라인 서비스 등을 제공하고 있다. 그중 브로슈어는 온라인상으로 다운로드가 가능하다.

(1) 회원서비스(Member Services)
- 주정부기록국은 광범위한 온라인 이용을 통해 이용자와 의사소통을 촉진하고 있다. 그러나 대부분 온라인 서비스는 주정부기록국의 회원으로 등록이 되어 있는 이용자에게만 제한적으로 제공되고 있다.
- 주정부기록국의 회원이 되기 위해서는 온라인상의 연락처관리 기능을

이용해 이용자의 연락처를 등록하면 된다. 등록절차가 끝나면 이용자의 아이디와 패스워드가 주어진다.

(2) 원주민서비스(Aboriginal Services)
- 호주남부주정부기록국은 원주민을 위한 서비스의 일환으로 정부기록에 등록되어 있는 개인정보 이용 권리를 제공하고 있다.
- 주정부기록국은 '기록과 원주민 역사(Records and Aboriginal History)' 난을 통해 원주민과 관련된 기록을 상당수 소장하고 있다. 이 기록들은 토지주장 및 가족일원을 찾기 위해 이용될 수 있다.
- 원주민이용팀(Aboriginal Access Team)은 원주민 커뮤니티를 위해 많은 서비스를 제공하고 있다.

3. 유 럽

3.1 스웨덴

MAS

THe Military Archives of Sweden Krigsarkivet
스웨덴군기록관

① 기록관

1) 소재사항

주   소 SE-115 88 Stockholm
전   화 +46 8 782 4100
팩   스 +46 8 782 6976
전자우편 krigsarkivet@krigsarkivet.ra.se
홈페이지 http://www.riksarkivet.se/default.aspx?id=6412&refid=1132

2) 성격

스웨덴군기록관(MAS: The Military Archives of Sweden, Krigsarkivet)은
스웨덴국가기록관(NAS: National Archives of Sweden)의 일부로서 운영되
는 특수기록관이다. 19세기부터 설립되어 시민, 풍경, 건축과 토목공사 및 전
쟁과 평화라는 네 가지 주제의 군(軍) 관련 기록물을 대상으로 수집 및 관리

하며 국방부(Ministry of Defence)의 지휘하에 있다.

3) 설립연혁

- 스웨덴 군기록관의 기구설립은 19세기부터 시작된다. 오랜 기간 스웨덴
  은 소규모의 인구와 한정된 경제자원에도 불구하고 고도의 군사력과 연
  구에 집중하여 왔다. 나폴레옹전쟁(Napoleonic Wars, 1796~1815)과 스
  웨덴 자체의 군사적 경험을 바탕으로 19세기 이래 고도의 발달된 군사력
  의 재조직을 구상하면서 1805년 'Fältmätningskåren(The Military Survey
  Corps)'을 조직하였다. 그와 동시에 군사지도와 지리목록 등을 작성하고
  지도자료와 법률문서(instruments) 및 도서자료로 구성된 'Royal Military
  Archives'가 형성되었다.
- 불독전쟁(Franco-German war, 1870~1871) 때에 스웨덴군기록관은 전쟁
  역사부(Department of War History)에 소속되었고, 군역사연구기관이 되
  었다. 군역사연구를 실시하면서 지도관련 기록의 문서화가 이루어졌고 이
  는 곧 군기록물이 되었다.
- 점차로 군기록관은 군기록물의 수집 및 관리에 대한 책임기관이 되었고,
  1923년 스웨덴군기록관은 정식기관이 되었다.
- 1944년에는 독립적인 기구가 되어 국방부의 직속기관으로 군기록물의 전
  체적인 책임을 수행하게 되었다.
- 1995년에는 스웨덴군기록관이 문화부(Department of Culture) 소속으로
  변경되어 스웨덴국가기록관과의 협력기구가 되었다.

4) 임무

스웨덴군기록관은 기본적으로 국방부와의 긴밀한 협조하에 모든 업무가 수행

되나 오늘날은 공중에 대한 서비스도 관련 업무의 하나로 수행하고 있다. 스
웨덴군기록관의 구체적인 임무와 목적은 다음과 같다.

① 국방부의 지휘 하에 우수한 기록관리 업무에의 정진
② 소장 기록자료의 보존 및 관리
③ 군 관련자료, 비밀기록물, 지도 및 그림자료의 3종의 군기록물에 대한 공
   중에게로의 접근 제공과 잠재적인 이용자에게로의 소개

5) 주요행사

스웨덴군기록관은 2005년 200주년 기념식을 거행하였으며, 현재 다음과 같
은 네 가지 주제를 대상으로 관련 그림 및 사진자료들에 대한 기록물전시회
를 개최하고 있다.

- 시민(The people)
- 풍경(The landscape)
- 건축과 토목공사(Building and Engineering)
- 전쟁과 평화(War and Peace)

② 정보원

1) 정보원 열람 및 배포 정책

스웨덴군기록관(MAS: The Military Archives of Sweden, Krigsarkivet)은
16세기이래의 기록물을 대상으로 기록관리 업무를 수행하고 있다. 군부역사상

의 개인파일, 사진자료 그리고 전 세계의 군 장비와 건물, 지도 등을 분류 기술한 그림자료, 목록과 파일 등에 대한 제한적 관내 검색이 가능하며, 웹사이트상의 검색을 통하여 스웨덴 전체 관련 군기록물이 제공되고 있다. 특히 외국방문자들을 위한 지도와 전략자료는 매우 특별하다 할 수 있다. 그중 해외지도자료(Utländska kartor)의 경우 홈페이지에 국가명 알파벳순으로 검색가능하나 아직 미완성단계이다. 계보연구자료는 마이크로피시(microfiche)로 제공되어 관내열람만이 가능하다.

2) 소장기록물의 성격과 종류

스웨덴군기록관 소장자료의 성격은 크게 시민, 풍경, 건축과 공학기술 그리고 전쟁으로 분류된다. 이는 군의 체계는 오랜기간 시민사회와 밀접한 관계를 맺고 있어서 스웨덴군기록관의 도큐먼츠와 도서자료 등의 기록자료는 시민들의 생활상을 반영해주고 있고 주변환경의 변화양상을 투시하고 있기 때문이다. 그리고 건물과 공학기술의 발전사 및 전쟁 및 사건들 또한 시간의 흐름을 보여주고 있기 때문이다. 소장 군기록물은 다음과 같다.

- 도큐먼츠(Documents): 73,000미터
- 지도 및 그림자료(Maps and Drawings): 약 900,000점
- 사진자료(Photos): 약 600,000점
- 도서자료(Books): 약 230,000권

3) 기록물의 유형

스웨덴군기록관의 소장기록물은 매우 광범위하게 다양하나 군기록물로는 군관련자료, 비밀기록물, 지도 및 그림자료의 세 가지가 있다. 크게 공개제한

기록물과 민간기록물과 같은 두 가지 유형으로 구분된다.

① 공개기록물(Authority Archives)

전쟁대학(War College), 해군대학(Admiralty College), 요새회(Fortification), 일반간부, 국방간부, 군사학교, 개인연대 및 Försvarets materialverk, FMV (Swedish Defence Material Administration) 등을 통하여 입수된다. 민간기록물, 개인기록물, 가족기록물, 협회 및 기업기록물 등도 포함된다.

② 군기록물(Military Archives)

스웨덴군기록관의 군기록물 관련 관리 또한 눈부신 발전을 이루었다. 일부 구스타부스(Gustavus Vasa, 1523~1560) 지역의 자료를 포함하고 있으며, 구체적으로는 1630년대에 스웨덴 국방부 시절부터 반영되고 있다. 특히 16세기 이래의 옛 문헌들을 포함하여 전쟁과학아카데미(War Science Academy) 및 요새회(Fortification) 등으로 제한되어 있다. 중요 부분은 전쟁사, 군대역사, 역사, 기술, 전기 및 지리자료로 구성되어 있다. 오늘날의 군기록물 관련 주요 업무는 모든 스웨덴 군 출판물을 수집하는 것이다.

4) 지도자료

① 지도자료의 경우 고급자료로서 대량의 유일무이한 필사지도들이다. 소장기록물은 스웨덴기록물과 외국지도로서 지세도(topographic maps), 도시 및 요새계획, 전쟁계획 그리고 차트 자료의 4종으로 구성되어 있다. 그 외에 대량의 그림 및 사진자료도 소장하고 있다.

② 해외지도자료(Utländska kartor)의 경우 1815년부터의 해외 각국의 국가명, 도시명을 반영하여 홈페이지에 국가명의 알파벳순으로 검색 가능하도록 구성된 자료이나 아직 미완성단계이다.

5) 정보원 관련서비스

① 국가기록데이터베이스(NAD: The National Archival Database)

스웨덴군기록관은 스웨덴국방부와 군대와의 개인 및 협회 등과의 긴밀한 관계를 통한 기록을 유지하고 있다. 국가기록데이터베이스는 군기록물의 기록그룹 관련 정보와 참고자료 관련 정보를 유지하고 있다.

② 지명색인(Geographical Nameindex)

홈페이지에 알파벳순으로 아덴버그(Aardenburg)에서부터 오얀몬(Öyanmon)에 이르기까지의 지명색인을 제공하고 있다.

3.2 영국

| NAS |
| National Archives of Scotland |
| 스코틀랜드기록관 |

① 기록관

1) 소재사항

주 소	H M General Register House 2 Princes Street, Edinburgh EH1 3YY
전 화	+44 131 535 1314
팩 스	+44 131 535 1328
전자우편	enquiries@nas.gov.uk
홈페이지	http://www.nas.gov.uk/

2) 성격

스코틀랜드기록관(NAS: National Archives of Scotland)은 스코틀랜드 기록 유지자들에 의해 관리되는 스코틀랜드의 중요 역사기록물과 공공기록물 보존을 위한 정부기관이다.

3) 비전

① 스코틀랜드 국가기록물의 선택, 유지 및 이용 가능
② 국가 전역에 걸친 적절한 기록관 성장 및 유지 촉진
③ 스코틀랜드 기록관 실제 개발 주도

4) 임무

스코틀랜드기록관은 스코틀랜드의 경제 및 문화적 삶에 있어서 중요한 역할을 하고 있다. 스코틀랜드의 자산시장은 국가기록관이 법적 연구원들에게 제공하고 있는 정보서비스에 의존한다. 또한 역사적 기록은 계보학자 및 여행가들에게 큰 인기를 얻고 있다. 기록 및 정보정책에 관해 스코틀랜드 장관들에게 자문서비스를 제공하는 것을 비롯하여 본 국가기록관은 스코틀랜드 공공당국의 기록 형성 및 관리에 대한 조언도 제공하고 있다.

5) 주요행사

① 열린 기록관의 날(Doors Open Day)
② 하늘에서의 짧은 생애(A Short Life in the Sky)
③ 스코틀랜드 공공기록의 검토(Scottish Public Records Review)
④ 스코틀랜드기록관 공공기록법률의 검토(NAS to Review Public Records Legislation)
⑤ 1824~1841년 에든버러의 축구클럽(The Foot-Ball Club in Edinburgh, 1824~1841)

6) 기록 관련교육(Learning)

본 스코틀랜드기록관은 기록관의 이용 촉진과 교사 및 모든 연령층의 학생들의 역사기록 이해 증진을 위한 학습사이트를 운영하고 있다. 본 기록관 홍보팀(Outreach Services Branch)은 스코틀랜드 학교교과과정과 평생교육을 지원할 수 있는 자원 또한 제공하고 있다.

(1) 교사와 학생(Teachers and Pupils)
스코틀랜드기록관(SAfS: Scottish Archives for Schools)은 초등학교와 중·고등학교의 교과과정 지원을 위해 제작된 교육 홈페이지이다. 이는 도큐먼트, 사진, 지도 등을 이용할 수 있는 온라인학습사이트이기도 하다.

(2) 스코틀랜드기록네트워크교육모듈(Scottish Archive Network Education Modules)
스코틀랜드기록관은 전국적으로 총 50여 개 이상의 기록관이 참여하고 있는 스코틀랜드기록네트워크(SCAN: Scottish Archive Network)의 파트너이다. 스코틀랜드기록네트워크의 홈페이지는 스코틀랜드 학교들의 역사수업을 지원하도록 제작된 네 개 모듈을 제공하고 있다.

7) 관련기관

다음은 스코틀랜드기록관 기록 및 기록관리 관련 업무의 원활한 수행을 위한 협력기관이다.

- 스코틀랜드사람들(ScotlandsPeople)
홈페이지 http://www.scotlandspeople.gov.uk/

- 스코틀랜드기록네트워크(Scottish Archive Network)

홈페이지 http://www.scan.org.uk/

- 스코틀랜드수기(Scottish Handwriting)
  홈페이지 http://www.scottishhandwriting.com/

- SARC(Scottish Records Advisory Council)
  홈페이지 http://www.scottishrecordsadvisorycouncil.info/

- Scottish Archives for School
  홈페이지 http://www.scottisharchivesforschools.org/

② 정보원

1) 정보원 열람 및 배포 정책

스코틀랜드국가기록관(NAS: National Archives of Scotland)은 홈페이지를 통한 일반적인 브라우징 기록물 검색을 제공하고 있다. 특히 매해 전 세계적으로 수천 명의 이용자들에게 스코틀랜드기록관을 통한 연구 및 기록유지에 대한 조언서비스 등을 제공하고 있다.

2) 소장기록물

스코틀랜드국가기록관 소장기록물은 기업, 토지, 가족, 교회, 그 외의 단체 등에 관한 역사적 기록들을 포함하고 있다.

3) 출판물(Publications)

스코틀랜드기록관은 19세기 초반부터의 출판물들을 수집·관리하며, 기록관에서 이용 가능하도록 하고 있다. 대표적인 출판물은 다음과 같다.

- *Tracing Your Scottish Ancestors: The Official Guide*
- *Tracing Scottish Local History*
- *Scottish Handwriting 150~1700*(A Self-help Pack)
- *Annual Report of the Keeper of the Records of Scotland 2006~2007*
- *Guide to the National Archives of Scotland*
- *'A Proper Repository': The Building of the General Register House*
- *Robert Adam and Scotland: Portrait of an Architect*
- *Treasures of the National Archives*
- *Declaration of Arbroath: Colour Poster*
- *Declaration of Arbroath*(Limited Edition Print)
- *Scotland in the 16th Century*
- *The Jacobites*
- *Victorian Scotland*
- *Scotland 1901~1938*
- *WWII: The Scottish Home Front*

PRONI
Public Record Office of Northern Ireland
북아일랜드공공기록실

① 기록관

1) 소재사항

주　　소　66 Balmoral Avenue BELFAST, BT9 6NY Northern Ireland
전　　화　+44 28 9025 5905
팩　　스　+44 28 9025 5999
전자우편　proni@dcalni.gov.uk
홈페이지　http://www.proni.gov.uk

2) 성격

북아일랜드공공기록실(PRONI: Public Record Office of Northern Ireland)은 북아일랜드의 공식적인 기록관으로서 북아일랜드 지방의 공공기록물을 포함한 모든 관련 자료를 수집, 보존 및 이용토록 하고 있다. 본 기록실은 현재 북아일랜드시민서비스(NICS: Northern Ireland Civil Service) 산하의 문화예술여가부(DCAL: Department of Culture, Arts and Leisure)의 일부로 운영되고 있다.

3) 설립연혁

- 북아일랜드공공기록실은 1923년 아일랜드로부터 분리되어 정부기구로서 설립되었다.
- 1924년 3월 이후 북아일랜드공공기록실은 북아일랜드의 주요 기록보존소로서의 역할을 수행하고 있다.

4) 비전

① 역사적으로 특별한 기록의 식별 및 보존
② 대중의 정보, 교육, 향유를 위한 기록의 이용 제공
③ 커뮤니티의 모든 분야에서 기록관의 더 넓은 이용 장려
④ 현존하는 기록의 관리 및 역사적 기록의 공공기록실로의 이관에 관한 정부기관들 및 많은 공공기관들과의 연계
⑤ 기록관 및 기록관리의 모범사례 증진

5) 임무

북아일랜드공공기록실은 미래세대가 오늘날의 기록을 이용 가능하도록 하기 위한 기록관리 및 기록관의 모범사례 증진을 위해 노력하고 있다.

6) 주요행사

북아일랜드공공기록실은 주요행사의 일환으로 최근 다양한 온라인전시회(Online Exhibitions)를 주최해 왔다. 온라인전시회는 본 공공기록실의 도큐먼트를 전산화한 자료들이다. 최근의 대표적인 온라인전시회는 다음과 같다.

① 호주개발에 있어서 북아일랜드의 공헌(Northern Ireland's Contribution to the Development Of Australia)
② 19세기 북미로의 이주(19th Century Emigration to North America)
③ 기록에 관한 북아일랜드공공기록실(PRONI on the Record)

7) 프로젝트(Project)

본 기록실은 최근 다음과 같은 두 개 주요 프로젝트를 진행 중이다.

(1) 전자카탈로그(eCARNI) 프로젝트(Electronic Catalogue: CATNI Project)
데이터베이스상에서 검색이 가능하도록 모든 문서형태의 카탈로그를 디지털화하고 있다. 이 프로젝트로 인해 이용자들은 정보의 더 쉽고 빠른 이용이 가능하게 될 것이다.

(2) 새로운 장소프로젝트(New Accommodation Project)
도큐먼트의 분량이 지속적으로 증가하고 방문자 수도 점점 많아짐에 따라 북아일랜드공공기록실은 현재의 장소를 효과적으로 확장하는 프로젝트를 착수하였다. 본 프로젝트는 2010년 후반 완성 예정이다.

② 정보원

1) 정보원 열람 및 배포 정책

북아일랜드공공기록실(PRONI: Public Record Office of Northern Ireland)은 북아일랜드 지방의 중요 기록관으로 관련 주요 공공기록물 외에 민간기록물 또

한 수집·관리하고 있다. 민간기록물의 경우 별도로 분리 관리되고 있으며, 대
부분 온라인상의 목록을 통하여 검색가능하도록 제공하고 있다. 특별히 분류된
일부 기록그룹의 경우 온라인상의 주문서 작성 및 제출을 통하여 구입하면 열
람이 가능하다. 그 외에 서면 및 이메일을 통한 문의 및 참고서비스 또한 제공
하고 있다.

2) 소장기록물

- 북아일랜드공공기록실은 북아일랜드의 공공기록물을 위한 공식적인 보관
  소로서 공공기록뿐 아니라 개인기록들을 포함한 다양한 민간기록들을 소
  장한다.
- 본 공공기록실의 기록들은 공공기록물과 민간기록물로 구분되어 보관·
  관리되고 있다.
- 소장기록물은 말 그대로 수만 점의 북아일랜드 관련 도큐먼트이다. 대부
  분의 기록들이 1600년부터 현재까지의 자료이며, 일부는 13세기 초반부
  터의 자료를 포함한다.

3) 공공기록물(Public Records)

북아일랜드공공기록실의 공공기록물은 대부분 북아일랜드 형성시기인 1921
년부터 현재까지의 기록들이다. 일부 기록들은 19세기와 18세기 후반에 해
당되기도 한다. '공공기록'이란 단어는 정부부처 및 비정부공공기관 등의 '공
식적'인 출처에 의해 제작된 도큐먼트를 의미한다.

4) 민간기록물(Privately Deposited Archives)

북아일랜드공공기록실에 소장되어 있는 주요 민간기록물은 기업기록에서 교

회등록부에 이르는 300년 이상 기간에 해당하는 기록들이다.

5) 온라인 안내 및 인덱스(Online Guides and Index)

검색도구는 기록관에 있어서 필수 부분이다. 따라서 스코틀랜드공공기록실은
방문자 및 연구원들의 편리한 이용을 위해 온라인상으로 기록물에 대한 안내
및 인덱스를 제공하고 있다. 또한 온라인상으로 제공되는 주문서를 통해서
원하는 기록물을 구입할 수 있다. 구체적으로 다음과 같다.

- 교회기록인덱스(Church Records Index)
- 지리인덱스(Geographical Index)
- 주요사적기록소개(Introductions to Significant Privately Deposited Archives)
- 교육부기록소개(Introductions to the Ministry/Department of Education Archive)
- 신문인덱스(Newspapers Index)
- 정치단체인덱스(Political Interest Index)
- 민간기록인덱스(Privately Deposited Archives Index)
- 스포츠협회인덱스(Sporting Associations Index)

6) 정보원 관련서비스(Service)

북아일랜드공공기록실은 기록을 위한 환경적으로 안전한 관리 외에 다음과
같은 기록 및 기록관리 관련 주요 서비스를 적극적으로 실시하고 있다.

① 셀프서비스 마이크로필름 열람실
② 그룹방문 및 교육적 이용을 위한 강의실 운영

③ 훼손기록의 복구를 위한 보존실 운영

④ 지방 및 가족사 협회와 그 외 그룹을 위한 안내

⑤ 전시회를 위한 도큐먼트 대출서비스

⑥ 학교방문 및 교사지원 등의 교육서비스

⑦ 기록검색 문의를 위한 헬프데스크 운영

⑧ 공공기관을 위한 기록관리 자문서비스

⑨ 유료 복사서비스

⑩ 간단한 다과를 위한 매점 운영

⑪ 기록관련 홈페이지의 무료이용

⑫ 북아일랜드디지털영상기록(Northern Ireland Digital Film Archive) 무료 이용

⑬ 서면 및 이메일 문의서비스

참고문헌

공공기록물 관리에 관한 법률.
공공기록물 관리에 관한 법률시행령.
국가기록원. http://www.archives.go.kr/
김상호. 2000. 미국의 주립기록보존소제도. *한국비블리아.* 11: 125－144.
김성수. 2004. "기록관리법의 개정과 관련한 제문제 연구." *한국기록관리학회지.* 4(2): 41-75.
김용원. 2000. "기록관리학의 발전을 위한 교육과정 연구." *지식기반사회에서의 기록관리학 발전 방안과 미래.* 한국기록관리학회 창립기념 국제학술대회(연세대학교), 83-107.
김종철. 2005. 일본의 지방공문서관과 지방기록관리: 문서관과 역사자료관의 설립과정을 중심으로. *기록학연구.* 11: 215－254.
김태수. 2002. "기록관리 전문교육과정 및 전문인력제도." *한국기록관리학회지.* 2(1): 7-39.
來新夏. 1991. *圖書館學情報學檔案學簡明辭典.* 天津: 南開大學出版社.
박찬승. 2004. 외국의 지방기록관과 한국의 지방기록자료관 설립 방향. *기록학연구.* 1: 107－135.
梁泰鎭. 1993. *記錄保存學槪論.* 서울: 法經出版社.
中國大百科全書出版社編輯部 編. 1993. *中國大百科全書: 圖書館學 · 情報學 · 檔案學.* 北京: 中國大百科全書出版社.
中國檔案出版社. 1997. *中國檔案年鑑.* 北京: 中國檔案出版社.
中華人民共和國國家檔案局. http://www.saac.gov.cn/
지수걸. 2001. 지방기록물관리기관의 기능과 역할. *기록학연구.* 3: 3－32.
최정태. 2006. *기록학개론.* 서울: 아세아문화사.
한국국가기록연구원. 2004. *전자기록관리의 이해.* 서울: 한국국가기록연구원.
한미경. 2003. "중국의 도시건설 기록물 관리사업에 대한 고찰." *한국문헌정보학회지.* 37(4): 5-21.
British Columbia Archives. http://www.bcarchives.gov.bc.ca/index.htm
Colorado State Archives. http://www.colorado.gov/dpa/doit/archives
Council of State Archivists. http://www.statearchivists.org/index.htm
Directory of Archives in Australia. http://www.archivists.org.au/directory－of－archives
Directory of Regional, State, and Local Archival Organizations in the United States. http://www.smith.edu/~pnelson/regionals
Geo Cities. http://www.geocities.com/archivy/regionals
GRAMA(Government Records Access and Management Act). 1992. http://www.55plusbook.org/GRAMA.html

Hunter, G.S. 1997. *Developing and Maintaining Practical Archives: A How-to-do-it Manuals*. New York: Neal-Schuman Pub., Inc.

Library and Archives Canada.
http://www.collectionscanada.gc.ca/genealogy/022 - 800 - e.html

List of Genealogical Societies and Provincial/Territorial Archives.
http://www.collectionscanada.gc.ca/genealogy/022 - 800 - e.html

NARA ALIC. http://www.archives.gov/research/alic/reference/state - archives.html

NARA Code of Federal Regulations: 36 CFR 1206.
http://www.archives.gov/about/regulations/part - 1206.html

National Association of Government Archivists and Records Administrators.
http://www.nagara.org

Turnbaugh, Roy. 1997. Information Technology, Record, and State Archives. *The American Archivist*. 60(2): 184 - 200.

Schellenberg, T. R. 1956. *Modern Archives: Principles and Techniques*. Chicago: University of Chicago.

Smith. edu. http://www.smith.edu/~pnelson/regionals

Society of American Archivists. http://www.archivists.org/index.asp

UNESCO Archival Portal. http://www.unesco - ci.org/cgi - bin/portals/archives/page.cgi?d = 1

U.S. State Historical Societies & State Archives Directory.
http://web.syr.edu/~jryan/infopro/hs.html

약 어 표

주요기록관 약어표

AO   Archives of Ontario
                온타리오기록관

ASA   Alaska State Archives
                알래스카주정부기록관

AUMC   Archives of Ulsan Metropolitan City
                울산광역시기록관

BMA   Beijing Municipal Archives
                北京市檔案館
                북경시당안관

BMCOEA   Busan Metropolitan City Office of Education Archives
                부산광역시교육청기록관

BCA   British Columbia Archives
                브리티시컬럼비아기록관

CHNK   Cultural Heritage of North Korea
                북한문화재자료관

CSA   California State Archives
                캘리포니아주정부기록관

CSA   Colorado State Archives
                콜로라도주정부기록관

DA   Diplomatic Archives
                외교사료관

DMOERC   Daejeon Metropolitan Office of Education Records Center
                대전광역시교육청기록관

DPA   Delaware Public Archives
                델라웨어공공기록관

DROMFA   The Diplomatic Record Office of the Ministry of
                Foreign Affairs of Japan
                外交史料館
                외교사료관

GRSHK   Government Records Service of Hong Kong
                香港政府檔案處
                홍콩정부당안처

HSA   Hawai'i State Archives
                하와이주정부기록관

MA   Massachusetts Archives
                매사추세츠기록관

MAS   THe Military Archives of Sweden Krigsarkivet
                스웨덴군기록관

MSA   Maine State Archives
                메인주정부기록관

MSA   Maryland State Archives
                메릴랜드주정부기록관

MSA   Missouri State Archives
                미주리주정부기록관

NAS   National Archives of Scotland
                스코틀랜드기록관

NCSA	North Carolina State Archives
	노스캐롤라이나주정부기록관
NJDARM	New Jersey Division of Archives & Records Management
	뉴저지기록 · 레코드관리부
NMSA	New Mexico Commission of Public Records State Records Center and Archives
	뉴멕시코주정부레코드센터및기록관
NSWSR	New South Wales State Records
	뉴사우스웨일스주정부기록국
NWTA	Northwest Territories Archives
	노스웨스트자치령기록관
NYSA	New York State Archives
	뉴욕주정부기록관
OHS	Ohio Historical Society Archives/Library
	오하이오역사협회기록관 · 도서관
OSA	Oregon State Archives
	오리건주정부기록관
PANB	Provincial Archives of New Brunswick
	뉴브런즈윅지방기록관
PRONI	Public Record Office of Northern Ireland
	북아일랜드공공기록실
PROV	Public Record Office Victoria
	빅토리아공공기록실
PSA	Pennsylvania State Archives
	펜실베이니아주정부기록관

QSA	Queensland State Archives 퀸즐랜드주정부기록관
SAF	State Archives of Florida 플로리다주정부기록관
SCDAHC	South Carolina Department of Archives and History Center 사우스캐롤라이나기록관및역사센터부
SCRC	Seoul City Reference Center 서울특별시종합자료관
SDSA	South Dakota State Archives 사우스다코타주정부기록관
SRO	State Records Office of Western Australia 호주서부주정부기록실
SRSA	State Records of South Australia 호주남부주정부기록국
TMA	Tokyo Metropolitan Archives 東京都公文書館 동경도공문서관
TSLA	Tennessee State Library and Archives 테네시주정부도서관 · 기록관
TSLA	Texas State Library and Archives 텍사스주정부도서관 · 기록관
USA	Utah State Archives 유타주정부기록관
VSA	Vermont State Archives

	버몬트주정부기록관
WSA	Washington State Archives
	워싱턴주정부기록관
中華人民共和國外交部檔案館	
	중화인민공화국외교부당안관
湖北省檔案館	호북성당안관

국제기구 약어표

(기록 · 기록관리 지식정보원 시리즈 ①)

ACARM	Association of Commonwealth Archivists and Records Managers 영연방기록전문가와기록물관리자협회
AIAF	Association Internationale des Archives Francophones 프랑스어권국가의국제기록전문가협회
ARMA International	Association of Records Managers and Administration, International 국제기록관리자및행정가협회
ARMS	UN Archives and Records Management Section 유엔기록관리부
ARSC	Association for Recorded Sound Collections 음향기록컬렉션협회
AsF	Archivists without Borders 국경없는기록전문가
BAAC	Baltic Audiovisual Archival Council 발트해연안국시청각기록협의회
CE - LAD	Council of Europe, Library and Archives Division 유럽의회도서관 · 기록국
EBLIDA	European Bureau of Library, Information and Documentation Association 도서관 · 정보 · 도큐멘테이션협회유럽지부

ECPA	European Commission on Preservation and Access 유럽기록보존및접근위원회
GA	General Assembly 유엔총회
IADA	International Association of Book and Paper Conservators 국제서적및문서보존가협회
IAMIC	International Association of Music Information Centers 국제음악정보센터협회
IAML	International Association of Music Libraries, Archives and Documentation Center 세계음악도서관 · 기록관및도큐멘테이션센터협회
IASA	International Association of Sound and Audiovisual Archives 국제음향및시청각기록관협회
ICA	International Council on Archives 국제아카이브스협의회
ICBS	International Committee of the Blue Shield 국제블루실드위원회
ICCROM	The International Center for the Study of the Preservation and Restoration of Cultural Property 세계문화유산보존및복구연구센터
ICOMOS	International Council on Monuments and Sites 세계유물및유적지협의회
ICRM	Institute of Certified Recirds Managers 기록관리사인증기구

IDA	Informieren Dokumentieren Archivieren
	여성도서관 · 기록관 · 도큐멘테이션센터기구
IFFA/FIAF	International Federation of Film Archives
	국제영상기록연맹
IFHRO	International Federation of Health Record Organization
	국제건강기록기구연맹
IFLA	International Federations of Library Association and Instotutions
	국제도서관협회연맹
IFTA/FITA	International Federation of Television Archives
	국제텔레비전기록연맹
IIC	International Institute for Conservation of Historic and Artistic Works
	국제역사작품및미술작품보존협회
ILAB	International League of Antiquarian Booksellers
	국제고서적상리그
IRMT	International Records Management Trust
	국제기록관리신탁
JICPA	Joint IFLA/ICA Committee for Preservation in Africa
	아프리카기록보존IFLA/ICA합동위원회
OSA	The Open Society Archives
	개방사회기록관
PAC	International Federation of Library Association Core Programme for Preservation and Conservation
	IFLA보존과유지를위한핵심프로그램

PARBICA	Pacific Regional Branch International Council on Archives 국제아카이브스협의회태평양지역위원회
PIAF	Portail International Archivistique Francophone 프랑스어권국가의국제기록전문가포털
SOLINET	Southeastern Library Network, INC 미국남동부도서관네트워크
UN Documentation Centre	유엔도큐멘트센터
UNESCO Archives	유네스코기록관
UNESCO MOW	Memory of the World 유네스코세계기록유산
UNESCO MOWCAP	Memory of the World Committee for Asia/Pacific 유네스코아시아·태평양세계기록위원회
WBGA	The World Bank Group Archives 세계은행기록관
WITNESS	위트니스

주요기구 약어표

(기록 · 기록관리 지식정보원 시리즈 ②)

AAA
Association des Amis des Archives Diplomatiques
외교아카이브스동맹협회

AABC
Archives Association of British Columbia
브리티시컬럼비아기록협회

AAC
Archivists and Archives of Color Roundtable
유색인종관련기록전문가및기록라운드테이블

AACF
Association Archives du Communisme Français
프랑스어권공산주의아카이브스협회

AAF
Association des Archivistes Français
프랑스기록전문가협회

ABAA
Antiquarian Booksellers Association of America
미국고서적상협회

ACA
Academy of Certified Archivists
공인기록전문가아카데미

ACA
Association of Canadian Archivists
캐나다기록전문가협회

ACPEI
Archives Council of Prince Edward Island
프린스에드워드섬아카이브스협의회

ACWR
Archivists for Congregations of Women Religious
여성종교집회기록전문가

AMA	Association for Manitoba Archives
	매니토바주기록협회
AMARC	Associations for Manuscripts and Archives in Research Collections
	연구장서메뉴스크립트및기록협회
ANLA	Association of Newfoundland and Labrador Archives
	뉴펀들랜드및래브라도기록협회
ARANZ	Archives & Records Association of New Zealand
	뉴질랜드기록및레코드협회
ART	Archivists Round Table of Metropolitan New York
	메트로폴리탄뉴욕기록전문가라운드테이블
ASA	Australian Society of Archivists
	호주기록전문가사회
ASGRA	Association of Scottish Genealogists and Research in Archives
	스코틀랜드기록계보학자및연구자협회
ASLAA	Association of St. Louis Area Archivists
	세인트루이스지역기록전문가협회
BAC	Business Archives Council
	경영기록협의회
BAPH	British Association of Paper Historians
	영국종이역사가협회
BCA	Bureau of Canadian Archivists/Bureau Canadiens des Archivists
	캐나다기록전문가지부

BRA	British Records Association 영국기록협회
CAARA	Council of Australian Archives and Records Authorities) 호주기록및기록당국협의회
CAML	Canadian Association of Music Libraries, Archives, and Documentation Centers 캐나다음악도서관 · 기록관및도큐멘테이션센터협회
CAR	Cleveland Archival Roundtable 클리블랜드기록라운드테이블
CCA	Canadian Council of Archives 캐나다아카이브스협의회
CHS	California Historical Society 캘리포니아역사사회
CNSA	Council of Nova Scotia Archives 노바스코샤기록관협의회
CoSA	Council of State Archivists 주정부기록전문가협의회
EABH	European Association for Banking & Financial History e.V. 유럽은행업무및금융역사협회
FoRA	Friends of Rotherham Archives 로더함기록프렌즈
FRMA	Florida Records Management Association 플로리다기록관리인협회

GNOA	Greater New Orleans Archivists
	뉴올리언스기록전문가기구
HKAS	Hong Kong Archives Society
	홍콩기록협회
JSAI	The Japan Society of Archives Institutions
	全國歷史史料保存利用機關連絡協議會
	전국역사사료보존이용기관연락협의회
JSAS	The The Japan Society for Archival Science
	日本アーカイブズ學會
	일본아카이브스학회
KAAM	Korean Association of Archives Management
	한국기록관리협회
KCA	Kentucky Council on Archives
	켄터키기록협의회
KSAS	Korean Society of Archival Studies
	한국기록학회
LAMA	Louisiana Archives and Manuscripts Association
	루이지애나기록및메뉴스크립트협회
MAA	Michigan Archival Association
	미시간기록협회
MARAC	Mid - Atlantic Regional Archives Conference
	애틀랜틱중부지역기록컨퍼런스
MLA	Museums, Libraries and Archives Council
	박물관 · 도서관 · 기록관협의회

NAGARA	National Association of Government Archives and Records Administrators
	정부기록관및레코드관리자국가협회
NCA	National Council on Archives
	영국국가아카이브스협의회
NEA	New England Archivists
	뉴잉글랜드기록전문가기구
NEARI	New England Archivists of Religious Institutions
	뉴잉글랜드종교기관기록전문가협회
NEHGS	New England Historic Genealogical Society
	뉴잉글랜드역사계보협회
NWA	Northwest Archivists
	노스웨스트기록전문가기구
NWRCA	North West Regional Archive Council
	북서부아일랜드기록협의회
NY SHRAB	New York State Historical Records Advisory Board
	뉴욕주역사기록자문위원회
NYAC	New York Archives Conference
	뉴욕기록컨퍼런스
RIKAR	Research Institute for Korean Archives and Records
	한국국가기록연구원
RMAA	Records Management Association of Australia
	호주기록관리협회
RMAS	Records Management & Archives Society of Korea
	한국기록관리학회

RMI	Records Management Institute
	기록관리연구소
RMS	Records Management Society
	기록관리협회
RMSJ	The Record Management Society of Japan
	日本記錄管理學會
	일본기록관리학회
SA	Society of California Archivists
	캘리포니아기록전문가협회
SAA	Society of American Archivists
	미국기록전문가협회
SAAC	The State Archives Administration of the People's Republic of China
	中華人民共和國檔案局
	중화인민공화국당안국
SAG	Scientific Archivists Group
	과학기록전문가그룹
SALA	Society of Alabama Archivists
	앨라배마기록전문가협회
SCAA	Saskatchewan Council for Archives and Archivists
	서스캐처원기록및기록전문가협의회
SCAA	South Carolina Archival Association
	사우스캐롤라이나기록협회
SEAPAVAA	Southeast Asia-Pacific Audio Visual Archives Association
	동남아시아및태평양시청각기록협회

SFA	Society of Florida Archivists
	플로리다기록전문가협회
SIA	Society of Indiana Archivists
	인디애나기록전문가협회
SMA	Society of Mississippi Archivists
	미시시피기록전문가협회
SNCA	Society of North Carolina Archivists
	노스캐롤라이나기록전문가협회
SoA	Society of Archivists
	기록전문가협회
SOA	Society of Ohio Archivists
	오하이오기록전문가협회
SOGA	Society of Georgia Archivists
	조지아기록전문가협회
SRMA	Society of Rocky Mountain Archivists
	로키산맥기록전문가협회
STA	Society of Tennessee Archivists
	테네시기록전문가협회
UArchives	University Archives & Records Center
	한국대학기록관협의회
檔案科學技術研究所	당안과학기술연구소

국가기록관 약어표

(기록 · 기록관리 지식정보원 시리즈 ③)

AF	Archives of the Federation – Bosnia and Herzegovina 보스니아 · 헤르체코비나연방기록관
AG	Archives of Georgia 그루지야기록관
AGAD	Central Archives of Historical Records in Warsaw Archiwum Główne Akt Dawnych w Warszawie 바르샤바중앙역사기록관
ANZ	Archives New Zealand 뉴질랜드기록관
ARS	Archives of Republic of Srpska 스르프스카공화국국가기록관
ARS	Archives of the Republic of Slovenia 슬로베니아공화국기록관
ASA	Archives State Agency 불가리아정부기록관
ASM	Archives of Serbia and Montenegro 세르비아 · 몬테네그로기록관
CSA	Croatian State Archives 크로아티아정부기록관
JARD	Jamaica Archives & Records Department 자메이카기록국

KNADS	Kenya National Archives and Documentation Service
	케냐국가기록 · 도큐멘테이션서비스
LAC	Libraries and Archives Canada
	캐나다도서관 · 기록관
LSAS	Lithuanian State Archival System
	리투아니아정부기록시스템
NA	National Archives
	영국국가기록관
NAA	National Archives of Andorra
	안도라국가기록관
NAA	National Archives of Australia
	호주국가기록관
NAAT	National Archives Administration of Taiwan
	臺灣檔案管理局(國家檔案典藏所)
	대만당안관리국(국가당안전장소)
NAB	National Archives of Bahamas
	바하마국가기록관
NAE	National Archives of Estonia
	에스토니아국가기록관
NAF I	National Archives of France I
	프랑스국가기록관 I
NAF II	National Archives of France II
	프랑스국가기록관 II
NAF III	National Archives of France III
	프랑스국가기록관 III

NAH	National Archives of Hungary
	헝가리국가기록관
NAI	National Archives of India
	인도국가기록관
NAI	National Archives of Ireland
	아일랜드국가기록관
NAJ	National Archives of Japan
	日本國立公文書館
	일본국립공문서관
NAK	National Archives of Korea
	한국국가기록원
NALE	National Archives of Library of Ethiopia
	에티오피아국가기록관 · 도서관
NAM	National Archives of Malaysia
	말레이시아국가기록관
NAN	National Archives of Netherlands
	네덜란드국가기록관
NAN	National Archives of Norway
	노르웨이국가기록관
NARA	National Archives and Records Administration(The National Archives)
	미국국립기록청(미국국가기록관)
NARS－SA	Natioal Archives and Records Service－South Africa
	남아프리카공화국국가기록서비스
NAS	National Archives of Sweden

	스웨덴국가기록관
NAS	National Archives of Singapore
	싱가포르국가기록관
NAT	National Archives of Tunis
	튀니지국가기록관
SAAC	The State Archives Administration of the People's Republic of China
	中華人民共和國檔案局(中央檔案館)
	중화인민공화국당안국(중앙당안관)
SAP	State Archives of Poland
	폴란드정부기록관
SARM	The State Archives of the Republic of Macedonia
	마케도니아공화국정부기록관
SASL	State Archival System of Latvia
	라트비아정부기록시스템
SHAC	The Second Historical Archives of China
	中國第二歷史檔案館
	중국제이역사당안관
SNA	Slovak National Archives
	슬로바키아국가기록관
中國第一歷史檔案館	중국제일역사당안관

국문색인

영문색인

한미경

▌약력

대만 National Taiwan University(國立臺灣大學) 대학원 도서관학 석사
중국 Wuhan University(武漢大學) 정보관리대학 박사과정수학
이화여자대학교 문헌정보학 박사
Harvard-Yenching Institute Visiting Scholar
한국국가기록연구원 연구위원
현) 국립중앙도서관 고전자료 해제위원
　　경기대, 건국대 문헌정보학과 강사

▌주요 논문 및 저서

「중국의 도시건설기록물 관리사업에 대한 고찰」
「譯科譜의 譯科入格者 再現에 대한 고찰」
「譯科類輯에 관한 연구」
「역과보(譯科譜)에 대한 서지적 연구」
「역과방목에 대한 서지적 연구」
「하버드옌칭도서관 소장 司馬榜目에 관한 고찰」
「『金泥石屑』千佛銅牌에 관한 연구」
「중국 근대출판물의 출현과 근대도서관의 발달과정」
「초기 한국성서와 중국성서의 서지학적 연구」
「北宋・高麗書籍交流之硏究」
「기록관리학의 이해」
「기록・기록관리 지식정보원 시리즈」
외 다수

노영희

▌약력

연세대학교 문헌정보학과 정보학 박사
한국과학기술연구원(KIST) 자료실 연구원
한국정보공학(KIES) 정보검색엔진개발팀 팀장
이화여대 국제정보센터 자료실장
현) 건국대학교 문헌정보학과 교수
　　교육인적자원부 대학도서관 정책자문위원
　　DLS 표준관리위원회 위원

▌주요 논문 및 저서

「개념기반 검색을 위한 시소러스 관계의 효과적 활용방안에 관한 연구」
「주제별 분산 지식베이스에 의한 개념기반 정보검색 시스템의 성능향상에 관한 연구」
「A Study on Automatic Text Categorization of Internet Documents」
「A Study on the Estimation of Performance of Concept Based Information Retrieval Model Using the Web」
「기계학습 기반 피드백 과정을 통한 SDI 시스템의 성능향상에 관한 연구」
「문헌정보학 교육과정의 특성화된 프로그램 개발 및 활용에 관한 연구」
「디지털콘텐츠의 이해」
「인문과학과 예술의 핵심 지식정보원」
「경제학의 핵심 지식정보원」
「2008 한국문헌정보학 교과과정」
「개념기반 정보검색 기법」
「기록・기록관리 지식정보원 시리즈」
외 다수

세계의 주요기록관
지식정보원

초판인쇄 | 2010년 10월 31일
초판발행 | 2010년 10월 31일

지 은 이 | 한미경·노영희
펴 낸 이 | 채종준
펴 낸 곳 | 한국학술정보㈜
주　　소 | 경기도 파주시 교하읍 문발리 파주출판문화정보산업단지 513-5
전　　화 | 031) 908-3181(대표)
팩　　스 | 031) 908-3189
홈페이지 | http://ebook.kstudy.com
E-mail | 출판사업부　publish@kstudy.com
등　　록 | 제일산-115호(2000. 6. 19)

ISBN　　978-89-268-1460-4 93060 (Paper Book)
　　　　　978-89-268-1461-1 98060 (e-Book)